불교인문학으로 조명하는 근현대 고승 31인

우리 시대의 큰스님

불교인문학으로 조명하는 근현대 고승 31人

우리 시대의 큰스님

김광식 지음

인북스

봉찬사

저자인 무상(無常) 김광식 박사께서 천안 독립기념관에 근무할 때였다. 이 책에 나오는 31인 고승 중 한 분인 용성진종 조사가 국가보훈처, 광복회, 독립기념관에서 공동으로 지정하는 무인년(서기 1998년) '3월의 독립운동가'로 선정되어 그해 3월에 용성진종 조사를 찬탄하는 법회를 대대적으로 봉행하게 되었다. 이때 광복회 사무총장인 효암 유홍수 애국지사가 독립기념관 박유철 관장(현 광복회 회장)에게 "용성진종 조사께서는 기미년 3·1 독립운동 민족대표 33인 중 불교계 대표이시고, 이 독립운동의 막후 기둥으로서 '대한제국 부흥운동'을 '대한민국 수립운동'으로 향도하시고, 독립운동의 깃발을 태극기로 휘날리게 하였으며, 대한민국 국호를 제정한 근원을 이루어주셨습니다. 이러한 용성진종 조사의 법손 불심도문 법사는 애국지사 철생 임철호 선생의 아드님이고, 매헌 윤봉길 의사의 의자(義子)인데, 용성진종 조사 탄생 성지에 생가(生家)를 복원하여 성역화 불사를 추진하기를 염원하고 있습니다. 그리하여 이를 도와주기 위해서 우리 광복회 애국지사들은 이에 동조해 나아가고 있습니다."라고 말했다. 그러면서 1998년 '3월의 독립운동가' 백용성 조사 선양 사업으로서 용성진종 조사의 경전 번역본 20여 종과 저술 10여 종의 유품 전시회를 독립기념관에서 3월 내내 할 수 있도록 요청하였다. 이에 대한민국 임시정부 제2대 대통령 박은식 선생의 손자인 박유철 관장이 흔쾌히 응낙하여 전시회가 열렸다. 김광식 박사는 이때 이 전시회를 담당하는 책임자로서 3월의 독립운동가 백용성 조사를 추모, 찬탄, 선양하는 데 이바지해주었다.

김광식 박사께서 독립기념관 근무를 그만두고 불교계 고승열전의 권위자로서 활동하게 되고, 불교교단사연구소 소장인 덕산원두 스님과 교분이 두터워 자연스럽게 소생 불심도문 법사와도 선근 인연을 짓게 되었다.

정해년(서기 2007년) 용성진종 조사 오도(悟道) 제121회의 날에 용성진종 조사 탄생성지인 장수 장안산하 죽림정사에서 낙성회향 법회를 봉행하였다. 이때 불교교단사연구소 소장인 원두 스님과 김광식 박사의 주도하에 용성진종 조사의 '대각사상'에 관한 학술토론회를 개최하였는데 소생이 기조발제를 하였다.

또한, 금년 을미년(서기 2015년) 5월 3일 금정산 범어사에서 동산혜일 대종사 열반 50주년 기념 문도 교학대회 시에는 김광식 동국대 교수가 '금정총림 설립의 역사와 범어사의 정체성'에 대한 발표를 하였고, 소생은 기조발제를 하였다.

이렇게 용성진종 조사와 그의 수법제자 선지식 등에 관한 등등으로 김광식 박사와 선근인연을 지어오다가 금번에 경허, 만공, 한암, 학명, 만암, 한영, 용성 조사 등 31인의 고승열전을 발간 유포하는 데 봉찬사(奉讚辭)를 쓰게 되어 기쁘게 생각하는 바이다.

관세음보살님이 삼십이응신(三十二應身)으로 나투어 중생을 교화하듯이 이 31선지식의 근현대 고승열전이 널리 빛을 발하여 4부대중 모두가 다 함께 수도(修道)의 표본(標本), 교화(教化)의 지침(指針)으로 삼을 수 있기를 간절히 바라며, 김광식 박사의 근현대 고승열전 집필 노고에 깊이 감사를 드리는 바이다.

서기 2015년 을미년 음력 7월 15일, 우란분절에
용성진종 조사 탄생성지 장수 장안산하 죽림정사

조실 **불심도문** 합장

책머리에

본 저서는 한국 근현대의 큰스님을 '불교 인문학'의 관점에서 조명한 책이다. 불교 인문학적 관점이란 불교 전통을 현대적으로 재해석하는 데 그치지 않고 적극적인 인문적 사유를 통해 현대 사회에서의 역할을 진단, 제시하는 것을 뜻한다.

지금껏 한국불교사에 큰 자취를 남긴 큰스님에 대한 책은 그 수를 헤아리기 어려울 정도로 많은 종류가 출간되었다. 법어집, 추모집, 구도 소설, 증언 자료집, 대담집, 평전 및 일대기 등 여러 다양한 형태로 큰스님들의 생애와 사상을 소개해왔다. 그러나 관련 저술들을 성찰해 보자면 문중 중심, 찬양 일변도의 서술과 시각의 편향성 등에서 아쉬움이 많았음을 부인할 수 없다. 달리 표현하면 객관적 사실과 보편적 관점의 기술에서 완벽했다고 말할 수는 없다는 것이다.

그런데 최근 20년간 근현대 불교사의 연구가 학문적으로 왕성하게 전개되었다. 그 결과 큰스님에 대한 사료적 가치가 있는 자료가 대거 발굴되고, 그에 따라 연구의 저변이 확대되었다. 이는 곧 큰스님에 대한 인식의 지평을 넓힐 기회가 늘어났음을 말한다. 따라서 보다 학술적, 객관적으로 검증된 인물론을 펼쳐 한국불교, 나아가 한국인의 정신사에 끼친 큰스님들의 사상과 행적이 오늘을 살아가는 우리의 삶에 살아 있게 해야 할 것이다.

필자는 미력하나마 현대 사회를 사는 사람들의 종교생활에 바른길을 제시하고, 우리 사회의 보다 나은 가치관 확립에 기여하고자 본 저서를 '불교 인문학'의 관점에서 집필했다. 고승(큰스님)이 자신의 삶에서 구현한 이념, 도전, 좌절, 희망, 성취, 회향 등의 생애와 사상에는 인문적 성찰을 포괄하는 학문적 명제가 담겨 있다. 한국불교는 물론 한국 지성사의 정신적 가치를 대표하는 문화유산인 고승의 역사와 문화야말로 우리 삶을 풍요롭고 가치 있게 해줄 수 있는 인문학적 요소가 풍부한 학문적 대상인 것이다. 불교 인문학의 관점에서 고승의 삶에 나타난 다양한 회고, 비사, 좌절과 고뇌, 인간상 등을 조명한 이 책이 독자들의 삶에 새로운 지향점이 되기를 바라는 바이다.

한편, 지금껏 고승과 큰스님은 선사, 도인, 깨달은 스님 등을 중심으로 언급되었다. 필자는 이런 기존 인식을 유의하면서도 보살정신 구현, 수행 경지, 실천적 활동, 독립운동, 종무 행정 등에서 뚜렷한 자취를 남긴 스님들을 발굴하여 포함시켰다. 그리고 큰스님의 선정에는 문중(현실), 종단(역사성), 사회성(지성)을 기준으로 31분을 선정, 기술하였음을 밝힌다.

본 저술을 집필할 수 있도록 음으로 양으로 후원을 아끼지 않으신 모든 분들에게 감사의 뜻을 피력하면서, 추후에도 큰스님 연구에 전력을 다할 것을 다짐한다. 미진한 측면은 지속적인 자료 발굴, 재해석, 연구로 보완할 것임을 밝힌다.

　근현대 불교 연구의 개척이라는 화두를 뜨겁게 가슴에 새기면서, 독자 여러분의 격려와 질책을 기다린다.

2015년 9월
김광식 합장

차 례

제1부 선맥(禪脈)의 정통을 잇다

제2부 종풍(宗風)을 진작하다

제3부 법등(法燈)을 널리 비추다

03

제4부 교학(敎學)의 당간을 높이 세우다

04

제5부 대도(大道)를 활짝 열다

05

들어가는 말
─큰스님론

큰스님이란

불교계에서 덕망 높고 영향력이 큰 출가승에 대한 자연스러운 호칭은 큰스님이다. 스님은 조선시대와 일본에 나라를 빼앗긴 일제강점기에는 '중'으로 불렸다. 중이라는 단어에 대하여 국어사전에서는 "출가하여 석가모니의 가르침에 따라 수련하고 그것을 널리 알리는 사람"이라고 정의한다. 그러나 중이라고 부르는 저변에는 그다지 존경한다는 뜻이 담겨 있지 않았다. 지금의 불자들은 스님들을 중으로 부르는 것은 불경하다고 생각하여 그렇게 부르지 않는다.

사전적인 의미의 스님은 "중을 높여 부르는 말"로 나온다. 요즈음에는 스님이란 말이 출가한 수행자에 대한 호칭으로 보편화되었다. 그래서 불자이건 아니건 누구나 불교의 수행자들을 스님이라고 부른다. 스님이란 말 자체는 매우 아름답다. 그런데 스님이라는 말과 함께 객관적인 표현으로는 승려(僧侶)가 있다. 이웃 종교인 가톨릭과 기독교에서는 그들의 성직자를 신부, 목사라고 부른다. 사전에서는 스님도 중과 같이 "출가하여 석가모니의 가르침에 따라 수련하고 그것을 널리 알리는 사람"이라고 나온다. 그렇다면 스님은 신부, 목사와 같이 신분적, 직업적인 정체성을 객관화해서 부르는 호칭일 것이다.

근대기, 일제 강점기의 불교에 관련된 다양한 자료를 보면 스님이라는 말이 문헌 자료에는 거의 나오지 않는다. 그것은 불교의 위상과 스님들에 대한 대우와 신분이 지금보다는 열악했기 때문으로 보인다. 일상적인 구어(口語)로는 스님, 큰스님이라는 호칭을 사용했겠지만 신문, 잡지, 성명서, 공식적 사찰 문건 등의 문건 기록에서 스님, 큰스님이라는 표현이 거의 없다.

그렇다면 언제부터 큰스님이라는 말이 보편화되었던 것일까? 필자는 근현대 불교를 연구하면서 1970년대 중반 무렵부터 큰스님이라는 말이 널리 회자되었다는 이야기를 들었다. 지금도 불교계에서는 크고 작은 여러 사건과 사고가 일어난다. 그래서 불자와 국민을 불안하게 하고, 신심(信心)을 떨어지게 한다. 그런데 1970년대 중·후반에는 스님들 간의 이해관계, 종권 갈등, 불교 및 종단에 대한 인식의 차이 등으로 인하여 수년간 많은 갈등과 대립이 있었다. 사법부(재판)의 무대에서도 갈등이 나타났고 조계사파, 개운사파라는 대응적인 호칭도 나왔다. 혹은 종정 중심제, 총무원장 중심제를 놓고 대결적인 구도가 치열하게 전개되기도 하였다. 그런 와중에서 뜻이 있는, 신심이 장한 불자들이 불교를 발전시키기 위해서는 그래도 스님들을 외호하고 존경해야 한다는 여론이 있었다고 한다. 참으로 아름답고, 신심에서 우러나온 행보였다. 바로 그 무렵부터 서서히 스님이라는 말이 널리 회자되었다고 한다.

그런데 스님이면 다 같은 스님일진대, 어떤 스님을 큰스님이라고 부르는가? 큰스님은 사전에서 "덕이 매우 높은 스님을 높여 이르는 말"로 나온다. 사찰에서 행사나 의식을 할 때 부르는 노래에 나오는 '덕 높으신 스승님'이라는 말이 바로 그것일 것이다. 예전에는 스님들이 자신들의 노스님을 큰스님이라고 불렀다고 한다. 그러나 요즈음에는 큰스님들이 너무 많다고 한다.

큰스님이 많으면 좋을 터인데, 왜 문제가 되고 우려하는 목소리가 나오는가. 그것은 큰스님의 자격, 실력, 인품도 안 되는데 큰스님이라고 부르기에 그런 말이 나온다고 본다. 속랍이 40대 초반인데도 큰스님으로 부르고, 본사 주지 스님이면 무조건 큰스님이라고 부르고, 간혹 종단의 크고 작은 소임을 맡아도 큰스님으로 부른다. 일부에서는 스님들의 아상(我相)이 하늘을 찌른다는 말도 있다.

그러나 불교계에 큰스님이 많은 것 자체가 나쁠 수는 없다. 큰스님다운 스님들이 많이 나와서 불교를 널리 알리고, 중생을 구제하고, 사회와 국가를 위해서 좋은 일을 한다면 어찌 좋지 않겠는가. 그렇다면 큰스님들이 제 역할을 하고 있는가? 보는 사람에 따라서는 이에 대한 생각이 엇갈릴 것이다. 어찌 됐든 불교와 불교계의 중심은 큰스님이다. 지난 불교사를 보면 큰스님들이 많이 나와서 어두운 세상에서, 여러 가지 문제로 고통받고 갈피를 잡지 못하고 떠돌던 수많은 중생을 바른길로 인도해주었다. 그런 결과 불조혜명(佛祖慧命)이 이어졌고, 지금과 같은 불교의 위상을 이끌었음은 부인할 수 없다. 그래서 큰스님을 소재로 하는 연구, 학술발표회, 책자 발간 등이 다양하게 이어졌다. 지금도 불교계는 한국불교의 중흥을 이끌어줄 덕 높은 큰스님 찾기를 계속하고 있다.

큰스님은 누구인가

그렇다면 어떤 스님이 큰스님인가. 보통 스님이 아니고 '큰'이라는 수식어의 뜻을 생각하면 큰스님의 의미는 저절로 찾아질 것이다.

그러나 필자는 불교의 '큰'은 단순히 크다는 양적인 의미가 아닌 것으로 본다. '큰'에는 '불교에 정통한, 불교를 잘 아는, 불교의 정신을 철저하게 실천하는'이라는 뜻이 담겨 있다고 볼 수 있다. 부처님의 사상과 가르침을 잘 이해하고, 이를 실천에 옮기는 스님이 큰스님이라고 생각하는 것이다. 쉽게 표현하면 수행을 철저하게 해서 지견(知見)이 열린 스님이라고 할 수 있다. 즉 깨달은 스님이다. 그런 스님들은 부처님의 법을 이해하고, 체득하였다. 그래서 우리는 그런 스님들을 조사(祖師)나 생불(生佛)이라고 불렀다.

다음으로 큰스님은 부처님 법대로 살면서, 불법을 널리 알리고, 나아가서는 불교 공동체(종단, 교단 등)뿐만 아니라 사회 및 국가의 나갈 길도 제시하는 스님이다. 즉 대승적, 실천적인 행보가 두드러진 스님이다.

요컨대 큰스님은 부처님 말씀을 알고 깨달아, 실천하는 스님이다. 물론 알고, 실천하는 길은 다양하였다. 부처님 말씀을 알기 위한 방법은 경전 공부, 염불 수행, 참선, 주력수행 등이 있었다. 그러나 큰스님들은 불법을 체득하기 위해서, 깨닫기 위해서 보통 스님들과는 달리 치열하게 수행했다. 즉 장좌불와, 묵언, 토굴수행, 고행, 만행, 결사 등을 마다하지 않았다. 그 연후에는 부처님 말씀과 가르침을 후학, 후대, 중생들에게 전하고 실행되도록, 그리고 불법이 사회와 국가에 구현되도록 노력하였다.

부처님 말씀을 전하는 역할에는 강사, 율사, 선사, 역경사, 포교사, 사상가, 종단 외호자, 사회사업가, 문학가, 저술가, 민족운동가, 독립운동가 등이 있었다. 큰스님은 이판승(理判僧)에도 있었고, 사판승(事判僧)에도 있었다. 최근에는 교수로 재직하는 스님, 학교의 설립 및 운영을 하는 스님 중에도 큰스님이 있다.

이런 큰스님들의 또 다른 공통점은 나를 위한, 우리 절을 위한, 우리 문중과 문도만을 위한 행보를 하지 않았다는 점이다. 즉 화합, 헌신 및 양보, 단결, 원융의 행보를 견지했다. 여기에서 위법망구, 대중공사, 원융살림이라는 말이 나왔을 것이다. 그래서 큰스님의 역사에는 가슴을 울리는 고귀하고 아름다운 행적이나 알려지지 않은 일화 등이 적지 않다.

이런 측면에서 큰스님은 한국불교, 대승불교의 이념인 상구보리(上求菩提), 하화중생(下化衆生)을 실행하는 일에 몸 바친 고승(高僧)이다. 즉 불교의 후학들이 모델로 삼을 가치가 있는 스님들이었다. 원효, 지눌, 보우, 나옹, 무학, 서산, 경허, 용성, 만해, 동산, 청담, 효봉, 경봉, 성철 등이 바로 그런 스님이다.

큰스님들은 개인적 영달에 집착한다거나 자신의 생사나 안위의 문제 등은 거들떠보지 않았다. 그들의 고뇌는 진리, 불법, 진실 등에 방점이 찍혀 있었다. 사찰, 종단, 교단뿐만 아니라 자신이 살았던 시대의 고(苦)를 해결하고, 그 시대를 사는 이들의 행복을 위해 치열하게 정진했다. 이들의 행보는 불교계를 넘어 역사와 사회발전에도 큰 영향을 끼쳤다. 큰스님들의 말씀은 모두가 새겨야 할 삶의 지혜였고, 시대가 나아가야 할 이정표였다. 이런 면에서 큰스님은 훌륭한 지성인이며 사상가였다.

큰스님에게서 무엇을 배울까

불교에 관심이 있건 없건, 불교를 잘 알건 모르건 간에 큰스님들의 생애와 사상을 살펴보고 귀감으로 삼는 일은 매우 중요하다. 큰스님의 행적과 사상 속에서 우리가 삶을 살아가는 데 필요한 교훈을 찾을 수 있기 때문이다. 큰스님에게서 무엇을 배워야 하는지 보다 구체적으로 살펴보겠다.

첫째, 큰스님에게서 인생의 좌표를 얻을 수 있다. 삶의 여정에서 우리는 다양한 문제, 모순, 난관 등을 만나게 된다. 그럴 때는 어려움을 헤쳐나갈 지혜와 극복할 수 있는 용기가 필요하다. 이럴 때 큰스님이 걸어온 삶과 정신을 거울삼아 자신의 처지를 비춰본다면 현실을 타개할 수 있는 대책과 바른 삶의 진로를 모색할 수 있을 것이다.

둘째, 큰스님을 통하여 우리는 한국불교사를 이해할 수 있다. 1,700년 불교사의 중심에는 언제나 큰스님이 자리하고 있었다. 그래서 한국불교의 상식, 역사, 문화 등을 알 수 있을 뿐 아니라 한국의 역사에 대한 이해도 높일 수 있다. 삼국시대와 통일신라, 고려 그리고 배불정책이 시행된 조선시대와 일제강점기를 거쳐 근세에 이르기까지, 큰스님들의 역할을 빼놓고 한국사의 전개를 설명하기 어려울 정도이다. 특히 한국의 전통문화는 불교문화가 대부분을 차지하고 있는데, 큰스님들이 남긴 문학적, 철학적, 예술적 유산은 바로 한국 전통문화의 뿌리라고 할 수 있다.

셋째, 현재 한국불교의 운영체계와 스님들의 조직을 심층적으로 이해할 수 있다. 현재 한국불교, 좀 더 좁혀서 말하면 조계종단을 이끌어 나가는 리더십의 중심에는 문중, 문도가 자리 잡고 있다. 요컨대 문중, 문도가 불교 조직체계의 핵심이다. 문중, 문도의 정점에 큰스님들이 있다. 특정 큰스님을 중심으로, 그 큰스님에게 가르침을 받은 스님들이 개별적인 문중을 이뤄 온 것이다. 예를 들면 덕숭문중은 경허 큰스님을 그 비조(鼻祖)라고 할 수 있으며, 용성문중은 용성 큰스님이 시원을 이루고 있다. 그리고 그 문중 산하에 소규모의 문도 그룹이 있다. 이런 문중, 문도를 근간으로 하여 공동체를 이루는 거점이 본사이다. 본사를 거점으로 하여 특정 큰스님의 상좌, 법제자 등이 공동으로 수행생활을 하며 승가 공동체를 형성하여 한국불교의 근간을 이루고 있다. 따라서 큰스님을 공부하는 것은 한국불교의 법맥과 계맥, 사찰의 역사와 종풍의 흐름을 터득하는 지름길이다.

이 밖에 인문학의 관점에서도 큰스님의 이해와 연구는 흥미로운 시사점을 제시한다. 인본주의에 바탕을 두고 있는 불교는 단순히 인간 중심이 아닌 모든 만물과의 상호 관계를 중요시한다. 따라서 인본주의와 불교, 불교와 과학, 실존철학과 불교 등 적극적인 불교 인문적 사유를 통해 현대 사회를 진단하고 처방을 제시해 왔는데, 이러한 불교와 인문학의 통섭도 큰스님들이 주도적 역할을 해왔다.

이렇듯이 큰스님을 배우는 것은 참으로 귀한 인연이라고 할 수 있다. 역사 속의 큰스님과 만남을 통하여 자신의 삶을 보다 가치 있고 슬기롭게 꾸려가고 싶지 않은가.

제1부
선맥(禪脈)의 정통을 잇다

경허

만공

수월

혜월

금오

전강

고봉

춘성

경허
鏡虛

경허는 어떤 스님인가

경허(鏡虛, 1846~1912)는 근대 한국 선불교의 중흥조로 널리 알려졌다. 경허가 수행하고 깨달았던 국망(國亡) 이전의 시기(1910년 이전)에는 선(禪)의 수행, 선원의 역할, 걸출한 선사의 존재 등이 미미하였는데, 이를 일거에 재흥시킨 주역이 경허라는 의미이다. 그리고 경허의 입적 이후, 일제 강점기 선풍을 주도한 선사들도 경허의 법제자였다. 또한 근대 선의 중심지인 선학원(禪學院)의 창건(1921), 재건(1930), 조선불교 선종의 창종(1935)도 경허의 법제자들이 중심이었다. 나아가서 1950년대 불교정화 운동, 조계종단 재건(1962), 조계종의 정체성인 간화선 등에 경허 선사가 핵심으로 자리 잡게 되어 근대선의 비조(鼻祖), 중흥조로 위상을 떨치게 된 것이다. 한국 선의 달마, 동아시아 선불교의 도인 등으로도 칭하고 있다.

일각에서는 경허를 근대 한국불교의 중흥조라고 보는 경우도 있었다. 그러나 근대불교를 견인한 백용성과 한용운이 있어, 이는 과도한 견해라는 지적이 지배적이다.

01

이렇듯 경허는 근대 선불교의 중흥조로 불리고, 나아가서 참다운 선지식의 모델, 깨달은 자의 전형, 도인(道人), 고승, 대자유인, 걸출한 선승으로 이해되고 있다. 그리고 현재 조계종단을 움직이는 대표적인 문중인 덕숭 문중의 근원으로 비정된다.

한편으로는 그의 걸출한 체격, 행장에 나타난 담대성, 유불선을 회통하는 학풍, 자유분방한 무애행, 수준 높은 한시, 웅혼한 필체 등이 위대한 선승의 풍모를 자아내 세인의 관심을 끌었다. 경허 스님이 일반 대중에게 본격적으로 널리 알려진 것은 경허를 소재로 한 문학 작품에 힘입은 바 크다. 정휴의 《소설 경허: 슬플 때마다 우리 곁에 오는 초인》(1992)과 최인호의 《길 없는 길》(전 4권, 1993) 등이 경허의 수행, 행장, 만행 등을 소설로 극화한 대표적인 작품이다. 특히 일간지에 연재된 최인호의 소설은 수많은 사람의 심금을 울리며 근대 한국의 대표적인 선승으로 경허 큰스님을 우뚝 서게 하는 계기가 되었다.

행적과 수행

경허는 1846년(헌종 12) 전북 전주시 자동리에서 출생했다. 속성은 여산 송씨, 속가의 이름은 동욱(東旭)이고, 출가 시의 법명은 성우(惺牛), 법호는 경허이다. 부친이 유년 시절 작고하여, 그는 모친(밀양 박씨)을 따라 경기도 의왕시 청계사에서 계허를 은사로 9세 때에 동진 출가했다. 이곳에서 행자 생활을 하던 그는 14세 때에 절에 온 선비에게 한문, 유교 경전을 배우게 되면서부터 비범성을 드러냈다. 스승인 계허가 환속하자, 그는 스승이 써준 추천서를 들고 동학사 강사인 만화에게 갔다.

동학사에 온 그는 23세(1868)까지 강원에서 경전을 배웠다. 불교 경전, 유교 경전, 노장(老莊) 등 그가 섭렵하지 않은 것이 없다고 할 정도였다.

또한 동학사 외에도 유명한 스승이 있다는 말을 들으면 찾아다니면서 배움에 철저하였다. 마침내 그는 23세에 대중들의 요청으로 동학사 강원의 강사에 취임하였다. 청년 학승인 경허가 강백으로서 강의를 시작하자, 사방에서 그에게 배우겠다는 학인들이 모여들었다고 한다.

경허는 34세(1879)에 환속한 그의 은사 계허를 만나기 위해 천안 근처를 지나다 콜레라가 만연하여 수많은 사람이 죽어 나가는 비참한 장면을 목격하였다. 이를 계기로 그는 생사의 문제, 깨달음의 근원 등에 대한 근본적인 의문을 품고 사회 현실을 직시하게 되었다. 즉시 동학사로 돌아온 그는, 강원을 폐쇄하고 학인들을 해산시켰다. 그리고는 새롭게 발심하여 '여사미거마사도래(驢事未去馬事到來)'라는 화두를 들고 참선에 들어갔다. 마침내 그해 11월 15일, "소가 되어도 콧구멍을 뚫을 곳이 없는 소가 된다"는 말을 듣고 활연대오 하였다.

깨달음을 얻은 경허는 1880년, 호서 지방의 천장암으로 갔다. 당시 그곳에는 그의 모친과 형이 머물렀다. 형도 출가하여 태허라는 법명으로 모친을 모시고 있었다. 그는 1881년 6월, 그곳에서 오도가(悟道歌)를 불렀다. 그리고 천장암, 개심사, 수덕사, 마곡사, 동학사, 갑사 등에서 보림, 은둔에 들어갔다. 자기 자신의 재점검이었다. 그 무렵 법제자가 된 만공, 수월, 혜월이 천장암에서 그의 가르침을 받았다.

1898년 범어사에 초청받은 것을 기점으로 영남 지방에서 활동을 시작했다. 우선 범어사의 계명암에 선원을 개설하고, 청규를 제정하였다. 이무렵, 청암사에서 한암(漢岩)을 만났다. 1899년에는 해인사 조실로 추대받고, 선결사인 수선사를 개설하고 결사문을 지었다. 대중들이 수선사 법주로 추대하였다. 1900년 송광사 점안식 법주로 초빙된 것을 계기로 지리산 화엄사, 천은사 등지의 선원에서 후학을 지도했다. 그 후 다시 영남 지방으로 가서 선풍을 진작시켰다. 범어사의 조실을 역임하면서 《선문촬요》 편찬의 계기를 마련했다. 해인사에서는 〈참선곡〉 〈중노릇 하는 법〉

등을 지었다.

1904년 천장암에서 제자들에게 전법게를 주었다. 그리고 월정사, 금강산, 석왕사를 거쳐서 1905년에는 삼수갑산으로 들어갔다. 이후에는 박난주로 이름을 바꾸고, 머리를 기르고, 선비의 옷차림으로 중생들을 교화하면서 그들과 함께 생활하였다. 즉 아이들에게 글을 가르치고, 선비들과 교류하며 장터에서 노닐면서 대중들과 호흡하였다. 1912년(67세) 4월 25일, 입적하였다.

특이점과 계승에 대한 논란

경허에 대한 평가는 극단적인 찬반양론으로 나뉘어 있다. 세간의 경허에 대한 인식은 "훌륭한 때는 부처보다 훌륭하고, 악할 때는 호랑이보다 악하다.(善時善過於佛 惡時惡過於虎)"는 말로 상징된다.

경허에 대한 긍정적 평가는 우선 도인, 깨달음의 구현자, 선풍을 전승해준 조사로 바라보는 것이다. 긍정적으로 그를 보는 후학들은 그의 수행, 깨달음, 행보 등에 나타난 깊이와 높이를 바르게 보아야 한다고 강조한다. 오도 직전에 행한 수행의 치열성, 《장자》를 천 번이나 읽었을 정도의 노력, 〈오도가〉〈중노릇 하는 법〉〈참선곡〉 등에 나타나는 깨달은 경지의 수준, 삼수갑산 등지에서 행한 무애행의 고독 등을 간곡하고 정성스럽게 이해하는 자세를 가져야 한다는 것이다. 범부 수준의 저급한 수행 차원에서 위대한 도인을 단정하는 것은 매우 위험하다는 평가도 여기에서 비롯된다. 그의 행적에서 볼 수 있는 무애행(無碍行), 역행(逆行), 영아행(嬰兒行)을 참다운 대승 보살의 행보, 위대한 인간정신 등으로 이해하려는 견해도 이러한 맥락에서 출발한다. 경허를 긍정적으로 보는 이들은 선풍을 진작시켜 후대 스님들이 참선의 맛과 방법을 체득할 수 있게 한 한국불교의 은인이라고 한다. 이런 배경에서 그의 행보, 특히 삼수갑산의 행적을 참다운 보살행으로 규정해 왔다. 즉 그가 삼수갑산에서 보인 행적은 입전수수(立廛垂手), 이류중행(異類中行: 남전 스님—소나 말이 되어라!), 피모대각(被毛戴角: 동안 스님), 화광동진(和光同塵: 승조 스님, 빛을 감추고 중생 속으로), 행어비도(行於非道:《유마경》), 경초선(莖草禪: 소와 말이 먹는 풀), 수우순당(水牛巡堂: 일연의《중편조동위》—소와 말이 먹는 풀이 되어라) 등의 경지를 드러낸 위대한 행보, 긍정적인 행보로 보는 것이다.

경허에 대한 부정적인 평가는 그의 행적이 계율을 파기했고, 만행과 막행막식을 조장하였다는 것이다. 이로 인해 후대의 학승, 수좌, 신도들에게 나쁜 영향을 주었다고 평가한다. 근현대불교의 세속화가 가속화되는 가운데 경허불교로 상징되는 막행막식이 상당히 부정적인 영향을 주었다는 것이다. 이런 부정적인 입장에서 경허의 삼수갑산 행적은 보살행이 아니고, 은둔이라고 주장한다. 그가 보인 음주육식은 깨달음, 즉 반야를 이루는 데 걸림돌이 되지 않는다는 주장이 만연하기도 했을 만큼 부정적인 영향을 주었다는 것이다. 또한 그의 행적이 수좌들의 폭력성을 조장하고, 승가에서 계율을 소홀히 하는 데 원인을 제공했다는 것도 경허를 부정적으로 바라보는 시각의 하나다. 근대 한국불교를 이끌었던 큰스님들 즉 용성, 한영, 청담, 효봉은 자신들의 글에서 그런 막행막식의 풍조를 한국불교의 큰 문제점으로 지적했다.

경허에 대한 부정적 비판은 이능화가 《조선불교통사》(1918)에서 이미 지적하고 있다. 이능화는 막행막식 풍조 근원에 경허가 있다고 했다. 그리고 경허의 법을 받았다는 오대산의 한암은 경허의 가르침을 따라야지 경허의 일부 행동을 배우면 안 된다고 조용히 그러나 날카롭게 비판을 가하기도 했다.

1913년 그의 입적을 전한 수월의 편지가 정혜사에 전해지자, 만공과 혜월은 갑산군 웅이면 난덕산으로 가서 다비를 거행하였다. 1930년 만공은 경허의 법어집 간행불사를 추진하였는데, 한암에게 행장을 정리하도록 당부했다. 1936년 경허의 진영을 그리고 만공이 경허법사 영찬을 지어, 수덕사의 금선대 진영각에 봉안했다. 1942년 김영운, 윤등암 등이 경허 자료를 수집하였고 오성월, 만공, 장석상, 강도봉, 설석우, 김구하, 방한암, 김경봉, 이효봉 등 선사 41명이 《경허집》을 발간하기로 결정하여 그 이듬해에 선학원(중앙선원)에서 펴냈다.

그의 법과 덕화의 계승은 수덕사와 선학원을 중심으로 전승, 재생산되고 있다. 또한 그의 법은 만공, 수월, 혜월, 한암 등을 통하여 전승되었다.

어록

경허에 대한 이해는 경허를 만나고 나서야 가능할 것이다. 만나지 않고 어찌 느끼고, 알고, 평가할 것인가. 그러나 지난 시절 대중들은 경허를 만나지도 않고 그에 대해 이런 말, 저런 말을 어지럽게 남겼다. 그런데 경허가 우리 곁을 떠난 지 100년이 넘었으니, 후학들은 경허를 알기 위해서는 최소한 그가 남긴 글을 한 편이라도 읽어 보아야 하지 않겠는가? 경허는 《장자》를 천 번이나 읽었다는데, 경허 이해를 위해서라면 우리는 《장자》를 한 번이라도 읽어야 할 것이다. 그래서 여기 그의 〈중노릇하는 법〉*을 소개한다. 이 글이라도 정독하고 경허를 말하자.

---

* 맞춤법은 현재와는 맞지 않는 부분도 있으나, 뜻을 이해하기에 큰 어려움이 없는 한, 원문 그대로 옮겼다.

〈중노릇 하는 법〉

대저 중노릇 하는 것이 적은 일이리요.

잘 먹고 잘 입기 위하야 중노릇 하는 것이 아니라 부처 되여 살고 죽는 것을 면하고자 하는 것이니 부처 되려면 내 몸에 있는 내 마음을 찾아보아야 하는 것이니 내 마음을 찾으려면 몸뚱이는 송장으로 알고 세상 일이 좋으나 좋지 않으나 다 꿈으로 알고 사람 죽는 것이 아침에 있다가 저녁에 죽는 줄로 알고 죽으면 지옥에도 가고 짐승도 되고 귀신도 되어 한없는 고통을 받는 줄을 생각하여 세상만사를 다 잊어버리고 항상 내 마음을 궁구하되 보고 듣고 일체 일을 생각하는 놈이 모양이 어떻게 생겼는고 모양이 있는 것인가 모양이 없는 것인가 큰가 작은가 누른가 푸른가 밝은가 어두운가 의심을 내여 궁구하되 고양이가 쥐 잡듯 하며 닭이 알 안듯 하며 늙은 쥐가 쌀든 궤짝 쫓듯 하여 항상 마음을 한 군데 두어 궁구하여 잊어버리지 말고 의심하여 일을 하드라도 의심을 놓지 말고 그저 있을 때라도 의심하여 지성으로 하여 가면 필경에 내 마음을 깨달을 때가 있을 것이니 부디 신심을 내여 공부할지니라.

대저 사람 되기 어렵고 사람 되어도 사나이 되기 어렵고 사나이 되어도 중노릇하기 어렵고 중이 되어도 부처님 바른 법을 만나기 어려우니 그런 일을 깊이 생각하며, 부처님 말씀에 "사람이 된 이는 손톱 위에 흙 같고 사람의 몸 잃고 짐승 된 이는 온 세상 흙 같다 하시고 또 사람의 몸 한번 잃으면 억만년이라도 다시 회복하기 어렵다 하시며 또 항상 지옥에 처하기를 동산에 놀듯 하며 아귀귀신이나 축생 되기를 내 집에 있듯 한다 하시며 또 한 번 성불하면 다시 죽도 살도 않고 다시 고생을 아니 받는다 하시니" 이런 말씀을 자세히 들어 생각하며 또 이전에 권선사라는 스님은 아침부터 공부하다가 해가 질 때면 다리를 뻗고 울어 가로대 "오늘 해도 공연히 지내고 마음을 깨닫지 못하였다"고 하고 날마다 그리 한 이도 있고 공부하노라고 마음 지극히 먹은 이를 모두 적을 수 없으니 다 죽고 살기를 잊고 입기를 잊고 잠자기도 잊고 공부하셨으니 우리도 그렇게 하여야 공부가 될 터이니 자세히 생각하며 이전에 동산(洞山) 스님이 글을 지어 가로대 "거룩하다는 이름도 구하지 말고 재물도 구하지 말고 영화스러운 것도 구하지 말고 그렁저렁 인연을 따라 한 세상을 지내여서 옷은 떨어지거든 거듭거듭 기워 입고 양식은 없거든 가끔가끔 구하여 먹을지로다.

턱 밑에 세 마디 기운이 끊어지면 문득 송장이요 죽은 후에는 헛이름뿐이로다. 한낱 허환한 몸이 며칠이나 살것이관데 쓸데없는 일을 하느라고 내 마음을 깜깜하게 하여 공부하기를 잊어 버리리요" 하시니라. 내 마음을 깨달은 후에 항상 그 마음을 보전하여 깨끗이 하고 고요히 하여 세상에 물들지 말고 닦아 가면 한없는 좋은 일이 하도 많으니 부디 깊이 믿으며 죽을 적에라도 아프도 않고 앓지도 않고 마음대로 극락세계에도 가고 가고 싶은 대로 가나니라. 부처님 말씀에 "남자나 여인이나 노소를 막론하고 이 법문을 믿고 공부하면 모다 부처가 되리라" 하시니 어찌 사람을 속이리요.

5조 홍인(弘忍)대사 말씀이 "내 마음을 궁구하면 깨달을 것이라 하시고 맹서하시되 너희가 내 말을 곧이 아니 들으면 세세생생에 호랑이에게 죽을 것이요 내가 너희를 속이면 후생에 지옥에 떨어지리라" 하시니 이런 말씀을 듣고 어찌 믿지 아니하리요.

공부하는 사람이 마음 움직이지 않기를 산과 같이 하고 마음을 넓게 쓰기를 허공과 같이 하고 지혜로 불법 생각하기를 날과 달같이 하여 남이 나를 옳다고 하든지 그르다고 하든지 마음에 끄달리지 말고 다른 사람의 잘하고 잘못하는 것을 내 마음으로 분별하여 참견 말고 좋은 일이 당하든지 좋지 아니한 일이 당하든지 마음을 평안히 하며 무심히 가져서 남 봄에 숙맥같이 지내고 병신같이 지내고 벙어리같이 소경같이 귀먹은 사람

같이 어린아이같이 지내면 마음에 절로 망상이 없어지나니라. 설사 세상일을 똑똑히 분별하더라도 비유하건대 똥덩이 가지고 음식 만들려는 것과 같고 진흙 가지고 흰 옥 만들려는 것과 같아야 성불하여 마음 닦는데 도시 쓸데없는 것이니 부디 세상일을 잘하려고 말지니라.

다른 사람 죽는 것을 내 몸과 같이 생각하며 내 몸을 튼튼히 믿지 말고 때때로 깨우쳐 마음 찾기를 놓지 말지니라. 이 마음이 어떻게 생겼는고 의심하여 오고 의심하여 가고 간절히 생각하기를 배고픈 사람이 밥 생각하듯 하여 잊지 말고 할지니라.

부처님이 말씀하시기를 "일체 세상일이 다 허망하다 하시고 중생의 모든 하는 일이 다 나고 죽는 법이라 하시고 오직 제 마음을 깨달아야 진실한 법이라." 하시니라.

술을 먹으면 정신이 흐리니 먹지 아니할 것이요 음행은 정신이 갈려 애착이 되니 상관 아니할 것이요 살생은 마음에 진심을 도우니 아니할 것이요 고기는 먹으면 정신이 흐리니 먹지 아니할 것이요 거짓말은 내 마음에 사심을 기루니 아니할 것이요 도적질은 내 마음에 탐심을 느리니 아니할 것이요 파와 마늘은 내 마음에 음심과 진심을 돋우니 먹지 아니할 것이요 그 나머지 일체 것이 내게 해로운 것이니 간섭치 말지니라.

목우자(지눌) 스님 말씀이 "재물과 색이 앙화됨이 독사보다 심하니 몸을 살펴 그런 줄 알아 항상 멀리 여의라" 하시니 이런 깊은 말씀을 본받아 행하여야 공부가 순히 되나니라.

부처님 말씀에 "한번 진심 내면 백만 가지나 죄가 생긴다" 하시니 제일 골내는 마음을 찾을지니라. 예전 스님네 말씀이 골내는 마음으로 호랑이와 뱀과 벌과 그런 독한 물건이 되고 가벼운 마음으로 나비와 새가 되고 좀스러운 마음으로 개미와 모기 같은 것이 되고 탐심내는 마음으로 배고파 우는 귀신이 되고 탐심과 골내는 마음이 많고 크면 지옥으로 가고 일체 마음이 다 여러 가지 것이 되어 가니 일체 여러 가지 마음이 없으면 부처가 되나니라.

　착한 마음이 좋다 하여도 또 천상으로 갔다가 도로 떨어져 지옥이나 죽
생이 되어 가니 착한 마음도 쓸데없고 일체 마음을 없애고 하면 다른 데
로 갈 것 없고 마음이 깨끗하여 혼곤하지 아니하면 캄캄한 데로 가지 아
니하니 고요하고 깨끗한 마음이 부처되어 가는 길이니 내 마음을 항상 의
심하여 궁구하면 자연 고요하고 깨끗하여 지나니 극칙(極則) 고요하고 깨
끗하면 절로 마음을 깨달아 부처 되나니라. 돌아가지 아니하고 곧은길이
니 이렇게 하여 갈지니라.

　이 법문을 가끔 보고 읽고 남에게 일러주면 팔만대장경을 본 공덕과 같
고 그대로 공부하면 일생에 성불할 것이니 속이는 말로 알지 말고 진심으
로 믿어 하여 갈지니라.

　산은 깊고 물은 흐르고 각색 초목은 휘여져 있고 이상한 새 소리는 사
면에 울고 적적하여 세상 사람은 오지 않는데 고요히 앉아 내 마음을 궁
구하니 내게 있는 마음이 부처가 아니면 무엇인가.

　듣기 어려운 좋은 법을 들었으니 신심을 써서 할지니라. 마음을 너무
급히 쓰면 신병이 나고 두통도 나나니 마음을 가라 앉혀 평안히 하여 가
라. 조심하라. 억지로 생각하려 말고 의심을 내여 하라.

❖ 참고문헌

방한암〈先師鏡虛和尙行狀〉《불교》95호, 1932. 5.
김태흡〈인간경허〉《비판》6-6호~6-12호, 1938.
한용운《경허집》선학원, 1943. (경허의 법제자인 만공이 그와 친근한 만해 한용운에
　　　게 편집을 부탁하여 나온 저술. 일제하 선원 수좌들의 중앙기관인 선학원의 중앙선
　　　원에서 펴냈다.)
진성원담《경허법어》인물연구소, 1981. (경허에 대한 일화, 비사가 수록되어 있다.)

명   정《경허집》통도사 극락암, 1990.

이홍우《경허선사: 호性의 피안길》민족사, 1996.(저자가 주간조선에 연재한 (1972.1.2~11.6) 고승전(경허)을 1981년 동화출판공사에서《공성의 피안길》이라는 제목으로 발간한 것을 수정 보완하여 펴냈다.)

한중광《경허: 길 위의 큰스님》한길사, 1999.(동국대에서 경허를 주제로 박사학위를 받은 저자의 경허 일대기. 경허는 한국 근대선의 첫새벽이면서, 길의 성현이라는 애정이 투영된 저술이다.)

김지견〈경허당 散考〉《화엄사상과 선》민족사, 2002.

민영규〈경허당의 北歸辭〉《민족과 문화》12, 2003.

일   지《경허: 술에 취해 꽃밭에 누운 선승》민족사, 2012.(백양사 출신인 일지가 2001년 민족사에서 펴낸《삼수갑산으로 떠난 부처: 새로운 경허읽기》의 재간본. 경허에 대한 우호적 감정으로 경허의 변호자를 자임하면서 쓴 일대기.)

이덕진〈경허의 법화와 행리, 그 빛과 어둠의 이중주〉《불교평론》10, 2002.

고영섭〈경허의 살림살이와 사고방식〉《경허 · 만공의 선풍과 법맥》조계종 출판사, 2009.

윤창화〈경허의 주색과 삼수갑산〉《불교평론》52, 2012.

김광식〈경허 논의에 관한 비판적 검토〉《불교평론》53, 2013.

홍현지〈경허의 삼수갑산과 償債〉《대각사상》18, 2013.

허   정〈경허 담론의 쟁점과 현재적 의미〉《불교평론》57, 2014.

김호성《경허의 얼굴》불교시대사, 2014.

만공
滿空

만공은 어떤 스님인가

만공(滿空, 1871~1946)은 경허의 법제자로 널리 알려진 선승이다. 만공은 일본강점기 최고의 선사이면서도 경허의 그림자에 가려져 진면목이 제대로 연구되지 않았다. 명성은 알려졌지만 그에 합당한 탐구가 아쉬운 고승이다.

경허의 법제자는 만공, 수월, 혜월, 한암, 침운 등으로 전하고 있다. 최인호는 경허의 소설에서 경허의 제자를 '세 달'로 묘사했다. 월면(만공), 수월, 혜월이 각각 월(月) 자가 들어간 것을 문학적으로 개념화한 것이다.

만공은 천장암에서 경허를 만나 시봉하고, 가르침을 받고, 법을 인가받았다. 그는 경허가 호서 지방에서 만행을 할 때 동행하여 많은 일화를 남겼다. 그리고 경허가 영남 지방에서 후학을 가르칠 때 지근거리에 있었다. 경허가 1912년 입적한 이후에는 경허의 시신을 인수하여 다비하였다. 또한 경허의 자료를 수집하여 한암, 만해에게 《경허집》을 내도록 당부한 주역이었다.

그러나 만공의 정체성은 경허와 연관되지 않은 곳에서도 찾을 수 있다.

만공은 일제하 선불교에서 간과할 수 없는 대상인 선학원 창건과 불교정화 운동에서 그의 정체성을 극명하게 표출하였다. 그는 1921년 12월 선학원 창건의 주역이었으며, 1922년에 출범한 수좌들의 수행공동체인 선우공제회를 발기하였다. 나아가 선학원의 재건, 조선불교 선종의 창종, 불교정화 운동의 발현이었던 1941년의 유교법회의 증명법사이기도 했다. 이런 측면에서 그는 일제하 선불교, 수좌를 대표한 선사였다.

요컨대 수덕사를 거점으로 경허 선풍을 계승하면서, 대외적으로는 선학원을 근거로, 금강산의 유명한 선원인 마하연의 조실을 역임하면서 수많은 수좌를 지도했다. 또한 그는 비구니들을 지도한 선사로도 유명하다. 수덕사 내에 비구니들의 선 수행처인 견성암을 세우고, 만공 자신이 지근거리에서 지도하여 그의 문하에서 김일엽이 배출되었다. 만해 한용운과도 절친하여 많은 일화를 남겼다. 만해의 오도송에 의견을 달았고, 만해가 머물던 심우장에 자주 왕래하였다고 전해진다.

행적과 수행

만공은 1871년 전북 태인에서 출생하였다. 속명은 도암(道岩)이고, 여산 송씨(宋氏)였다. 13세 때 전주의 봉서사, 송광사를 거쳐 논산 쌍계사로 갔다. 그러다가 14세 때 계룡산 동학사에 머물면서 행자 생활을 하였다. 1884년 10월에 경허가 동학사에 들렀을 때 만나게 됐는데, 그 인연으로 경허를 따라 천장암으로 옮겨가게 되었다. 만공은 천장암에 있었던 경허의 속가 형인 태허를 은사로, 경허를 계사로 삼고 그해 12월 8일 출가하였거니와, 그때 받은 법명이 월면(月面)이었다.

이 무렵 경허는 오도하고(1881년) 나서 보림을 하던 시절이었다. 만공은 1893년 무렵, 경허에게서 '만법귀일 일귀하처(萬法歸一 一歸何處)'라는 화두를 받고 정진하였다. 이 화두를 들고 온양 봉곡사에서 수행하던 중, 1895년 7월 1차 오도를 하고 오도송을 지었다. 1896년 공주 마곡사에서 만공은 자신이 깨달은 경지를 경허에게 보였으나, 경허는 아직 완전치 못하다고 지적하였다. 그 이후 경허가 제시한 무자화두를 들고 치열하게 공부하였다. 서산 부석사와 천장암 등지에서 경허의 지도를 받아 참선에 더욱 정진했다.

경허가 범어사 계명암으로 가게 되자, 만공은 시봉을 위해 따라갔다. 31세 때인 1901년, 통도사의 백운암에서 정진 도중 두 번째로 오도의 경지에 들었다. 그는 즉시 천장암으로 돌아왔다. 만공이 천장암에서 정진에 박차를 가할 무렵 경허가 북방(삼수갑산)으로 떠나기 직전 천장암에 들렀다. 1904년 7월 15일, 만공은 천장암에서 경허로부터 정식 인가를 받고 전법게를 받았다.

만공은 35세 때인 1905년 봄, 덕숭산 수덕사 경내에 금선대를 짓고 보림하였다. 이때부터 제방의 학인, 수좌들이 설법해 주기를 간청하자 개당 설법을 하기 시작했다. 이후 만공은 1931년 금강산 유점사 조실, 1933~1935년 금강산 마하연 조실을 지냈다. 66세 무렵인 1936~1937년에는 마곡사 주지를 역임했다.

이와 같이 선원 조실을 역임하면서도 그는 선학원의 설립과 운영, 선학원의 방향 등에 직접적으로 관여하고 이끌었다. 만공의 선지, 선사상에 대한 위상이 높아가자 자연스럽게 수좌들의 대표가 되었다. 이런 배경에서 1921년 건립된 선학원(禪學院)의 발기인이 되었다. 그리고 1922년 봄에 출범한 수좌들의 자립, 자애적인 조직체를 지향한 선우공제회(禪友共濟會)의 주역으로 역할을 하기도 했다. 또한 1934년 12월 출범한 선학원을 지원하는 법인체인 선리참구원(禪理參究院)의 초대 이사장을 맡게 되었다.

만공 큰스님은 1935년 3월, 조선불교 선종의 종정으로 추대되었다. 종정 추대는 만공이 당시의 선불교, 수좌불교를 대표하는 상징적인 존재였음을 단적으로 증명하고 있다. 그는 또한 계율정신을 진작하고 불교정화운동을 표방하며 1941년 3월 개최된 유교법회(遺敎法會)의 증명 법사를 맡기도 했다. 당시 법회에서는 《범망경》을 주제로 법문했다. 그리고 《경허집》 발간을 위한 주도적인 활동을 한 것도 간과할 수 없는 행적이다.

일제 말기에는 덕숭산 수덕사에서 후학을 지도하였다. 그리고 서산 간월도 간월암을 중수하고, 덕숭산에 전월사라는 띠집을 짓고 소일하였다. 해방되던 이듬해인 1946년 입적하였다.

일화와 어록

수행자에게 필요한 3대 지침

만공은 경허의 법제자로서 수덕사 즉 덕숭산문을 40년간 지킨 주역이다. 그렇다면 그가 덕숭산문을 지킨 이유는 어디에 있는가. 만공은 참선 수행에서 수행자에게 필요한 3대 요건이 있으니 도반(道伴), 도량(道場), 도사(導師, 선지식)이라고 했다. 또 그것이 바로 '나를 찾는 지름길'이라고도 했다. 바로 이런 맥락에서 그는 덕숭산 수덕사를 지키며 경허 문중의 중심이 되었고, 덕숭산문의 버팀목이 될 수 있었다. 만공은 수행에 대중, 대중시봉, 신심, 마음 등을 강조하기도 했다.

31본산 주지회의에서의 할!

만공은 1936~37년에 공주 마곡사 주지를 지냈다. 당시 마곡사는 충청남도의 본산이었는데 도인 또는 선사가 본사 주지를 지낸다는 것은 정상적인 관행은 아니었다. 그런데 그 무렵 마곡사 주지 자리를 놓고 갈등이 심했다. 어느 누구도 주지 자리를 양보하지 않아 갈등이 지속되자 대중

스님들이 묘안을 내 당대의 도인인 만공 스님에게 주지를 맡아 달라고 청했다. 스님들은 서울 선학원으로 만공을 찾아가 전후 사정을 설명하고 청했으나, 처음에는 단호하게 거절했다. 그러나 "불교를 위해서 교구 본사를 위해서 주지직을 잠시 맡아달라."는 대중들의 애절한 간청을 끝내 거절하지 못하고 주지직을 승낙했다.

바로 그 무렵 1937년 2월 말 조선 총독(미나미 지로)이 주관하는 31본산 주지회의가 열렸다. 총독부 청사(구 중앙청 건물)에서 개최된 이 회의는 불교의 총본산 건립을 논의하기 위한 것이었다. 총독이 직접 참여했고 회의 주제가 조선불교 발전이었으므로, 참석한 본산 주지들이 돌아가면서 한마디씩 감사의 뜻을 전했다. 그들은 일제의 불교정책을 찬양하고 건의도 했다. 만공은 그러나 가져간 주장자를 높이 세우고 책상을 치고는 "청정(清淨)이 본연(本然)커늘, 어찌하여 산하대지(山河大地)가 나왔는가?"라고 큰소리로 할(喝)을 하였다. 사람들은 대경실색하였다. 만공은 이어 "전 총독은 조선 스님을 파계하게 만든 장본인으로 무간지옥에 갈 것이다. 조선불교 진흥은 조선 스님들이 자주적으로 하는 것 이외에는 없으니 조선 총독은 불교에 대한 간섭을 그만두라."고 강하게 일갈했다. 일본 강점기, 더구나 총독이 주재한 회의에서 그런 기개에 찬 할을 만공이 아니면 누가 할 수 있었겠는가. 만공의 모든 것을 말해주는 행적이었다.

한용운의 심우장에서 막걸리를 마시다

만공이 조선 총독 앞에서 할을 했다는 소문을 들은 만해는 선학원으로 만공을 찾아갔다. 두 스님은 부둥켜안았다. 만해는 "우리 만공이 조선불교를 살렸다."고 감격했다. 주위에 있던 젊은 스님들은 만세를 불렀다고 한다. 그때 만해가 만공에게 "할보다는 몽둥이로 한 대 때려주지 그랬어."라고 하자, 만공은 "어리석은 곰은 방망이를 쓰지마는 사자는 할을 쓰는 게야."라고 답했다. 그날 밤, 선학원에서 만해와 만공은 막걸리를 마시며 한국불교의 미래를 걱정했다. 만해는 만공의 이 쾌사(快事)를 '1937년 불교사를 빛낸 사건'으로 《불교》에 기록했다. 만해는 "만공의 거사, 쾌사는 그 누구도 할 수 없는 기백, 선기(禪氣)의 사건"이라고 단언했다.

만공은 서울에 오면 늘 성북동의 만해 거처인 심우장에서 머물고, 함께 막걸리를 마셨다. 그러나 1944년 만해가 입적하자 다시는 서울에 오지 않았다. "만해 없는 서울은 쓸쓸하기에, 갈 마음이 없었다."고 한다.

만공의 호연지기

만공은 힘이 장사였다고 전한다. 체격도 9척 장신이어서 스승인 경허를 똑 닮았다고 한다. 만공의 진영을 보면 무애도인의 체취가 느껴진다.

만공이 수덕사에서 개당설법(開堂說法: 깨달음을 얻고 처음 공식적으로 하는 설법)을 하자, 사방으로 그의 이름이 퍼져 나갔다. 그런데 그 주변에 사는 청년 장사가 있었으니 그가 바로 뒷날 만주 독립군을 이끌던 김좌진 장군이었다. 김좌진은 인근 지역(홍성군 갈산)에 사는 부유한 집안의 아들이었다.

김좌진은 수덕사에 힘이 장사인 스님이 있다는 소문을 듣고 무작정 수덕사로 갔다. 만공을 만나서 누가 더 힘이 센지를 겨루는 시합을 하자고 막무가내로 졸랐다. 만공은 스님으로 힘자랑에 응할 수 없었으나, 김좌진의 끈질긴 청에 마지못해 팔씨름을 제안했다. 시합이 시작되자 김좌진은 단번에 이기려고 기를 쓰고 힘을 보탰으나, 만공은 마치 참선하듯 팔씨름 자체를 잊은 듯 그저 앉아 있었다. 마침내 승부를 가리지 못했다. 만공의 뜻이었을 것이다. 그 후 김좌진은 집안의 노비를 해방시키고, 토지를 어려운 사람에게 그냥 넘겨주고 만주로 건너가 독립군을 이끌었다.

만공의 이러한 호연지기와 강인한 정신력은 그의 치열한 수행 행보, 덕숭산문의 수호, 각처에서의 법문, 수많은 수행자들을 제접한 근간이 되었을 것이다.

만공의 유언

만공의 가르침은 《만공법어》에 많이 전한다. 그중에서 제일 마지막에 수록된 것이 〈최후설(最後說)〉이다.

내가 이 산중에 와서 납자(衲子)를 가르치고 있는지 40여 년인데, 그 간에 선지식(善知識)을 찾아왔다고 하고 나를 찾는 이가 적지 않지만 찾아와서는 다만 내가 사는 집인 이 육체와 모양만 보고 갔을 뿐이요, 정말 나의 진면목(眞面目)은 보지 못하였으니, 나를 못 보았다는 것이 문제가 아니라, 나를 못 보는 것이 곧 자기를 보지 못한 것이 문제이다. 자기를 보지 못하므로 자기의 부모·형제·처자와 일체(一切) 사람을 다 보지 못하고 헛되게 돌아다니는 정신병자들일 뿐이니, 이 세계를 어찌 암흑세계라 아니할 것이냐? 도(道)는 둘이 아니지만 도를 가르치는 방법은 각각 다르니, 내 법문(法門)을 들은 나의 문인(門人)들은 도절(道節)을 지켜 내가 가르치던 모든 방식까지 잊지 말고 지켜 갈지니, 도절을 지켜 가는 것이 법은(法恩)을 갚는 것도 되고, 정신적·시간적으로 공부의 손실이 없게 되나니라.

도량(道場)·도사(導師)·도반(道伴)의 3대 요건이 갖추어진 곳을 떠나지 말 것이니 석가불(釋迦佛) 삼천운(三千運)에 덕숭산에서 3성 7현이 나고 그 외에 무수 도인이 출현한 것이니라. 나는 육체에 의지하지 아니한 영원한 존재임을 알라. 내 법문을 듣지 않을 때도 사라지지 않는 내 면목(面目)을 볼 수 있어야 하느니라.

이와 같은 만공의 최후 유언을 경허 문중, 만공 문도들은 주의 깊게 경청해야 할 것이다. 그런 연후에야 경허·만공의 법을 논할 자격이 있다.

만공 스님의 문도

만공의 문도는 많았다. 만공으로부터 법을 받은 스님들이 수십 명에 이른다. 법을 받은 이들 가운데는 전강, 혜암, 벽초, 적음, 고봉, 용음, 춘성, 포산 등 내로라하는 고승들이 많았다.

그렇다면 그중에서 수덕사 본방을 지켰던 후임자는 누구였는가? 바로 벽초였다. 벽초는 수덕사를 지키면서 온갖 어려움을 다 겪은 스님이다. 그는 선농일치를 통한 선지를 구현했다. 30년간 수덕사 주지를 하면서, 도량 수호와 만공 정신 계승의 발판을 마련했다.

벽초의 상좌는 원담이었는데 그는 선필로 유명하다. 현재 방장인 설정은 원담의 상좌이다. 설정은 해인사 강원에서 수학했고 서울대에서 공부했으며 봉암사 등에서 정진하였다. 한때는 종회의장을 맡기도 하였는데, 지금은 경허·만공의 선풍 진작을 위해 고투하고 있다. 또 다른 원담의 상좌로 옹산이 있다. 수덕사 주지를 역임하고, 경허·만공기념사업회 회장을 수행하면서 선풍 진작에 노력하고 있다. 이런 공로로 정부로부터 옥관문화훈장을 받았다.

❖ 참고문헌

만공문도회《滿空法語》수덕사 능인선원, 1982. (수덕사, 만공문도회에서 공식적으로 펴낸 자료집. 이 책이 만공에 대한 자료집으로는 유일하다. 이 책은 수덕사가 1968년에 펴낸《滿空語錄》의 증보판 성격을 갖고 있다.)
정성본〈만공선사의 생애와 선사상 연구〉《한국불교학》22, 1997.
김종명〈만공의 불교사적 위치〉《덕숭선학》2, 2001.
효 탄〈만공의 선사상〉《덕숭선학》2, 2001.
이재헌〈만공선사와 독립운동〉《덕숭선학》2, 2001.

박해당 〈만공의 법맥〉〈덕숭선학〉 2, 2001.

이덕진 〈만공스님의 수행가풍과 간화선의 신삭〉《경허 · 만공의 신풍과 법맥》 조계종출판사, 2009.

김경집 〈만공의 선학원 활동과 선풍진작〉《경허 · 만공의 선풍과 법맥》 조계종출판사, 2009.

황인규 〈근대 비구니의 동향과 덕숭총림 비구니들〉《경허 · 만공의 선풍과 법맥》 조계종출판사, 2009.

김광식 〈일제하 선학원의 운영과 성격〉《한국근대불교사연구》 민족사, 1996.

_____ 〈조선불교 선종과 수좌대회〉《한국 현대선의 지성사 탐구》 도피안사, 2010.

_____ 〈유교법회의 전개과정과 성격〉《한국 현대선의 지성사 탐구》 도피안사, 2010.

_____ 〈김일엽 불교의 재인식〉《불교학보》 72, 2015.

_____ 〈만공의 정신사와 총독부에서의 선기발로(1937) 사건〉《향토서울》 91, 2015.

박부영 · 원철 · 김성우 《석영당 제선선사》 비움과 소통, 2012.

설정 스님 · 박원자, 《어떻게 살 것인가》 나무를 심는 사람들, 2016.

수월
水月

수월은 어떤 스님인가

수월(水月, 1855~1928)은 경허의 세 달로 지칭된 세 제자 가운데 가장 나이가 많은 법제자다. 그는 천장암에서 경허의 지도를 받아 다라니 3년 수행을 통하여 깨달았다고 전한다. 그의 은사는 경허의 속가 형인 태허였지만 수월이라는 법호를 경허 스님이 내려주었다. 그리고 수월은 경허가 천장암을 떠난 이후 오대산 상원사, 금강산, 묘향산을 거쳐 경허의 뒤를 따랐다. 그 후에 만주, 도문을 거쳐 북간도 오지에서 수행하였다. 경허가 입적하고, 그 소식을 정혜사 선원에 편지로 알린 이도 수월이었다.

수월은 순수한 간화선의 수행자에 머물지 않았다. 그의 깨달음 자체도 다라니 수행을 통한 것이었다. 그를 화목한(火木漢), 부목한(負木漢)으로 부르기도 하는데 여기서 그의 고행과 두타행을 엿볼 수 있다. 그는 그러나 깨달음 이후에는 선 수행(경절문)으로 나갔다. 수월의 입적 직후 국내 불교 잡지에서 그를 선사, 대선사라고 칭한 것을 보면 거시적으로는 선사였지만, 순수 선사라기보다는 두타행을 겸비한 고승이었다고 하는 것이 옳겠다.

그는 일상에서도 범행(계율)을 철저히 지켰으며, 정통 선원에서만 수행을 한 제도권 수좌는 아니었다. 그는 난행과 두타행(頭陀行), 선농 불교를 겸비한 선사였다. 때문에 그는 경허의 법제자이면서도 동시에 두타행에서 일가를 이룬 대종장이었다. 이런 면에서는 한국 근현대불교 두타행의 조사라고 불리기도 한다. 그림자 없는 성자라는 별칭도 여기에서 나왔다.

행적과 수행

수월은 경허가 은둔과 보림을 하면서 머물던 천장암 인근이 고향이다. 1855년 홍성군 구항면 신곡리에서 출생하였다. 속성은 전씨(田氏)였는데, 청소년 시절에는 농사를 지으면서 머슴살이를 하였다고 한다. 그러나 경허 일대기인《길 없는 길》과 경허 제자인 수월에 대한 소설《할》을 지은 최인호는 수월을 양반 출신으로 서술했다. 최인호는 이런 새로운 주장을 피력하면서 객관적인 근거를 제시하지는 않았다.

수월은 29세(1883년) 무렵 지나가는 탁발승에게서 수행에 대한 말을 듣고 발심하여, 그 길로 천장암으로 들어갔다고 한다. 법명은 음관(音觀)이었다. 수월이 천장암에 있을 때 만공, 혜월도 같이 수행을 했다. 만공은 수월보다 16세 아래였고, 혜월은 9세 아래였다. 당시 수월은 나무를 하는 부목이었고, 만공은 공양주, 혜월은 채공과 밭일을 담당했다.

수월은 늘《천수경》을 외웠다. 그러자 경허는《천수경》의 천수다라니만 열심히 외워도 깨달을 수 있다고 일러주었다. 3년 동안 천수다라니를 자나 깨나 염송한 수월은 마침내 다라니를 화두로 깨달음을 이뤘다. 수월은 깨달은 이후 세 가지 득력을 얻었다. 첫째는 한번 보거나 들은 것은 결코 잊어버리지 않는 것, 둘째는 잠이 없어져 버린 것, 셋째는 아픈 사람의 병을 단박에 고칠 수 있는 능력이었다. 이런 신통한 힘이 생겨서 그런지 그 무렵 수월의 몸에서는 신비한 빛이 나왔다고 한다. 그래서 인근 동네 사람들은 캄캄한 밤중에 천장암에 불이 났다고 쫓아왔는데, 수월의 몸에서 나온 빛의 기둥이 흡사 불이 난 것 같았다고 한다. 그 이후에도 수월의 몸에서는 방광이 있었다고 전한다.

수월은 깨달음을 얻은 지 얼마 지나지 않아 천장암을 떠났다. 그의 발길은 지리산 화엄사로 향하였다. 도반인 직지사의 선승 제산과 함께 지리산 천은사를 거쳐 천은사 선원인 상선암으로 갔다. 상선암에는 수좌 30여 명이 수행을 하였는데, 수월이 조실로 추대되었다. 그 무렵 3·1운동 민족대표를 지낸 용성(龍城)은 입승 소임을 보았다고 전한다. 1900년경 경허도 이곳에서 한 철을 났는데, 수좌들을 지도해주었다고 전한다.

수월은 청양 장곡사를 거쳐 오대산 상원사로 갔는데, 1907년경이었다. 사람들은 도인 수월을 만나러 상원사로 갔지만, 나무꾼, 일꾼, 못생긴 중 노릇을 하는 수월을 알아보지 못했다. 번거로움을 느낀 수월은 그곳에서 얼마간 머물다 금강산으로 갔다. 수월은 마하연 선원의 조실로 추대되었다. 그의 나이 38세 무렵이었다. 그러다가 묘향산 중비로암에서 3년여를 머물렀다. 1909년 수월은 두만강을 건넜다.

이후 그의 행적은 북간도 오지의 수분하에서 찾을 수 있다. 수분하는 중국과 소련이 마주한 동북 지역이었다. 수월은 그 지역 큰절인 고려사에 머물다가, 관음사에서 머물렀다. 그곳에서 6년을 있다가 1920년경 수분하에서 3백 리 떨어진 나자구 태평촌에 있는 절인 화엄사에 머물렀다. 태평촌은 도문, 연길, 용정에서 소련으로 들어가는 길목이었다. 화엄사는 지역 주민들과 조선 사람들이 수월을 존경해서 지어주었는데 흙 돌집으로 된 오막살이 절이었다. 수월은 화엄사에서 8년간을 수행과 보살행을 하다가 1928년 7월 16일(음력)에 입적했다.

수월이 입적했다는 기사를 《불교》 55호(1929. 1)에서 사고(社告)로 전하자, 직지사 선원과 정혜사 선원에서는 수월선사 추도식을 거행하였다. 수월이 머물렀던 것으로 전하는 함경북도의 회령 백천사에서도 추도식을 가졌다.

일화와 어록

이역만리 만주의 큰스님

수월은 한국보다 만주에서 보살행을 행한 스님으로 널리 회자되었다. 그 당시에도 그렇고, 지금도 연변에서 수월은 진정한 보살행을 한 성자로 유명하다. 수월은 백두산 근처의 농가에서 머슴 노릇을 하며 3년 동안이나 소를 길렀고, 지나가는 나그네에게 주먹밥과 짚신을 말없이 건네주었다. 그리고 평소에는 묵묵히 험한 일을 하면서 누더기를 걸치고 탁발하면서 생식을 하였다고 한다. 절 근처에 사는 어려운 사람들이 아프게 되면 조건 없이 치료를 해주었고, 호랑이와도 대화를 나누었다는 다소 과장된 이야기도 전한다. 하지만 참다운 보살행의 진면목을 보여준 스님임이 틀림없었다.

무식한가?

간혹 수월을 이야기하는 내용에는 그가 일자무식(一字無識)이었다는 표현이 있다. 꼭 그렇다고 단정할 수는 없다. 앞서 이야기했듯 그의 출신이 양반이라는 주장이 소설가 최인호에 의해 제기되기도 했다. 학식이 높고 벼슬까지도 한 선비 출신이라는 것이다. 그런데 하심하여 까막눈 행세를 하고 출신을 속였다고 한다. 금강산 건봉사에서 행한 수계 불사의 계첩에 그가 7증사로 나온다. 이를 보면 최소한의 학식은 있었다고 보인다. 또한 그가 경허의 입적 소식을 '편지'로 전하였다는 것을 보면 그가 문맹

(文盲)이었다는 주장은 동의할 수 없다. 수월은 학식과 신분을 감추고 헌신과 자비행으로 스님 생활을 일관한 것으로 봐야 한다.

선사인가, 두타행의 조사인가?

수월은 경허의 법제자로 그리고 선사(禪師)로 널리 알려졌다. 이는 일견 타당하고 설득력이 있는 주장이다. 그러나 그의 정체성을 대변하는 여러 기록을 보면 그는 단지 선(禪)만을 강조한 간화선 선사는 아니었다. 그는 고행과 난행을 즐긴 수행자였다. 옷을 허름하게 입고, 늘 일만 하였거니와 선농불교(禪農佛敎)와 두타행의 일면을 살필 수 있다. 선사였지만 한국 근현대 두타행 조사(祖師)라는 면도 배제하기 어렵다. 수월의 행보에 대한 이런 면들에 대해서는 더욱 면밀한 검토 연구가 필요하다.

수월을 친견한 스님은

수월의 보살행과 도인으로서의 면모는 1920년대 초반에 불교계에 널리 알려졌다. 그래서 당시 수행자들은 수월의 친견을 소원했다. 1920년대 중반 무렵 기상이 남달랐던 젊은 수좌들이 이역만리에 있는 수월을 찾아서 친견하였으니 그들은 청담(조계종 종정), 효봉(조계종 종정), 금오(조계종 부종정), 성암(통도사, 성수의 은사) 등이었다. 이들은 수월을 친견하고 감격해서 새롭게 정진할 수 있었다. 특히 호랑이와 함께 다니는 것과 만주 벌판의 사나운 개들도 수월에게 꼬리를 내리는 모습을 보고 수월의 천진보살행을 확인하였다고 한다.

또한, 1920년대 중반 만주 벌판에서 독립운동을 하다 몸을 다쳐서 수월에게 치료를 받아 생명을 구하고, 그 인연으로 출가한 혜양은 수월의 천진성과 참선 정진을 다음의 글과 같이 회고했다. 혜양이 직접 들은 수월의 육성이다.

도를 닦는다는 것이 무엇인고 허니 마음을 모으는 거여. 별거 아녀. 이리 모으나 저리 모으니 무얼 해서는시 마음만 있으먼 되는겨. 하늘 천 따지를 하든지 하나둘을 세든지 주문을 외든지 어쨌든 마음만 모으면 그만인겨. 나는 순전히 천수대비주(千手大悲呪)로 달통한 사람이여, 꼭 천수대비주가 아니더라도 옴마니반메훔을 혀서라도 마음을 모아 우찌깨나 아무리 생각을 안 하려고 혀도 생각을 안 할 수 없을 만큼 혀야 되는거. 옛날 스님들은 스스로 도를 통하지 못했으면 누가 와서 화두참선법을 물어도 '나는 모른다'고 끝까지 가르쳐주지 않았어. 꼭 도를 통한 스님만이 가르쳐 주었는데 이 도통한 스님께서 이렇게 생각하신단 말여. '저 사람이 지난 생에 참선하던 습관이 있어서 이생에도 저렇게 참선을 하려고 하는구나. 그러면 저 사람이 전생에 공부하던 화두는 무엇이었을까' 도는 통했으니까 환히 다 아실 거 아니여. 혀서 '옳다. 이 화두였구나' 하고 바로 잡아 주시거든. 그러니 이 화두를 바로 받은 사람은 지난 생부터 지가 공부하던 화두니까 잘 안하고 버틸 수가 있어.

이렇게 수월은 고구정녕(苦口丁寧), 간절하게 수행하도록 만나는 사람마다 일러주었다. 이런 귀한 정보를 전한 혜양과 수월의 인연에 대한 내용은 혜양이 생전에 인터뷰한 〈불교신문〉 "3·1절 특집, 혜양스님 인터뷰" 기사(1997. 3. 4)를 보면 잘 알 수 있다.

수월 스님의 문도

수월의 문손은 적다. 그러나 일부 스님들이 있으니 그 스님들은 조계종의 원로의원을 역임하다 입적하신 도천 스님 문도들이다. 수월은 만주로 넘어가기 이전 금강산에 머물렀다. 이때 수월에 감명받아 출가한 스님이 있었는데 묵언이었다. 묵언은 정식 법명이 아니고, 늘 묵언을 해서 그렇게 불린 스님인데 이 스님을 은사로 삼아 출가한 분이 도천이다.

도천은 8·15해방 직전에 남하하여 범어사, 보광사에 머물다 금산의 태고사에서 수십 년간 수행하면서, 도량 재건에 나선 고승이다. 그는 수월의 정신을 이어받아 수행하는 내내 일만 해서, 선농불교의 화신으로 불렸다. 도천은 2011년 입적했다. 도천의 상좌는 흥국사 회주이면서 조계종 원로회의 부의장인 명선이다. 명선은 은사인 도천으로부터 당신의 노스님인 수월에 대한 말을 듣고, 수월의 행적을 찾기 위하여 중국 만주를 수십 번 왕래하였다. 그래서 수월의 진영을 연변에 모시고, 수월의 가풍을 진작하고자 다양한 불사를 추진했다.

수월은 일부 스님들만이 진면목을 아는 큰스님이었다. 대중들은 그 존재 자체도 알 수 없었다. 그러다가 검찰총장을 역임한 김진태 씨가 1996년에 펴낸 수월에 대한 최초의 책인 《달을 듣는 강물─수월 스님의 옛길을 찾아서》(해냄)를 통해 그 전모가 알려지게 되었다. 김진태 씨는 검사로 임용되기 이전, 시대의 질곡으로 인해 지리산 일대를 떠돌 때 어느 사찰의 노승에게서 수월의 이야기를 들었다. 그래서 그는 그때부터 수월의 행적을 복원하려고 수월과 인연이 있는 장소와 사람을 찾아다녔다. 특히 수월 문손인 정암과 간도 전법에 힘쓰는 강 거사가 수집한 자료를 제공받아 수월을 복권시킬 수 있었다. 수월의 재탄생은 김진태 씨의 수십 년에 걸친 정성 어린 노력의 산물이다.

❖ 참고문헌

서경수 〈현대고승전: 수월선사〉〈대한불교〉 1966. 7. 10~10. 30(10회)
정광호(육산) 〈현대불교인 열전: 수월〉〈대한불교〉 1971. 7. 10~10. 10(6회)
_____ 〈가계 없는 한평생〉《불광》 49호, 1978. 2.

김진태《물속을 걸어가는 달 ─ 그림자 없는 수월의 삶을 찾아》학고재, 2004.
　　　　(이 책은 저자가 수월에 대한 최초의 책으로 1996년에 펴낸《달을 듣는 강물》(해
　　　　냄)의 수정판이다.)
신희권〈수월스님 행적 재정리할 필요 있다〉〈불교포커스〉2009. 7. 27.
최인호《할》여백, 2012.
김광식〈수월선사의 정체성과 경허의 전법문제〉《제2회, 경허선사 바로알기
　　　　학술세미나 자료집》천장암, 2013.
청　담〈수월선사의 무심도행〉《청담대종사전서》권 1, p. 213(수월을 1927년
　　　　경 친견한 청담 스님의 회고담이 실려 있다.)
경　성《불교수행의 두타행 연구》장경각, 2005.

혜월
慧月

혜월은 어떤 스님인가

혜월(慧月, 1862~1937)은 천진도인이었다. 그는 수월, 만공과 같이 천장암에서 경허에게서 배우고, 법을 받았다. 수월이 첫 번째 제자라면, 혜월은 두 번째 제자이고, 만공이 막내였다. 만공이 한반도의 중앙인 수덕사를 지키면서 중앙불교계(교단, 선학원)에서 활동했고, 수월은 북방과 만주 일대에 가서 법을 펼쳤다면 혜월은 남방인 대구, 부산에서 법을 폈다. 이렇게 지역을 나누어 법을 펼친 것도 서로 간의 약속이라고 하지만 문헌 근거는 찾을 수 없다.

만공, 수월과 마찬가지로 혜월의 이름이 널리 알려진 것은 당연히 경허의 법제자라는 것 때문이었다. 경허가 그에게 남겼다는 전법게는 통도사 성보박물관에 보관되어 있다. 이 전법게는 그의 법손들이 널리 선전을 해서 인터넷상에서도 볼 수 있다.

그렇다면 경허와 구별되는 그만의 독특한 정체성은 무엇인가? 그것은 천진불, 천진도인, 무심도인이라고 말할 수 있다. 혜월은 천진한 마음으로 수행하고 그런 마음으로 중생을 이끌었던 고승이었다.

행적과 수행

혜월의 행적을 전하는 문헌 자료는 거의 없다. 비석에 간략하게 전하는 외에 대부분은 구전으로 전하는 것뿐이다. 낙수(落穗)와 같고 파편의 성격을 지닌 구전을 정리한 것이 일부 책자에 나오고 있다. 그래도 그것을 모아서 이해할 수밖에 없는 현실이다.

그는 1862년 6월 19일, 충남 예산군 덕산면 신평리에서 출생했다. 속성은 신씨(申氏)이다. 집안이 가난하여 13세의 나이로 수덕사로 들어갔으니 동진 출가인 셈이다. 15세 때 혜안(慧安)을 은사로 모시고 출가하였다. 이때 받은 법명은 혜명(慧明)이었다. 은사가 정혜사에 있었다는 것을 보면 혜안을 선 수행자로 볼 수도 있다. 혜월은 입산 이전에도 문자를 배우지 않았고 스님이 되어서도 글공부를 하지 않았다는 주장이 있다. 그러나 이를 신뢰할 수는 없다.

혜월은 정혜사에서 공양주를 하다가, 그의 나이 24세 무렵에 경허를 만났다. 그때 경허는 정혜사에서 대중에게 법문을 하였는데, 수월은 그 법문에 큰 발심을 해서 경허를 따라나섰다. 경허와 함께 간 곳은 서산의 개심사였다. 그 무렵 경허는 개심사에서 은둔하며 보림하던 중이었다. 혜월은 개심사에서 4~5년간 수행을 하여 마침내 29세인 1890년에 경허로부터 법을 인가받을 수 있었다. 이때 받은 전법게문이 전한다. 혜월의 깨달은 계기에 대해서는《수심결》에 대한 경허의 가르침에 의한 것이라는 설, 참선하다 깨쳤다는 설, 그리고 종성하는 소리를 듣고 방망이를 두드리다가 깨쳤다는 설 등이 있지만 단정하여 말할 수는 없다.

혜월은 입산했던 덕숭산 수덕사(정혜사)와 개심사, 천장암에서 30년간이나 수행하였다. 그러다가 그의 나이 47세(1908년)가 되어서야 호서 지방을 떠났다. 그런데 그가 대구 지방에서 전법을 하고 있을 때인 1913년에 경허가 입적하였다는 연락이 만공으로부터 왔다. 정혜사로 그 소식이 전해진 것은 1913년 7월경이었다. 혜월은 자신의 상좌인 철우를 데리고 삼수갑산으로 갔다. 수덕사를 들러 만공과 함께 갔는데 경허의 시신을 다비하고, 유품을 수습하고 돌아왔다. 이렇게 경허 다비 문제가 일단락되자 그는 주장자 하나만 들고 남방으로 떠났다.

그 이후 혜월의 행적은 분명하지 않다. 추측하건대 대구를 거쳐 부산으로 향하였던 것 같다. 그가 간 사찰은 법주사, 파계사, 은해사, 통도사, 내원사, 미타암, 범어사, 선암사, 안양암 등이 거론된다. 그는 가는 곳마다 선풍과 무심(無心) 선지를 전했다. 그의 선풍이 소리 없이 퍼져나가며 큰스님으로 명성이 높아 갔다. 1935년 3월 선학원 계열 수좌들이 기존 교단을 비판하면서 세운 종단인 조선불교 선종의 종정으로 추대되었음은 그 단적인 예증이다. 그는 만공, 한암과 함께 종정으로 추대되었던 것이다.

혜월은 1937년 6월 16일, 선암사(부산)에서 입적했다. 그는 오나가나 늘 일을 놓지 않았는데, 선암사에서도 산에 다니면서 땔감의 재료인 솔방울을 줍고 다녔다. 자루 하나를 들고 산에 오가는 것이 그의 일과였다. 6월 16일, 산에서 주운 솔방울을 자루에 가득 채운 그는 선암사 입구에 있는 다리 근처 나무에 기대어 휴식을 취하고 있었다. 마침 지나가던 보살이 혜월이 나무에 기대어 쉬는 것을 보고 반가워서 "스님, 스님!" 하고 불렀지만, 전혀 움직임이 없었다. 급히 달려간 보살이 그의 몸을 흔들었을 때는 이미 입적하여 하나의 불상이 되었다.

일화와 어록

경허의 다비식장에서

혜월은 남방에 있을 때에 법사인 경허가 입적하였다는 소식을 듣고 만공과 함께 삼수갑산에서 가서 다비를 하였다. 이에 대해서 혜월의 법제자인 철우(鐵牛)의《법어집》(철우문도회, 1998)에는 다음과 같이 나온다.

혜월 선사는 철우 스님을 앞세우고 다른 스님 몇 분과 수덕사의 만공스님을 모시고 가서 경허선사의 무덤을 화장을 하게 되었다. 경허 선사의 뼈는 장대한 황골이었고 장례 중에 혜월 선사는 그냥 말없이 눈물만 흘리셨는데 철우 스님은 그날 혜월 선사의 눈물을 처음 보았다고 하셨다.

이렇게 혜월은 눈물을 흘렸다. 이에 대해 혜월의 법손인 진제(조계종 종정) 스님은 혜월은 의젓하게 다비를 하는데, 만공은 엉엉 울었다고 말했다.

〈혜월 혜명대선사 무상설법기(無相說法記)〉에 나온 법문

〈대한불교〉1962년 10월호에는 혜월 탄신 101년, 열반 25년을 기해 미타암(양산)에서 거행된 혜월의 설법탑 제막식 기사가 나온다. 탑은 그해 4월 24일(음력)에 세워졌는데, 비문은 광덕(불광사)이 짓고, 글씨는 석주가 썼다. 그 비문에 혜월의 사상이 오롯하게 전한다. 비문에 나온 문답과 내용 일부를 소개한다.

문: 어떤 것이 불법 대의입니까?
답: 일체 명상(名相)을 여읜 것이라
문: 어떤 것이 명상을 여읜 것입니까?
답: 구구(九九)는 팔십일(八十一)이니라.
문: 어떤 것이 선(禪)입니까?
답: 네가 물었느냐, 내가 답하였느냐?
문: 무슨 뜻인지 알지 못하겠습니다.
답: 전삼삼 후삼삼(前三三 後三三)이니라.

문: 무슨 뜻인지 자세히 알려 주옵소서.

답: 행자야 — 하고 부름에 행자가 "네!" 하니 "이 무엇인고."

문: 어떤 것이 화상의 가풍입니까?

답: 비가 오는구나.

문: 다못 화상의 가풍을 묻고 비 오는 것을 묻지 않았습니다.

답: 비가 온다. 비가 온다.

  선사는 평생을 괭이와 지게와 죽비를 손에서 놓지 않고 "이 둥그러이 주함이 없음을 아느냐?" 혹은 "명상(名相)을 여의고 일러 봐라" 하며 납자를 연마하고 제자를 훈도한다. 때를 따라 사람을 따라 항상 공적영지(空寂靈知)를 제창하고 본분을 종횡무진 천양하다. 사(師)가 이르는 곳마다 항상 웃음과 용기와 활동이 꽃피고 극치의 자비와 무심 진금행(眞金行)에는 언제나 혜검(慧劍)의 엄한 서릿발이 고이 잠기다. 불멸의 서원력은 무한한 정진으로 본분을 실현하여 잠시의 쉬임도 보이지 않으니

  문: 어떤 것이 제1구입니까?

  답: 구구(九九)는 팔십일(八十一)이니라.

  문: 어떤 것이 불법입니까?

  답: 거북털 토끼뿔이니라.

  문: 스님, 좀 쉬시지요.

  답: 뭐라구, 보지도 못하면서 뭐라 해, 자재할 때까지 힘써라.

  사(師) — 평생 동안 하루에 한두 시간 밖에는 눕지 않다. 사의 행화 시적 중에는 홍시법문, 무공적법문, 삼점(三點)법문, 고봉(四句偈)법문, 칼법문, 본태평법문, 빛법문, 지옥법문, 방생법문 등, 이루 헤아릴 수 없는 법화(法話)가 남겨져 천하 대중의 안목이 되다.

이와 같은 설법탑의 내용, 그 자체가 혜월의 가풍이다. 그런데 범어사 출신인 광덕이 어떤 연유로 이 글을 지은 것인지에 대해서는 전하지 않아 아쉽다.

혜월 스님의 계산법

혜월이 선암사에 있을 때의 일이다. 그는 개간선사(開墾禪師)라는 말을 들을 정도로 가는 곳마다 개간을 하였다. 선암사에서도 대중들과 함께 산지를 개간하여 논 다섯 마지기를 만들었다. 그런데 마을에 사는 사람들이 그 땅이 꼭 필요하다고 애걸복걸하여서 혜월은 세 마지 값만 받고, 그 논을 팔았다. 시장에 다녀온 대중 스님들은 그 전후 사정을 알고는 혜월에게 왜 그 값으로 팔았느냐고 항의했다. 그러자 혜월은 "야 이놈들아! 다섯 마지기는 저기 그대로 있고, 받은 돈으로 또 개간하면 되지 않느냐?"고 하였다.

혜월은 받은 돈으로 일꾼을 사고, 대중들과 함께 개간에 나섰다. 그런데 일꾼들이 혜월의 설법에 정신이 팔려 일이 진척되지 않았다. 그러자 또다시 대중 스님들은 "다섯 마지기를 팔아 겨우 자갈밭 세 마지기를 만들면 무엇합니까?" 하고 항의했다. 혜월은 "다섯 마지기는 그대로 있고, 자갈밭 세 마지기가 또 생길 것이니 좋지 않으냐?"고 했다. 이렇듯이 혜월은 아상(我相), 즉 내 것에 사로잡힌 스님이 결코 아니었다.

활인검, 사인검

혜월은 법회를 할 때마다 나에게는 사람을 살리기도 하고, 죽이기도 하는 활인검(活人劍)과 사인검(死人劍)이라는 두 자루의 명검이 있다고 했다. 그러나 그는 누구에게도 그 칼을 보여주지 않았다. 그래서 사람들은 혜월의 두 검에 대해 신비롭게 여겼다. 소문이 널리 퍼져 경상도를 관할하는 일본 헌병대장의 귀에까지 들어갔다. 칼을 좋아하여 수집에 여념이 없던 헌병대장은 그 칼이 보고 싶어 미칠 지경이었다. 그래서 수소문을 해서 혜월을 찾아갔다. 절에 가서 혜월을 찾으니 산에 갔다고 해서 기다리는데 허름한 차림의 노인이 지게에 나뭇짐을 지고 내려왔다. 사람들은 그 노인이 혜월 스님이라고 해서 실망을 많이 하였지만 어쩔 수 없이 다가가서 말을 했다.

"스님께서 활인검, 사인검이라는 명검을 가지고 계신다기에 그걸 한번 구경 좀 할까 해서 왔소이다."

"그러신가, 그럼 보여 줄 터이니 나를 따라오시게."

혜월은 그 절의 섬돌 축대 위로 성큼성큼 올라갔다. 그러자 헌병대장도 그 뒤를 따랐다. 그 순간, 혜월은 느닷없이 헌병대장의 뺨을 후려쳤다. 헌병대장은 순식간에 축대 밑에 굴러떨어졌다. 혜월이 축대 밑으로 내려가서 한 손을 내밀어 헌병대장을 일으켜 세우며 말했다.

"방금 전, 당신의 뺨을 때린 손이 죽이는 칼이고, 지금 당신을 일으켜 세우는 손은 살리는 칼이야."

헌병대장은 놀랍고 감격해서 혜월에게 절을 세 번 하고 물러갔다. 우리 모두 활인검, 사인검을 지니고 있다. 누가 이 칼을 어디에서 쓸 것인가?

배가 아프냐, 그러면 내가 약을 사 오마

혜월이 어느 절에 있을 때의 일이었다. 혜월은 절에 있어도 땔감을 구하러 산에 자주 갔다. 산 중턱에는 오막살이 과부집이 있었다. 그 과부는 절에 와서 허드렛일을 하였다. 그래서 혜월은 산에 오가면서 그 집의 툇마루에 앉아 쉬고, 물도 얻어먹었다.

어느 날, 산에 오르다가 그 집의 마루에 앉아 있으니 방안에서 신음소리가 흘러나왔다. 깜짝 놀란 혜월은 아픈 사람을 구하려는 마음으로 방문을 열었다. 열었더니 과부와 절에서 일하는 부목 일을 하는 사내가 거의 옷을 벗은 채로 서로 부둥켜안고 있었다. 얼굴에는 땀이 배고, 많이 아파서 어쩔 줄을 모르고 있었다. 그래 혜월은 얼마나, 어디가 아프냐고 물었다. 그러자 부목은 엉겁결에 갑자기 배가 아파서 죽을 지경이라고 했다.

그러자 혜월은 그 집에서 뛰쳐나왔다. 빨리 절에 돌아가서 배가 아픈 것을 달래주는 죽이라도 끓여 주려는 것이었다. 절에 와서는 공양주에게 빨리 흰죽을 끓이라고 했다. 공양주는 아침에도 멀쩡했던 사람이 아프다는 것이 이상했다. 혜월로부터 자초지종(自初至終)을 들어보니 웃음을 참을 수가 없었다. 그래도 공양주는 큰스님의 지엄하신 분부이라 빨리 죽을 만들어 대령하였다. 혜월은 그 죽을 들고 다시 과부집으로 부리나케 달려갔다. 그런데 가는 도중에 부목을 만났다. 혜월은 부목에게 "자네 아까는 많이 아팠는데, 다 나았는가? 내가 자네와 과부댁이 배가 아프다고 해서 죽을 끓여 왔는데."라고 말했다. 그러자 부목은 계면쩍은 홍조를 띠면서 "아까는 죽을 것 같았는데, 방금 전에 다 나았습니다"라고 하였다.

이처럼 혜월은 거짓말 자체를 몰랐다. 그러니 천진도인이었다. 혜월의 안도하는 모습을 본 부목은 할 말을 잃고 그 자리에서 무릎을 꿇고 참회한 후, 얼마 있다가 출가했다.

혜월 스님의 문도

혜월은 1937년 7월 23일 입적했다. 그때 신문인 〈불교시보〉 25호 (1937. 8)에는 원적계(圓寂界)라는 제목으로 다음과 같은 내용이 실렸다.

> 慧月大禪師以斯界報緣已盡七月二十三日(陰 六月十七日) 酉時於安養
> 庵入寂
> 法弟, 道庵 昔湖 等
> 上佐, 秉璣 圓鏡 等

護喪, 車雲湖

법제(法弟)에 나오는 도암(道庵)은 금오(金烏, 1896~1968)의 은사이다. 금강산 마하연 선원에서 수행하던 시절에 금오는 도암을 은사로 삼아 출가했다. 석호(昔湖)는 기석호인데 석호의 법손들은 기석호를 혜월의 법제자로 전한다. 그에 관련된 전법게문이 전하기 때문이다. 기석호의 법은 석암 율사에게, 석암 율사의 법은 부산의 내원정사를 근거로 수행한 상좌들(원웅, 정련 등)에게 이어져 오고 있다. 기석호는 목사 출신으로 스님이 되었는데 범어사를 근거로 하여 수행하고 활동했다. 그의 입산 이전의 부인은 우봉운인데 1930년대 중반에는 사회주의에 경도되어 해방공간에 월북하였다. 기석호의 아들은 금정사의 수좌인 기유담이다. 그는 피리를 잘 불어 피리도인이라는 별명을 갖고 있었다.

그 밖의 혜월 법제자는 운암, 운봉, 철우 등이다. 이중 널리 알려진 인물은 운봉 선사이다. 운암과 운봉은 대구 파계사에서 인연을 맺었다. 운암은 말년에 부산 안양암에 주석하였는데, 그의 상좌가 성공이다. 철우가 혜월에게 받은 전법게문은 철우의 《법어집》에 나온다. 철우가 입적하자 〈대한불교〉(1978. 3. 26)에 공고된 부고에 문도 대표로 석암이 나온다. 이것은 우연이 아니고, 필연이다.

혜월이 입적했다는 소식이 통도사로 전해지자, 통도사 선승인 경봉은 그해 7월 26일 부산 안양암으로 가서 문상했다. 경봉은 안양암 정운암의 처소에서 자고 그 다음 날 혜월 영결식에 가서 문상하고 통도사로 돌아왔다고 일지에 나온다. 여기에서 유의할 것은 혜월이 입적한 장소가 일반적으로는 선암사로 나오지만, 《경봉 일기》와 〈불교시보〉 기록에는 안양암으로 나온다는 점이다.

운봉은 일제하 수좌계에서 명성이 높았다. 그의 법은 향곡에게 이어졌다. 향곡은 성철과 친근한 수좌로 유명하다. 향곡의 법은 지금의 조계종 종정인 진제에게 이어졌다. 이런 연고로 향곡은《운봉선사 법어》를 펴냈고, 진제는《향곡선사 법어》를 펴냈다. 1999년에는 진제의 상좌들이《운봉선사 법어》와《향곡선사 법어》를 함께 묶어 발간했다. 이 책을 보면 운봉이 혜월에게 받은 전법게가 나온다.

그리고 운봉의 또 다른 법제자가 1960년대의 천진도인으로 유명한 우화선사(1903~1976)이다. 우화는 1960~1970년대 시절 나주 다보사 선원장이었는데, 그 당시 다보사 선원을 거쳐 간 수좌들은 우화의 천진성과 순수성을 많이 배웠다. 지금 봉암사의 수좌인 적명이 상좌이다.

❖ 참고문헌

서경수〈현대고승전: 혜월선사 편〉〈대한불교〉1966. 5(6회).
육산(정광호)〈현대불교인 열전: 혜월스님〉〈대한불교〉1972. 3.
이향봉〈유아독존, 혜월대선사〉〈대한불교〉1976. 11.7.
김광식《처처에 나툰 보살행 – 석암스님의 수행과 가르침》석암문도회, 2011. (이 책은 수월의 문손인 율사 석암 스님의 구술 증언 자료집이다. 이 책에는 수월 문손들이 수월에 대한 비사를 구술로 증언한 내용이 많이 있다.)
최인호《할》여백, 2013. (경허의 제자들인 만공, 수월, 혜월의 이야기를 소설로 그려내고 있다.)

금오
金烏

금오는 어떤 스님인가

금오(金烏, 1896~1968)는 오늘날 경허·만공의 가풍을 잇는 금오 문도의 비조가 되는 큰스님이다. 원래 금오는 만공의 제자는 아니었다. 만공의 첫 번째 법제자로 보월이 있었다. 그는 예산 보덕사에서 수행하였는데 만행 중 보덕사를 찾은 금오를 만났다. 금오의 선지를 인정한 보월은 그에게 법맥을 계승해주고자 건당(建幢)을 하려고 하였지만 아쉽게도 요절하고 말았다. 이를 가엾게 여긴 만공이 보월을 대신하여 금오의 건당식을 해 주었다. 이것이 그가 경허·만공의 가풍을 잇게 된 연유이다.

금오의 또 다른 특성은 참선 수행을 지독하게 강조하였고, 만행을 통해 견성을 구현하였다는 것이다. 이런 구도에서 그는 운수행각, 토굴살이, 걸식과 고행 등을 마다하지 않았다. 금오는 참선하지 않는 스님은 스님이 아니라고 말했다. 그래서 수행과 선풍 진작을 위해 불교정화 운동의 최일선에 섰다. 그 결과 종단을 재건하고, 통합종단의 출범에 앞장섰다. 그러나 그의 생각이나 의도대로 종단이 수행종단으로 운용되지 못하자 분개하였다. 금오는 수행에 전념한 순수 선객으로 참선의 대종장이었다.

행적과 수행

금오는 1896년 7월 23일, 전남 강진에서 농부의 아들로 태어났다. 그의 속성은 정씨(鄭氏)이고, 이름은 태선(太先)이었다. 시골 서당에서 공부하다가 글공부를 게을리한다고 야단치는 형의 꾸지람을 듣고, 이까짓 글공부는 해서 무엇하냐는 심정에서 집을 떠나 금강산 구경을 가게 되었다. 금강산에서 인연이 되어 출가했는데 그의 나이는 15세였다. 1911년 3월 15일, 금강산 마하연 선원에서 은사인 도암(道庵)을 만나 출가 인연을 맺었다. 이때 받은 법명이 태전(太田)이었다. 도암은 월정사가 본사였던지, 일제강점기에 금오의 승적부는 월정사에 있었다.

그는 석왕사, 마하연, 월정사, 통도사, 미타암 등지에서 선 수행을 하였다. 이러기를 10년, 그의 나이 28세 때인 1923년 예산 보덕사를 찾았다. 그곳에는 만공의 수법제자인 보월이 주석하였다. 금오가 자신이 공부한 경계를 털어놓으니 보월은 득처를 인정하고 법을 인가하였다. 금오는 그곳에서 1년간 수행하면서 건당식을 기다렸다. 그러나 보월이 40세로 요절(1924. 12)하고 말아, 건당을 하지 못하자 만공이 대신하여 1925년 2월 15일에 금오라는 당호를 주는 건당식과 함께 전법게를 내렸다. 이때 금오의 나이 서른이었다. 금오는 1920년대 중반 서울 대각사에서 2년간 머물면서 당대의 선지식인 용성과 함께 있었다. 그때 용성은 불교 혁신을 기하려는 대각교 운동을 추동하면서 대처육식 반대, 건백서의 제출, 선농불교 개척에 몰두하고 있었다. 이에 영향을 받은 금오는 후일 불교정화 운동의 중추가 되었다.

금오는 40세가 되던 해인 1935년, 직지사에서 조실로 추대되어 수좌들을 제접하였다. 이후에는 망월사, 칠불암, 선학원 등지에서 후학을 양성하였다. 그는 자신의 살림살이를 가꾸어 가면서도 건당의 인연을 만들어 준 만공의 은혜와 가르침을 귀하게 여겼다. 그래서 1930년, 1937~38년,

1940년 등의 안거 기간에는 수덕사 정혜선원에서 정진하였다.

그러는 가운데서도 비산비야(非山非野)에서 토굴정진, 만행 등을 이어가며 보림정진을 하였다. 만공이 주도한 선학원에도 관여하여 선리참구원 이사를 맡기도 했다. 1941년 3월에는 선학원에서 10일간 열린 유교법회(遺敎法會)에 참여하였다. 이 법회는 계율청정, 불교정화를 위한 목적으로 열렸는데 금오의 참여는 당연한 행보였다.

1954년 이승만 대통령의 불교정화 유시가 발발하자 당시 선학원에 머물던 금오는 불교정화 운동 추진위원장을 맡아 종단 쇄신에 앞장섰다. 정화운동 당시 최일선에서 활약한 그는 정화운동이 일단락된 후에는 봉은사, 화엄사에서 가람수호와 후학 지도에 전념했다. 1958년에는 총무원장을 맡기도 하였다. 그러나 수좌 체질인 자신에게는 맞지 않는 직분이어서 그만두고 동화사, 청계사, 법주사에 주석하였다. 부종정까지 역임하였지만 그는 수좌정신, 수행정신이 종단에 구현되어야 한다는 소신을 굽히지 않았다. 1968년 9월, 월산에게 전법을 하고 10월 8일(음력 8월 17일)에 입적하였다.

일화와 어록

수월 스님에게서 가르침을 받다

1920년대 선사로 유명한 스님이 수월이었다. 금오는 수월을 친견하려고 만주의 봉천으로 향하였다. 압록강을 건널 즈음에 일본 경찰이 출국증서를 요구했다. 세간의 일에 무지한 그는 증서 대신에 선원(禪院) 안거증을 보여주었다. 경찰이 의아해하자 그는 이게 바로 국가가 인정하는 제1급 출국증이라고 주장, 위기를 돌파하였다.

수월을 찾아간 그는 수월의 토굴에서 1년간 함께 수행하였다고 전한다.

당시 수월은 노구임에도 매일 나무를 하면서 일을 즐겨 하였다. 금오도 수월과 똑같이 일하면서 가르침을 받으며 지냈는데 이때의 생활이 너무 좋았다고 상좌들에게 자주 회상했다. 그런데 수월이 매일 나무를 해놓아도 나무는 항상 그대로의 양(量)이었다. 마을 청년들이 와서 수월이 해 놓은 나무를 그냥 가져갔기 때문이었다. 그래서 금오는 마을의 촌장에게 그런 사실을 알리고 청년들의 잘못된 행동을 고쳐 놓았다.

수월을 떠나 귀국하는 길에 그는 봉천역에서 도둑 누명을 쓰고 유치장에 갇혔다. 그러자 그는 일심으로 지장보살을 염하였는데 1주일 후에 비몽사몽(非夢似夢) 간에 노인이 나타나서 "왜! 속히 나가지 않느냐?"고 하여 비로소 창살을 제치니 두 개의 창살이 힘없이 뽑혀 그 길로 탈출할 수 있었다. 한 명이 같이 탈출했는데, 뒤에서 짖어대는 개소리 때문에 온 힘을 다해 30리 길을 뛰어 달아났다고 한다.

거지 생활을 하다

금오의 만행은 다양하였다. 그중에서도 거지생활을 빼놓을 수 없다. 거지 소굴을 찾아가서 거지 생활을 자청했다. 거지 생활의 수칙은 ① 밥은 어떤 밥이라도 트집을 하지 않는다. ② 옷이 해져 살이 나와도 탓하지 않는다. ③ 잠자리는 어느 곳이든 가리지 않는다 등이었다. 그는 이 수칙을 지키기로 약속하고 7일간 거지 노릇을 하였다. 전주에서도 신분을 감추고 2년간 거지 생활을 하였다고 전한다.

그의 이런 만행은 고행이자 하심의 행보였으며 인욕의 체험이었다. 그러다 신분이 드러나자 거지들은 그를 '움막 중'으로 부르며 대접하였다. 안면도 해수욕장에서는 천막을 치고 수행을 하기도 했다. 토굴을 짓고 몇 달이 지나면, 탐심·애착·집착이 일어나기 전에 떠나자며 상좌를 이끌고 다른 곳으로 옮겨갔다.

참선하지 않으면 중이 아니다

그는 평소에도 항상 참선을 강조하였다. 참선하지 않으면 중이 아니라고 입버릇처럼 되뇌었다. "참선하는 자는 화두 하나만 참구해야지, 화두를 타파하기 전에 무슨 경을 보느니, 율을 익히느니, 무슨 주력을 하느니 하는 것은 견성하지 못할 사람들이다. 생사가 화급(火急)한데 무슨 잡일을 익힌단 말인가?"

그는 용맹정진을 즐겨 했고 말이 많은 수좌를 무척 싫어했다. 지리산 칠불암 아자방에서 정진하던 중 서암, 일각, 성찬, 도광, 도천 등 10여 명의 수좌가 있었다. 그들은 안거를 마치고 다른 곳으로 가려고 했다. 그러나 금오는 "우리 종단의 선풍이 해이해져 있는데, 그를 보충하기 위해 우리가 여기에서 종단 재건과 선종 부흥에 앞장서는 참선을 하자"며, 반 살림은 탁발 행각을 하고, 반 살림은 용맹정진을 다시 시작하자고 제안했다. 금오의 제안을 받아들인 수좌들은 정진에 들어갔는데 한 수좌가 중간에 정진을 게을리하자 금오는 용서하지 않고 죽비로 쳤다. 그러자 그 수좌가 반항하며 완력을 휘둘렀다. 이에 금오는 "자기를 위해 경책을 하는데 도리어 반항을 해! 대중들은 저놈을 항복할 때까지 쳐라. 사정없이 때려라"라고 했다. 대중들은 금오의 말을 따를 수밖에 없어 수좌에게 매질을 가하자, 그때야 수좌가 울면서 용서를 빌었다고 한다. 금오의 경책과 용맹정진은 이렇듯 조그만 게으름도 용납하지 않았다.

그는 발심한 선객을 좋아하고, 거칠고 실수가 많은 행자의 시봉을 즐겁게 받았지만, 보살이나 비구니의 시봉은 싫어했다.

야, 가자!

금오는 종단 소임이나 주지 자리에 결코 연연하지 않았다. 수행을 하러 떠날 때나 결단을 내릴 때면 어김없이 상좌 후학에게 "야, 가자!"라고 했다. "야, 가자. 공부하러 가자." "야, 가자. 총무원으로 가자." "야, 가자.

여기는 있을 곳이 못돼."라고 했다.

그는 종단을 제 몸처럼 아꼈기에 위법망구(爲法忘軀)를 하였다. 그래서 불교정화 운동 당시 잠시 팔달사에 머문 일이 있는데, 상좌들에게 다음과 같이 말했다.

"부처님 법에 승단은 청정한 것인데 대처승이 생겨 승단이 없어졌다. 이것을 제불보살과 역대조사 앞에서 항상 부끄럽게 생각했는데 이것을 면하자는 것이 이번 정화불사이고 또 승단을 재건함으로써 이 나라 불교를 정화해서 참다운 부처님의 자비정신을 구현해 보자. 우리가 이번에 정화불사에 실패하면 세인 보는데 머리 깎고 스님 모습을 하고 다니는 것이 부끄럽다. 잘 되면 떳떳하게 승단 재건에 전력하고, 그렇지 못할 때는 세상에서 멀리 떨어져 있는 섬에 가서 다시는 세상을 보지 말고 삶이 끝나도록 참선 공부나 하자."고 했다.

다행히 정화불사는 성공하였다. 그러나 그의 생각처럼 바로 수행풍토로 전환되지는 않았다. 그래서 그는 선객이었지만 자신이 직접 종단의 수행풍토를 바꾸어보고자 1958년 무렵 6개월가량 총무원장을 맡기도 했다. 그런데 막상 소임을 맡아 보니, 종단 사정은 말이 아니었다. 스님들은 공부보다는 직업승, 행정승이 되어 갔다. 1963년 어느 날, 종단과 스님들의 행태에 화가 단단히 난 그는 시봉하는 상좌에게 후원에 있는 도끼를 가져오라고 엄명하였다. "야, 가자. 총무원으로." 그러자 시봉은 어리둥절하였다. "빨리 도끼를 가져와! 내가 총무원에 가서 총무원의 기둥을 까부셔야겠다. 종단과 스님들이 수행을 안 하는 것은 총무원에 있는 스님들이 아직도 정신을 차리지 못해서 그런 것이니 내가 가서 까부수어야 해!" 하고 소리쳤다. 시봉과 상좌들의 간곡한 만류에 주저앉은 금오는 눈물을 감추면서 울분을 삭일 수밖에 없었다.

그가 최후로 바란 것

금오는 평생을 한국불교의 수행풍토를 올곧게 이끌고자 힘썼다. 1964
년 어느 날 그의 상좌였지만 환속해서 〈대한불교〉 기자로 근무하던 박경
훈을 불렀다. 그리고 그의 정신과 바람을 적은 글을 전달하면서 한 글자
도 고치지 말고 〈대한불교〉에 싣도록 주문하였다고 한다. 그것이 〈대한
불교〉 1964년 7월 19일 자에 기고한 〈한국불교의 정안(正眼)〉이다. 이 기
고문에 금오의 정화운동에 대한 소신과 종단관이 뚜렷하게 담겨 있기에
전문을 소개한다.

　돌이켜 살펴보라. 淨化의 목적이 어디 있었던가? 宗團 淨化가 十年을
넘지 않고 있고, 그 때의 뜻은 생생하지 않은가?
　누누히 淨化의 目的을 여기서 되새길 필요도 없이 우리는 모두가 그때,
사무치는 佛子된 의무에 떨지 않았던가.
　僧侶라 함은 世上萬事를 헌신짝 같이 던져 버리고 修道로써 그 目的을
삼을 뿐이오, 그 외의 어떤 것도 出家者의 바라는 바는 아닌 것이다. 그러
나 근래에 와서는 住持를 사는 것으로 장기를 삼는 '住持僧'이 있는가 하
면 '事務僧'이 있고 '無事放逸僧' 등등 이루 헤아릴 수 없는 僧名이 대두
되고 있다. 물론 종단을 움직이고 우리의 淨化佛事를 보다 체계 있고 원
만하게 회향하려면 事務僧도 있어야 하고 住持僧도 있어야 한다.
　따라서 이러한 스님들에게 깊은 감사를 드리는 바이지만, 그것으로 인
하여 우리의 僧侶된 本地風光을 잃어서야 그 住持와 事務가 무슨 필요가
있겠는가? 가슴 아픈 일이 아닐 수 없다. 淨化佛事를 일으킨 一千五百 僧
侶中에 이를 참으로 통탄하는 衲子가 있는지 나는 의심스럽다.
　작년에 全北 金山寺에서 二十餘名이 安居를 하는 龍象榜에는 내가 祖
室로 기재되어 있었다. 조실은 마땅히 대중으로 하여금 參禪 工夫를 위시
한 모든 修道生活의 계발을 근기에 따라 이끄는 책임이 있는 것이다. 나

는 마땅히 그 일에 전심할 것을 대중에게 알렸고 대중은 나를 따라 공부에 더 한층 힘쓸 것을 바랐다. 그러나 住持와 總務 등이 애당초 선에 뜻이 없었고 나는 자연히 '뒷방 늙은이'가 되었다.

비단 金山寺뿐이 아니다. 전국 각 사찰 거의가 參禪道場으로 보다는 住持僧과 事務僧과 無事放逸僧들이 집거하여 있고, 工夫에 힘을 기울이는 禪院은 몇몇뿐이다. 총무원을 비롯하여 전국의 스님은 오늘 參禪工夫하는 것을 잃어버리고 있는 것 같다. 이에 禪房을 잃은 首座 二十餘名을 데리고 上京하여 우리에게 禪房을 달라고 했다. 마침 宗會가 있었고 全國僧侶 가운데서 뽑힌 百餘名의 僧侶들이 東國大學校에서 講習을 받고 있어 우리가 서로 禪理를 담론하고 禪風을 진작할 수 있는 기회를 얻은듯하여 마음이 퍽 기꺼웠다. 이에 먼저 총무원의 某 部長 스님을 만나 淨化 十年의 實態를 얘기하여 禪院의 설치와 禪風의 振作, 그리고 叢林의 일이 급하다고 말했으나 여기에 대한 뜻은 조금도 없어 보였다. 그러니 고해에 빠진 衆生은 누가 책임지겠는가?

거듭 열 번이고 스무 번이고 말하지만 하나에도 禪이오, 둘에도 禪이며, 셋, 넷, 열, 백, 三千大千世界와 恒河沙가 다할 때까지도 禪뿐임을 부처도 말했고 祖師도 말했고 ……우리는 왜 모르는가? 二十餘名 선방을 잃은 衲子가 깃을 펼 庵子를 목마른 소리에도 총무원은 외면하고 말았다.

총무원이 그러하니 全國의 僧侶가 어떠할지 능히 알고도 남음이 있는 것이다. 宗會에 참석한 의원들에게도 나의 그런 뜻을 얘기했으나 귀 기울이는 僧侶가 없었다. 그러나 한편으로 총무원의 획기적인 쇄신과 과감한 용단을 바라면서 오늘에 이르렀으나 尚今 一毫의 微動도 없으니, 이는 부처님의 慧命을 가리는 마구니 종자가 僧服을 입고 횡행하는 느낌을 不禁하는 바이다. 이제 淨化는 부끄럽기 짝이 없는 일이 되어가고 있다. 왜냐고 묻겠는가?

三千을 헤아리는 帶妻者를 내쫓은 우리가 지금 工夫에 마음에 없다면 내쫓긴 그들에 비해 무엇이 더 나흔 것이 있어 淨化를 하겠답시고 너스레를 펼 수 있겠는가 말이다. 통탄할 만 일만이 아니다.

　생각해 보라. 千餘名 大衆이 斷食을 하고, 斷指, 血書 六比丘의 割腹의 信心과 그 願行은 오늘 어떤 結果를 빚었는가?

　우리는 佛祖에 못지않은 믿음과 발원으로 出家하지 않았는가. 모든 부처님과 모든 조사는 오직 參禪 躬行하여 悟道하였음은 再論이 필요 없다. 또 佛祖의 衆生濟度도 이에 벗어남이 없음을 우리는 안다. 天上天下 그 어디고 禪을 버리고 다시 무엇으로 輪回와 苦海를 벗어나겠다 하는가. 禪의 길은 곧 우리가 살아야 할 길이며, 사는 길은 바로 그것이다. 禪의 길을 등지고 그 眞理를 말살하는 者는 佛法門中에 마구니이며 佛法門中을 아지 못함이며, 중이라는 의미도 모르는 [거짓중]이며, [거짓 사람]인 것을 면치 못한다.

　三界 衆生이 佛法이 아니면 어느 곳에 가 살 것인지 추호라도 생각한다면 一千五百 淨化僧과 그 無數한 信徒들의 當時의 發願이 오늘 이렇게 荒廢하지는 않으리라. 지금 여기 누가 있어 감히 佛法이 우리 속에 역력히 살아 있다 자부하겠는가. 우울하고 초조함을 不禁하는도다.

　과거로부터 오늘에 이르기까지 부처님 正法에 인연이 깊은 모든 善男, 善女 佛子에게 나의 이 간곡한 뜻을 보이노니, 우리 모두 佛法을 바로 잡고 바로 배우고 바로 가르치며 行하여 滿天下에 불법의 빛이 휘날리기를 빌어마지 않노라.

　　　　　甲辰 盛夏 清溪寺 寓居에서(筆者—前 監察院長, 前 總務院長)

　우리는 이렇게 자신의 충정을 피력한 금오 스님이 말하고자 하는 낙처(落處)를 찾아 그의 심중을 헤아려야 한다. 금오는 1966년 11월 4일 입적하기 2년 전 그를 찾아온 〈불교신문〉 기자에게도 자신의 고뇌와 종단의 수행풍토 진작에 대한 소신을 피력하였는데 그 기사는 다음과 같다.

지난 14일 종단의 원로스님이며 副宗正과 監察院長, 總務院長을 역임한 金烏大禪師는 본지 기자와 단독 회견을 가졌다. 본사 기자를 인견한 스님은 종단의 현안 문제를 위시하여 내일의 과제에 이르기까지 광범위한 의견을 교환하였는데 특히 外勢에 이끌려 밖으로만 뻗는 현 종단의 추세에 대해 안으로 사무치는 求道의 길이 소원되었음을 지적하고 이의 지양책이 하루 속히 강구 시행되어야 한다고 강조했다. 스님은 어떠한 이유에 의한다 해도 스님이 寺院에서의 求道精進을 소홀히 하는 것은 용납될 수 없는 일이라고 강조했다. 스님은 "잘하는 가운데 저 잘했으면 하는 것이 사람 마음이지— 그런데 禪房이 없어 수좌들이 모일 선방 없어 수좌들이 갈 곳이 없어 지금 종단은 포교나 종단을 밖으로 선양하는 일에 크게 떨치고 있지만 禪房도 없고 그만큼 공부하는 수좌도 적어 外實內虛한 실정이지 거죽이 큰 데 비해 속이 비면 존재가 위태로운 法이야 지금 승단은 정화 때의 의기가 없어 한 곳이라도 제대로 된 禪房이 있고 공부하는 수좌가 많아야 빈속을 채울 것 아닌가"고 선방 없음을 개탄했다. 특히 후임 종정에 대해 "나 보고 종정 하고 싶어 한다고 말하는 사람도 있고 하라는 사람도 있지만 나는 宗正 안 해 종정은 나보다 할 스님이 많아 나는 山에서 공부나 해야지"라고—. 또한 宗政을 맡아 보는 스님들의 노고를 치하하고 격려하면서 "우리가 종무행정을 맡아 하는 것이나 주지를 하고 절 소임을 갖는 것은 모두 공부하는 스님들을 돕기 위해서야. 그런데 지금은 거꾸로 된 감이 있어. 주지를 살고 사무를 보는 것이 가장 중요한 일이 되었던 말이야. 所任을 살고 사무를 보고 주지를 하면서도 공부를 잊어서야 안 되지. 그리고 그분들은 스님들 공부를 도와주는 無主相의 덕을 쌓도록 힘써야 하고 그것이 그 스님들의 공부가 아닌 가"라고 했다.

〈불교신문〉1966. 11. 27
"元老 金烏스님 記者會見: 推戴해도 宗正辭讓")

그때는 통합종단 초대 종정을 역임한 효봉 스님(송광사)이 입적하여 후임 종정의 추대를 상의하던 시점이었다. 금오는 이처럼 당신은 종정을 절대 맡지 않을 것을 강조하면서 저녁노을의 장엄한 붉은 빛과 같이 그의 최후 바람과 유언을 남겼다.

금오 스님의 문도

금오의 법손들은 법주사, 불국사, 금산사 등에서 수행에 정진하였다. 그들은 금오에게서 전법을 받은 월산을 비롯하여 월서, 월주, 월탄, 월성, 월고, 월만, 월탑, 월복, 월룡, 천룡, 월선, 월국, 월학, 남월, 범행, 탄성, 혜정, 설조, 정일, 이두 등이다. 이들의 법명에 월(月) 자가 많이 들어가 있어서 '월자(月字) 문도'라고도 불린다.

이 중에서 월산은 금오에게서 법을 이어받고 문도의 일을 당부받았다. 그는 총무원장, 원로회의 의장, 불국사 주지, 법주사 조실 등을 역임하였다. 월산은 불국사가 오늘날의 위용을 갖추는 데 큰 역할을 했다. 1980년 조계종 종정 후보로 물망에 올랐지만 끝내 종정에 오르지는 못했다. 시절 인연이 닿지 않은 결과였다. 대신 성철 스님이 종정에 추대되었다.

월주는 총무원장을 1980년과 1994년, 두 차례 역임하였다. 1980년에는 10·27법난을 맞아 군부의 압력으로 인해 총무원장을 중도에 퇴임하였다. 그 후 1994년 종단개혁을 주도하면서, 그해 가을 총무원장에 다시 추대되었다. 월주는 환경운동을 비롯한 불교사회화 활동에 진력하였다.

그밖에 월서, 월탄, 혜정, 탄성 등은 조계종단의 원로로 활동하였다. 월탄은 금오의 정화 정신을 이어받아 1961년 대법원 판결에 불복한 이른바 할복사건의 주역이었다. 혜정은 율사로 많은 역할을 하였다. 탄성은 종단이 분열될 때에 종단 통합에 많은 기여를 하였다. 이두는 시인으로 호서불교, 청주불교 발전에 이바지한 역할이 적지 않다. 월서는 금오선수행 연구원 창립을 주도하였고, 금오 입적 40주기를 기하여《금오스님과 불교정화 운동》(전 2권)을 펴냈다. 그는 동국대 종학연구소와 공동으로 금오선사를 주제로 학술세미나를 개최하여 그 연구 성과물을 묶어《금오선사와 한국불교》라는 책을 2011년에 펴냈다. 불국사 조실인 그의 금오에 대한 충정은 금오 연구사에 길이 남을 것이다.

한편 1990년 11월 14일, 수덕사에서 일단의 수좌들이 승풍 진작, 바람직한 수행자상 확립을 표방한 결사체를 출범하였다. 그것이 바로 선우도량이었다. 핵심 주체는 금오의 손상좌인 도법과 만공 문도인 수경이었다. 선우도량은 발족 후 참신한 기획, 종단에 대한 대안 제시, 토론문화 진작, 승단의 연구 작업 추진 등의 다양한 행보로 긍정적인 평가를 받았다. 1994년 종단개혁 1998~99년 종단 사태 등에 선우도량 구성원들이 참가하면서 점차 종단의 중심으로 떠올라 종권의 주역이 되었다. 하지만 결과적으로는 출범 당시의 초심을 잃고, 자진 해체되었다. 선우도량을 이끌던 도법은 그 후 실상사에서 대안 공동체운동을 이끌다 '결사'와 '종단'을 조화시키겠다는 원력을 안고 조계종단의 '자정과 쇄신운동 본부'라는 단체를 이끌었다.

그리고 도법과 함께 불교 및 종단의 현실을 우려하던 수경은 환경운동에 전념하였다. 삼보일배를 통하여 불교환경운동의 정신을 널리 알린 그는 조계종단의 여러 현실에 울분을 참지 못하고 잠적했다. 그는 만공, 전강, 송담으로 이어지는 선풍의 재건에 많은 관심이 있었다.

❖ 참고문헌

범　행《金烏集》선학원, 1977.(금오에 대한 최초의 책. 실무는 성타스님(자료수집)과 박경훈(편집)이 담당하였다.)

금오선수행연구원《꽃이 지니 바람이 부네》마음달, 2010.

금오선수행연구원《금오스님의 불교정화 운동》(2권), 2008.

동국대 종학연구소《금오스님과 한국불교》금오선수행연구원, 2011.

장이두회고록〈나의 수행기, 물처럼 구름처럼〉〈해동불교〉불기 2534. 8.
6~2536. 7. 13(이 회고는 금오의 상좌인 이두 스님이 불기 2534년 8월 6일부
터 2536년 7월 13일까지 해동불교에 69회로 연재하였다. 이 회고는 정화운동 발
발 전후의 동향, 금오 스님의 행적 및 사상을 파악할 수 있는 단서가 다수 들어 있
다.)

김광식〈鄭金烏의 불교정화 운동〉《불교학보》57, 2011.

_____〈조선불교 선종의 선회에 나타난 수좌의 동향〉《한국 현대선의 지성
사 탐구》도피안사, 2010.

_____〈유교법회의 전개과정과 그 성격〉《한국 현대선의 지성사 탐구〉도
피안사, 2010.

_____〈제2정화운동과 영축회〉《한국 현대선의 지성사 탐구》도피안사,
2010.

_____〈선림회의 선풍진작과 정화이념의 계승〉《한국 현대선의 지성사 탐
구》도피안사, 2010.

_____〈불교정화 운동에 있어서 금오선사의 역할〉《금오스님과 한국불교》
금오선수행연구원, 2010.

선원빈〈덕숭문중의 대들보〉《큰스님》법보신문사 1992.

법 진〈유교법회의 동참대중〉《조계종 중흥의 당간, 41년 유교법회를 조명
하는 연찬회 자료집》2008.

전강
田岡

전강은 어떤 스님인가

전강(田岡, 1898~1975)의 정체성은 몇 가지로 나누어 볼 수 있다. 그 첫째 내용은 만공의 법을 받은 선사라는 것이다. 전강이야말로 경허·만공의 선풍을 올곧게 이은 스님이라는 주장도 있다. 이는 여러 행적, 어록, 사상 등을 종합해서 평가되어야 하지 않을까 생각한다. 《전강평전》을 저술한 정휴는 "전강선사는 경허와 만공선사의 법맥을 전승한 눈 밝은 선지식이었으며 살활자재(殺活自在)한 선기(禪機)를 지닌 대종장이었다."고 표현했다.

두 번째로 고려할 그의 정체성은 수행의 치열성이다. 그의 행적과 어록을 종합해 보면 그는 깨달음 이후 10년 이상 만행으로 구도 행각을 했다. 전강이 수행과 오도를 하던 일제 강점기에, 당시에 활동하고 있었던 고승 선지식을 찾아 법거량을 하였다. 이를 통해 그는 자신의 깨침을 더욱 다지고 깊이를 더해 나갔다. 그가 만난 대상은 만공, 한암, 용성, 혜월 등 기라성 같은 선지식이었다.

세 번째 정체성은 은둔성과 신비성을 지녔다는 점이다. 그는 깨달음을 얻은 후 입적하는 그날까지 자신의 행적이나 고뇌, 노선 등을 적극적으로 알리지 않았다. 또 용주사의 중앙선원장, 법보선원 조실을 맡은 것 이외에는 거의 종단 전면에 나서지 않았다. 말년에도 인천 용화사에 법보선원을 세워 은둔적인 행보를 갔다. 이런 성격으로 인해 그에 대한 저술, 책자 등은 희소하다. 그리고 그의 이런 성격으로 인해 법제자인 송담도 은둔의 길을 갔다. 송담이 수십 년간 자신의 법을 내세우기보다는 전강의 법을 전달하는 형식을 취했던 것도 스승의 행보를 따랐기 때문이다.

행적과 수행

전강은 1898년 11월 6일, 전라남도 곡성에서 출생하였다. 속성은 정씨(鄭氏)이고, 가정은 불우하였다고 한다. 7살 때에 모친이 사망하여 계모가 들어오고, 14세에는 부친마저 사망했다. 그는 부친 사망 후 2년간 갖은 고생을 하면서 대장간에서도 일하였고 유기 장사를 비롯한 수많은 장사를 했다.

그러다가 16세에 고향 근처의 관음사(옥과)에 입산해 출가의 길에 들었다. 그런데 그 절은 대처승의 절이었다. 계율이 혼미하고 문란한 절 생활에 환멸을 느낀 그는 해인사로 갔다. 2년간 해인사에서 행자 생활을 거친 그는 인공(印空)을 은사로 삼고 응해(應海) 화상을 계사로 삼아 정식으로 출가하였다. 이때 받은 법명은 영신(永信)이었다. 그가 해인사에서 존경하게 된 제산(霽山)이 직지사로 주석처를 옮기자 따라갔다. 제산의 문도는 탄옹, 녹원, 관응 등이 손꼽힌다. 이후 전강은 피나는 정진을 거듭한 끝에 지견이 열렸음을 느꼈다. 그래서 직지사 조실이었던 보월과 거량하였다. 그러나 보월의 고함 소리에 그의 지견은 박살이 나고 말았다. 직지사에서 두 철을 더 나면서 참선을 했다. 이곳저곳을 다니다가 예산 보덕사를 거쳐 곡성 태안사로 가게 되었는데, 태안사 입구의 징검다리에서 무자화두를 타파했다. 이때 그의 나이 23세(1921년)였다. 그리고 그곳에서 오도송을 읊었다.

태안사를 나온 전강은 각처의 선지식을 찾아 자신이 깨친 경지를 점검하고픈 열정이 끓어올랐다. 그가 점검을 받은 선지식은 마곡사의 혜봉, 통도사의 혜월, 대각사의 용성, 금강산 지장암의 한암, 수덕사의 만공 등이었다. 그는 마침내 만공으로부터 정식으로 인가를 받고 전법게를 받았다. 만공으로부터 세 차례에 걸쳐서 점검을 받았는데, 매우 치열했다고 전한다. 전강이라는 법호를 받고 인가받은 것은 초견성을 한 지 2년이 지났을 때인 25세 때(1923년)였다.

만공으로부터 인가를 받은 그는 상기병 치료와 육도만행을 위해 또다시 걸사행각(乞師行脚)을 벌였다. 불완전한 자기 자신을 완전한 해탈인으로 만들기 위한 이른바 견성순례였다. 승(僧)도 속(俗)도 아닌 처지에서 만행을 하는 구도자였던 전강은 만공으로부터 법인가를 받았을 때의 가르침을 교훈 삼아 어설픈 견성의 문제점을 경계하였다. 그러기 위해서는 반드시 선지식을 찾아가서 법거량과 탁마를 거쳐야 한다는 소신을 가졌던 것이다. 그 무렵 그가 사용한 화두는 판치생모(板齒生毛)였다. 또한 활구선을 지독하리만큼 강조하였다.

그는 33세라는 젊은 나이에 통도사 보광선원의 조실로 추대되었다. 그리고 이후에는 법주사 복천선원, 김천 수도암 선원, 동화사 금당선원, 범어사 선원, 무문관 선원, 망월사 등의 조실을 역임했다.

63세에는 인천 주안에 있는 절인 용화사에 법보선원을 세우고, 후학 양성에 진력하였다. 그리고 용주사에 중앙선원을 세우고, 선원장으로서 납자의 지도에도 헌신했다. 그는 1975년 1월 13일, 대중을 불러놓고 "여하시 생사대사(如何是生死大事)인고, 억! 구구(九九)는 팔십일(八十一)이니라" 하고, 10분 후에 입적했다.

일화와 어록

해인사 입구 여관에서

전강은 만공으로부터 법인가를 받고도 만행을 많이 하였다. 어느 해 그는 해인사 앞의 홍도여관에서 식객 겸 보조자로 일하였다. 이때 여관에 그 시절 대강백으로 유명한 박한영과 최고 글쟁이인 최남선이 지방 사찰 순례를 다니다가 숙박을 하였다.

전강은 그들이 묶고 있는 방에 들어가서 "《화엄경》에 이르기를 '만약 사람들이 삼세제불을 알고자 할진대, 마땅히 법계성을 보아라, 모든 것을 마음으로 지었느니라'(若人欲了知 三世一切諸佛 應觀法界性 一切唯心造)라고 했는데, 그렇다면 여기에 나오는 그 마음은 무엇이 지었습니까?"라고 질문했다. 그러자 두 사람은 유구무언이었다. 한영은 대강백이었기에 무엇이라고 응답할 수 있었겠지만 젊은 스님의 기습적인 질문을 받아 당황해서 그랬던지 뚜렷한 답변은 없었다. 다만 웃으면서 "영신은 소문대로 개안종사(開眼宗師)야"라는 말을 하였다. 그러더니 여관을 떠나면서 손님들에게 "참말로 내가 고등선사(高等禪師)를 보았다"고 찬탄했다고 전한다.

범어사에서 일구(一句)

전강이 범어사에 잠시 머물 때의 일이다. 당시 피리 부는 스님으로 유명한 기유담이 전강에게 곡차로 불리는 술을 대접하였다. 술이 몇 순배가 돌 무렵, 범어사 강백으로 유명한 경명이 방에 들어오면서 "여기가 어느 곳인데 감히 술을 마시는가!" 하였다. 분노에 찬 목소리였다. 그러자 전강은 "그래 내가 술 마시는 것이 못마땅하면 상본화엄(上本華嚴)이 일사천하 미진수품(微塵數品)인데 이 술잔은 몇째 품에 속하는가?" 했다. 이는 술 마시는 일이 《화엄경》 어디에 속하는가를 물은 것이다. 그러자 경명은 넋을 잃고 아무 말을 못 했다. 그러자 전강은 술잔을 입안으로 부으면서 "해저니우(海底泥牛)는 성룡거(成龍去)한데 파별(破鼈)은 의전입강라(依前入綱羅)"라고 했다. 바다 밑 진흙 소는 용이 되어가는데, 절름발이 자라는 눈앞의 그물 속으로 들어간다는 뜻이다. 전강의 기개와 선풍을 말해주는 일화이다.

후학에 대한 지극한 사랑

전강의 가장 유명한 일화는 법제자인 송담(松潭, 1929~)을 인재로 키우기 위한 지독한 헌신이었다. 6·25 당시 광주에 머물 때, 다보사로 그를 찾아온 10대 후반의 소년을 보고, 그의 그릇이 비범함을 알고 지도하여 주었으니 그 소년이 송담 선사이다.

광주 서중 재학 시절부터 불교에 호기심이 있었던 송담은 전적으로 전강의 훈육, 애정'으로 탁마되었다. 전강은 묵언수행을 하고 있던 송담이 혹시 군대에 징집돼 끌려갈 것에 대비해 친척집에 피신시켰다. 시장에서 장사해 번 돈으로 제자의 생활비로 보탰던 전강은 낮이면 구멍가게에 가서 장사하고, 밤늦게 들어와서는 눕지 않고 정진을 하면서까지 후계자를 양성하고자 송담을 외호하였다. 은사인 전강의 헌신적인 배려와 지도로 인해 송담은 10년 묵언 만에 마침내 깨달았고, 오도송을 읊을 수 있었다. 담양 보광사에서였다. 그래서 송담은 묵언선사로 불린다.

도인도 근검절약해야

전강은 말년에는 인천에 머물면서 포교에 나섰다. 그 거점이 법보선원(인천 주안)이다. 지금은 선원이 번듯하고 우뚝한 모습이지만 초창기인 1960년대 중후반 시절에는 살림살이가 매우 어려웠다.

전강은 깨달은 도인이자 천하의 도인이었지만 그는 자신이 직접 시장에 나와서 장을 보고 그것을 챙겨 절로 갔다. 하루 이틀이 아니었다. 그러니 주위 스님들에게서 말이 많았다. 도인이 경망스럽게 시장을 나간다는 것에 대해서. 그러나 절이 어려우면 어느 스님이라도 절약을 하고 아껴야 한다.

전강은 인천 변두리에서 포교하던 스무 살의 젊은 스님을 시장에서 자주 만났다. 시장을 볼 때 늘 만나던 젊은 스님은 50년이 지난 후, 전강을 천진동자로 말하면서 자신을 또래처럼 허물없이 대해주었다고 한다. 그래서 그는 전강을 아버지 혹은 친구로 느꼈다고 했다. 그 젊은 스님이 지금 인천 송도에서 큰 불사를 일으키며, 포교에 나선 법륜(홍륜사 주지)인데, 불사 성공의 근원은 전강에게서 배운 근검절약이라고 한다.

사리는 찾지 말고, 버려라!

전강은 생전에 당신이 입적하게 되면 다비를 한 후에 사리를 수습하지 말고, 서해에 뿌리라고 엄중하게 당부했다. 전강이 1975년에 입적하자 문도들은 분부대로 다비를 하고, 사리 수습을 하지 않았다. 당시 다비장에 있던 스님들의 말에 의하면 전강의 유해에는 사리가 구슬처럼 주렁주렁 달려 있었다고 한다. 그러나 송담을 비롯한 문도들은 유훈을 따라 사리를 수습해서 서해 바다에 던졌다.

전강 스님의 문도

전강의 문도는 정대, 정무, 정락, 능파, 정완, 송담 등이다. 정대 스님(1937~2003)은 위봉사에서 전강을 만난 인연으로 은사로 모시고 법보선원에서 출가했다. 신륵사 주지, 조계종 재무부장, 종회의장, 총무원장, 동국학원 이사장 등을 역임했다. 그는 선원 외호 및 종무행정에 능한 스님으로 유명하다. 정무는 조계종 원로의원을 역임했는데《부모은중경》의

효도 사상을 널리 알린 큰스님으로 유명하다. 정락은 수원 만의사에서 오 랫동안 주석하면서 포교에 많은 업적을 남겼다. 조계종 포교원장을 역임 했다.

문도의 대표적인 법제자는 송담이다. 송담은 전강이 6·25 전쟁 무렵 출 가하였다. 법명이 정은(正隱)이었는데, 전강의 적극적인 외호를 받아 수 행하였다. 10년 묵언 정진을 하여 묵언선사라고 불린다. 10년 묵언을 하 여 담양 보광사에서 깨쳤다. 송담은 10년 묵언을 해도 못 깨치면, 추가로 10년간 눈을 감고 수행을 하려는 결심까지 한 적이 있었다. 전강은 망월 사에 주석하였을 때에 혜암, 춘성, 향봉, 황의돈(사학자) 등이 입회한 가 운데 송담에게 전법게를 주었다. 송담은 인천 법보선원을 거점으로 수행 하면서, 사부대중의 참선 지도에 나섰다.

그는 대외적인 활동은 일절 하지 않고, 자신의 거점인 법보선원에서 전 강선풍을 근간으로 하는 은둔적인 활동을 하였다. 그는 4계절 안거 수행 을 통해 연중선원, 24시간 개방하는 시민선방 등을 통해 자신만의 선풍 을 세워, 후학 지도에 명성을 떨쳤다. 1997년 수좌들이 봉암사 조실로 추 대하려고 했지만 절대 응하지 않았다. 토굴정신과 야인정신을 강조하면 서 일체의 언론 인터뷰를 하지 않는다. 그래서 '남진제 북송담'이라는 별 명이 붙을 만큼 대표적인 선사로 유명하다. 최근(2014년)에는 그의 간화 선 수행 법문의 내용이 〈불교신문〉에 몇 회에 걸쳐 연재되기도 하였다. 2014년 9월, 조계종단 선거, 법인관리법, 수행풍토의 이견 등으로 인해 송 담은 탈종을 선언하여, 큰 파장을 야기하였다. 법보선원이 재단법인이었 는데 법인 이사들도 탈종에 동참했다. 그러나 그는 평소에 팔만대장경 전 산화, 수좌 복지 등에 많은 배려를 하고 후원금을 내기도 하였다. 송담은 자신이 주관하는 사찰의 법회에서도 자신이 법문하지 않고, 전강이 행한 음성 녹음만을 들려주기를 40년간이나 계속하였다. 법보선원이 보관하고 있는 전강의 녹음테이프는 700개에 달한다고 한다. 이처럼 송담은 전강선의 절대적인 추종자, 계승자이다.

❖ 참고문헌

정　휴《전강평전: 깨친 사람을 찾아서》우리출판사, 2000.(이 책은 지은이가
　　　　1985년에 출간한 책을 수정·보완한 것이다.)
김숙현〈활구선을 선양한, 전강〉《현대 고승인물 평전》불교영상, 1994.
선원빈〈'판치생모'의 화두·전강〉《큰스님》법보신문사, 1992.

고봉
古峰

고봉은 어떤 스님인가

고봉(古峰, 1890~1961)은* 있는 듯 없는 듯, 당신의 할 일을 하면서 포교에 진력한 선지식이었다. 그러나 그의 정체성은 아무래도 만공의 법을 받은 선사라는 점에서 찾을 수 있다. 만공의 법을 받은 선사 중에서 가장 조용히 학처럼 살다가 간 고승이라는 평가가 있다.

그의 성격을 대변하는 것은 바람처럼 걸림 없이 살면서 포교, 특히 재가자 포교에 남다른 애정을 보였다는 점이다. 대표적인 활동이 1960년대 거사불교의 대명사로 불린 달마회의 법사 역할이었다. 이는 은연중 재가, 속세에 대한 일정한 관심에서 나온 것이 아닌가 한다. 이런 측면에서, 고봉이 3·1운동 직후인 1919년 3월 8일 대구 서문시장에서 전개된 만세운동의 주역이었고, 영명사 주지 시절에 독립운동가를 은밀히 지원하였다는 구전을 이해할 수 있다.

---

* 고봉 스님은 2명이 있다. 이 책에서 서술하는 스님은 박고봉이고, 또 다른 고봉 스님은 강고봉이다. 강고봉은 용성의 건당 제자로 강학 방면에서 이름을 떨쳤다. 고산(원로의원, 총무원장 역임, 쌍계사 방장)의 강맥 법사이다.

고봉의 선풍, 포교 정신은 그의 단 한 명의 상좌인 숭산행원(1927~2004)에게로 전해졌다. 숭산은 조계종단에서 적지 않은 활약을 하다가, 일본, 미국 등지의 해외포교에 큰 공헌을 한 스님이다.

행적과 수행

고봉은 1890년 9월 29일 경북 대구시 외지동에서 출생하였다. 그의 집안은 사육신인 박팽년의 집안이었다. 양반 가문이었기에, 유년 시절부터 대구 향교와 구암 서원에서 사서삼경을 비롯한 한학과 유학을 공부했다. 그의 부친은 평소에 나라 걱정으로 울분의 세월을 보냈다. 이런 부친의 생활을 지켜보았기에 고봉은 출가해서도 독립운동에 관여하였던 것이 아닐까.

1910년 20세 때, 나라가 망하고 부친마저 세상을 떠나자 그는 집을 떠났다. 길을 떠돌다 통도사에서 혜봉(慧峰)을 만났다. 혜봉을 따라 상주 남장사로 가서 1911년에 정식 출가했다. 이때 받은 이름이 경욱(景昱)이었다. 혜봉을 은사로 삼았는데, 혜봉은 구한말 관리 출신으로 한학과 경학에 정통한 선지식이었다.

남장사에 갓 입산한 그는 하루에 경전 서너 권을 독파했다. 그리하여 2개월 만에 선을 가늠하고 스스로 '이뭣고' 화두를 잡았다. 그리고 은사 혜봉이 소장하고 있던 《경허선사 일대평전》을 우연히 읽고, 경허와 같은 수행을 하고픈 충동에 사로잡혔다. 그는 남장사를 떠나 전라도 외딴 섬과 석금산으로 갔다. 그 이후에는 팔공산 파계사의 성전암에 방부를 들였다. 이때가 1915년이었는데, 이곳에서 견성하였다. 고봉은 견성과 법열을 인가받기 위해 도반인 금봉과 함께 수덕사의 만공을 찾아갔다. 만공 회상에서 여러 철을 지내며 수행하였다. 1922년 정혜사 선원에서 만공에게 건당, 입실하였다. 그가 수행 중 잡은 화두는 '단지불회 시즉견성(但只不會是卽見性)'이었다. 고봉은 이를 "참으로 깨쳐 알았다는 것이 없을 때, 모르는 것이 없으니 이것이 곧 단지불회(但只不會) 하면 시즉견성(是卽見性)인 견성이라"고 말했다.

덕숭산 만공 회상에서 수행하던 중, 1919년 3월 1일 만세운동이 일어났다. 고봉은 동포들은 국내외 각지에서 독립운동을 하고 있는데, 산중에서 수행을 하는 것에 자괴감을 가졌다. 그는 승복을 벗고 던지고 거사 차림으로 대구로 내려갔다. 그가 찾아간 곳은 대구의 요릿집인 청수장이었다. 청수장 주인 아들이 그와 함께 유년 시절에 공부한 친구였는데 재가 시절에 국가와 민족에 대한 애정을 공유하였기 때문이다. 고봉은 대구에서 뜻을 함께하는 동지, 동화사 지방학림의 학인들과 1919년 3월 30일, 대구 남문 밖에서 만세운동을 주도하였다. 참가 대중은 3천 명, 체포된 자가 3백 명이었는데 고봉은 만세운동의 주도 혐의로 1년 6개월간 마산교도소에 수감되었다. 이때 당한 고문 후유증으로 평생 고생을 하였다.

출옥한 후에는 양산 내원사의 혜월, 수덕사 만공을 찾아가 수행하였다. 이후에는 탄옹과 함께 금강산으로 가서 만행을 하였다. 정혜사 조실을 지냈다고 하는데, 그 시점은 파악할 수가 없다. 40세 무렵에는 거사 차림으로 방랑길에 올랐다. 중국 상해임시정부로 찾아가서 김구와 자신의 동생인 박찬익을 만났다. 이후 평양 영명사 주지를 지내면서 민족주의자, 일부 사회주의자와 교류했다. 해방 직후에는 봉곡사, 미타사에 머물렀다.

6·25 때에는 마곡사 은적암에서 선회를 열면서 포교하였다. 1956년 이후에는 봉곡사(아산), 복전암(대전), 미타사(서울)를 거쳐 말년에는 상좌인 숭산이 주지로 있던 화계사에 머물렀다. 1961년 8월 29일, 화계사에서 입적하였다.

일화와 어록

은사 혜봉 스님

혜봉은 구한국 관리 출신이기에 학식이 높았다. 30세 때, 1904년 남장사에서 출가하였다. 금강산에서는 수월과 법거량을 하였고, 1910년 통도사 보광선원 조실로 추대되었다. 동화사 포교당, 고운사 포교당, 각황사 포교당 등지에서 포교에 나섰다. 남장사 주지 및 조실로 활동했다. 1956년에 입적했다. 제자는 고봉, 의암, 일봉 등이고 김동화는 법제자이다.

혜봉의 제자들은 독립운동에 관여한 인물이 많았다. 그런 제자를 음으로, 양으로 지원하였기에 혜봉은 경찰의 감시와 주목을 받았다. 그는 평소에 가지고 있던 서첩의 한쪽에는 불경을, 다른 쪽에는 이순신의 《난중일기》를 붙여 놓았다. 그리고 방에는 안중근 의사의 글을 붙여 놓았다. 만공선사가 1937년 조선 총독 앞에서 행한 어록을 소재로 〈할의 소감〉이라는 글을 기고하기도 했다. 일제 말기에는 법당에 태극기를 걸어 놓고 민족 해방을 발원하기도 했다. 불모인 임석정은 근대기 고승 중에서, 드러나지 않은 숨은 선지식으로 호남의 학명선사와 영남의 혜봉선사를 꼽기도 했다.

그의 법제자로 유명한 인물이 김동화이다. 김동화는 일본 유학을 다녀온 후에는 동국대에서 후학을 가르쳤는데, 현대불교학의 태두로 일컬어진다. 그래서 뇌허 김동화의 학덕을 기리는 불교계의 학술상인 뇌허상이 만들어졌다. 1983년에 처음 시작되었는데 현재는 중단되었다. 저서로는 《뇌허 김동화전집》(전 14권: 불교시대사, 2001)이 있다.

그리고 혜봉의 딸로서 1935년 직지사에서 출가해서 비구니가 된 인물이 광우 스님(1926~)이다. 광우는 동국대에서 공부하였는데, 비구니회를 이끈 지도자였다. 또한 혜봉에게 출가하려고 하다, 인연이 되지 않아 직지사의 고승인 탄옹에게 출가한 스님이 있었으니 그 인물이 강백으로

01

이름을 떨친 관응(1910~2004)이다.

이렇듯, 남장사와 직지사는 혜봉선사, 고봉선사, 김동화 교수, 관응 강백, 광우 등 기라성 같은 인물들의 인연이 많은 곳이다.

평양 영명사에서는 어떤 일이

고봉은 북한의 평양 영명사 주지를 역임하였다. 재직 기간은 정확하지 않다. 고봉은 3·1운동 직후 중국 상해의 임시정부에도 참여하였다. 그가 영명사 주지를 역임하면서 임정을 지원하자 임정의 주석을 역임한 김구는 "그는 임정의 지점장이었다."고 회고했다.

영명사에는 민족주의자, 사회주의자가 다수 왕래하였는데 고봉은 이들과 교류하고 후원을 마다하지 않았다. 고봉의 형으로 임시정부에서 크게 활동한 박찬익이라는 분이 있었다. 한편 영명사를 드나들고, 고봉과 교류한 인물 중에서 염동진이라는 독립운동가가 있었다. 그는 임시정부의 광복군 출신으로 중국, 장개석의 비밀결사인 남의사(藍衣社) 부대원으로 활동하다 일본 관동군에 피체되었다. 방면된 후, 1944년 8월에는 여운형의 건국동맹에 대응하여 대동단을 조직했다. 해방된 이후, 북한에서는 반공산주의, 우파 노선을 걸었다. 8·15해방 직후 남하한 염동진은 중국 남의사를 모방하여 백의사(白衣社)를 결성하였다. 흰옷은 우리 민족을 상징하는데, 우파 테러리스트의 모임이었다. 서울 종로의 궁정동 본부를 안가로 삼고, 비밀리에 결사 활동을 했다.

거사들이여, 출가할 생각은 접고 세속에서 수행하거라

고봉이 6·25 직후, 마곡사 은적암의 조실로 있을 때 찾아온 거사에게 전한 말이 있다. 그때 거사들은 출가할 마음이 간절했다. 고봉은 이들에게 스님들을 비방하지 말고, 재가에서 공부하라고 당부했다.

여러분, 거사들은 절에 오면 스님들을 보고 갈등을 일으키고 그러는데 그런 차별심을 내면 안 돼! 세상 사람들은 인연 속에서 살고 있으니, 그런 인연을 소중히 여기고 살지언정 억지로 인연을 버리고 고독한 생활인 중 노릇을 자청해서 하지 마세요! 세상의 모든 사람들은 국가에 대한 국민의 의무를 다하고 있는데, 어찌 불자가 되어서 나라를 생각하고 백성을 생각하는 마음이 없으면 되겠습니까? 여러분은 같이 살고 있는 분들의 인연을 소중히 여기고 살되, 그 소중한 사람들이 기쁜 마음으로 놓아주면 그때 가서 출가해도 좋아요. 그렇지 않으면 후회합니다. 지금은 비구승, 대처 승으로 갈려 싸우고 있지만 조금 가면 처녀중과 각시중의 싸움이 날 것이고, 총각중과 홀아비중의 싸움이 터질 것입니다.

그래서 고봉의 회상에는 공부하는 재가 거사가 많았다. 그 대표적인 인물이 고봉이 인가한 성암(오승진) 거사, 이현 거사, 사헌 거사 등이었다. 이들은 각각 절을 짓고, 참선하면서 거사로 일생을 마쳤다. 이런 거사들이 만든 단체가 달마회였다. 《거사림》이라는 잡지도 펴냈다.

서운 스님이 회고하는 고봉

직지사 출신으로 총무원장을 세 번이나 역임한 스님이 서운(瑞雲)이다. 서운은 일제 때 고시에 붙어 대구 전매서장을 하였다. 50이 넘어서 6·25 전쟁 때 출가하였다. 불교정화 운동 때에는 서기, 재정 등 사변적(事邊的) 인 일을 전담하다시피 했다. 서운이 마곡사에서 고봉을 만나 출가를 하려고 하자, 고봉은 말렸다.

서운: 저 머리를 깎으려고 합니다.
고봉: 백룡이 물속에 살지 무엇 때문에 산 속에 들어오려고 하느냐?

서운은 기필코 머리를 깎고 고봉, 적음 스님 옆에 앉았다. 그러자 고봉은 질문했다.

고봉: 자 머리가 떨어졌는데 한 번 더 일러 봐라. 소감이 어때?
서운: 머리 떨어지는 것이 무슨 상관입니까? 마음은 옛 마음 그대로인데요.
고봉: 요것 봐라! 망둥이가 탁자에 오르려 하네.

고봉은 위선적인 스님 노릇을 싫어했다. 그래서 입산출가를 하려는 세속 사람들에게 차라리 거사 생활을 권장했다.

서운은 자신이 존경하는 스님으로 고봉, 혜암, 금봉을 꼽았는데 그중 고봉을 가장 존경했다고 회고했다. 고봉은 솔직 담백하기 때문이라는 것이었다. 허례허식을 즐기지 않고, 명예를 싫어하고, 늘 화두를 들고 살았다고 한다. 다만 곡차를 과하게 들었는데, 나라를 잃은 우국지사로서 고문을 당해서 혈기를 제대로 통하게 하기 위함도 있었다고 했다.

고봉이 정혜사에 있을 적이다. 고봉은 곡차 값이 떨어지면 만공을 향해 손가락질을 하면서 큰소리로 말했다.

"만공이 견성해! 만공이 견성했다면 내 손가락에 장을 지져라!"

밤새도록 그렇게 외치면, 비구니들이 고봉에게 슬그머니 돈을 두고 간다. 그러면 고봉은 아무 말 없이 사하촌으로 내려갔다. 고봉은 술에 취해 있을 때는 절대 법상에 오르지 않고, 가사와 장삼도 입지 않았다. 요컨대 말과 행에 철저하였다.

고봉 스님의 문도

　고봉의 상좌는 숭산행원 단 한 명뿐이다. 숭산은 1927년 8월 1일 평남 순천에서 출생하였다. 속성은 이씨이고, 1940년에 순천공립학교를 졸업하고 8·15 해방되던 해에 북한의 평양공업고등학교를 졸업하였다. 고교 재학 중에는 단파 라디오를 만들어, 독립운동에 필요한 정보를 만주 독립운동가들에게 제공하였다. 이런 일로 인해서 일제에 의해 체포, 구금되기도 했다.

　해방공간에서 월남하여 1946년 동국대 국문학과에 입학하였다. 그러나 좌우익의 사상투쟁, 민족끼리의 대결 분단 등에 대해 고뇌하였다. 그는 마음자리를 찾는 과정에서 발심하여 1947년 21세 때 마곡사로 입산하였다. 입산 시에는《사상전집》10권을 갖고 와서 마곡사 부용암에서 읽었지만, 신소천의《금강경》을 읽고 '범소유상 개시허망 약견제상비상 즉견여래(凡所有相 皆是虛妄 若見諸相非相 卽見如來)'라는 구절에 충격을 받아 불교로 방향을 전환하였다. 그 당시의 법명은 행원(行願)이었다. 그때 고봉이 마곡사 조실로 있었다. 숭산은 입산 직후 100일 기도를 치열하게 하여 견성하였다. 그래서 고봉을 만나 거량을 하였으나 고봉은 아직 멀었다고 인가치 않았다. 고봉은 숭산에게 정혜사 선원에 가서 정진하라고 했다. 숭산은 정혜사에서 혜암, 춘성, 김일엽 등을 친견하고 정진하였다.

　숭산이 정혜사 선원에서 정진한 후 고봉이 거주하는 미타사(서울)로 찾아가, 다시 만나서 법거량을 하였다. 이때 고봉은 "쥐가 고양이 밥을 먹다가 밥그릇이 깨졌다. 이게 무슨 뜻이냐?"라고 질문하였다. 이 질문에 대한 거량을 10여 분간 한 이후 고봉은 "내가 네 꽃이 되었는데, 왜 내가 네 나비 노릇을 못해 주겠느냐?"며 인가를 하였다(1949년 음력 1월 25일). 그리고 대중들에게 "이 사람을 나와 같이 대우해주라"고 전했다. 10여 일 후에 정식으로 건당식을 거행하고, 전법게를 주고, 숭산이라는 법호를

선맥(禪脈)의 정통을 잇다 89

01

주었다. 그때 고봉은 숭산에게 "덕숭산을 크게 번창시키라"고 당부하고, "너의 법이 세계에 크게 퍼질 것이라"고 말했다.

숭산은 오도를 하고 인가를 받았지만 1950~1951년에도 수덕사에서 경학 공부와 안거 정진을 계속하였다. 1952년에는 육군에 입대하여, 1957년 대위로 예편하였다. 1958년 화계사 주지로 부임하고 이후 종회의원, 불교신문사 사장, 총무부장, 동국대 상무이사 등을 역임했다. 그리고 종단의 제2정화 운동을 위해 도반인 문성준과 함께 영축회 창립(1967. 3. 20)을 추동하였다. 그러나 숭산은 결성의 발기, 추동만 하고 일본 포교활동으로 인해 깊게 관여하지는 못했다.

1966년 일본으로 건너가 홍법원을 세우고, 홍콩과 미국에도 홍법원을 개설하였다. 계속해서 캐나다, 폴란드, 영국, 브라질, 프랑스 등 30개국에 120여 개의 선원을 개설하고, 5만여 명의 제자를 배출하면서 한국 선의 세계화에 매진했다. 숭산이 외국에서 포교할 때 사용한 화두는 고봉의 화두인 '단지불회 시즉견성(但只不會 是卽見性)'을 영어로 의역한 'What is this Only don't know'였다. 여기에서 고봉의 선지가 숭산으로 이어졌음을 확인할 수 있다. 숭산은 세계적인 생불(生佛) 4명 중 한 명으로 지칭되기도 했다. 말년에는 화계사와 백담사 조실을 역임하다가, 2004년 입적했다. 그의 비석은 화계사에 있다.

❖ 참고문헌

숭산행원《劫外歌 – 고봉경욱대선사》고봉경욱대선사 문도회, 1992. (고봉의
　　　생애, 법어, 법거량, 도반들, 내가 만난 고봉스님 등의 내용으로 구성된 자료집.
　　　숭산이 한정섭(불교통신교육원장, 상락향수도원)에게 자료 수집, 발간을 부탁하
　　　여 나왔다.)
《숭산행원 전서: 世界一花》(전 3권), 불교춘추사, 2001.

성보문화재연구원 《혜봉선사 遺集》 2004. (고봉의 은사인 혜봉의 일기, 자료 등을 모은 자료집. 혜봉의 유족인 광우 스님(비구니, 정각사)의 정성과 연관 스님(실상사)의 번역으로 나왔다.)

최정희 《부처님 법대로 살아라 – 광우 스님과의 대담》 조계종출판사, 2008. (광우 스님의 생애, 출가, 수행 등을 대담한 증언집. 혜봉에 대한 이야기가 많이 나온다.)

윤청광 〈고봉 스님, 천하도인도 이렇게 간다〉 《큰스님 큰가르침》 문예출판사, 2004.

최용운 〈숭산 행원의 업적에 대한 포교적 관점 연구〉 《한국불교사연구》 4, 2013.

고영섭 〈삼각산 화계사의 역사와 인물〉 《한국불교사연구》 4, 2013.

춘성
春城

춘성은 어떤 스님인가

춘성(春城, 1891~1977)은 만해 한용운의 상좌이다. 그는 남한에 있었던 만해의 유일한 상좌이다. 그렇지만 그는 한용운의 계승, 홍보 등의 일에는 크게 신경 쓰지 않았다. 대신 그는 만공의 법을 받은 것을 크게 자랑하면서, 만공 선풍의 진작에 강한 애정을 피력하였다.

춘성의 별칭은 욕쟁이 스님이다. 그는 구수하게, 익살스럽게 욕을 잘하여 욕법문의 큰스님으로 이름을 날렸다. 망월사에 오래 주석하면서, 망월사 선원의 명성을 높였다. 망월사는 1960~70년대 춘성이 주석하였을 때에는 선방으로 유명하여, 수좌들은 반드시 거치는 선방이었다. 또한 그는 허례허식, 명성, 권력 등을 아주 싫어했다.

그의 행적, 증언 등을 유의 깊게 살펴보면 젊은 시절에는 경학, 문학 등에 정통하였다. 특히 《화엄경》에 조예가 깊었다. 이는 그가 강원 공부를 치열하게 하였고 《화엄경》을 번역한 백용성의 회상에서 수행한 사실을 입증하는 것이다. 그래서 《화엄경》을 번역한 탄허와 친근하였다. 또한 그는 무소유 정신에 철저하였고, 불우한 이웃들에게 많은 도움을 주었으며,

인재불사에도 관심이 많았다. 이처럼 그는 특이한 캐릭터를 가진 큰스님이었다.

행적과 수행

춘성은 1891년 강원도 인제군 북면 용대리, 백담사 입구 마을에서 태어났다. 속명은 창림(昌林)이었다. 그는 13세에 백담사로 입산하여 만해 한용운을 은사로 모시고 출가했다.

만해가 《조선불교유신론》을 집필할 때 시봉을 하였다. 1911년 유점사 김동선에게서 비구계를 받고, 석왕사 강원에서 수학하였다. 1919년 만해가 3·1운동 민족대표로 서대문 형무소에 수감되자 3년간 옥바라지를 했다. 그리고 만해가 옥중에서 쓴 〈조선독립 이유서〉를 받아내, 이를 상해임정의 〈독립신문〉에 게재하게 하였다.

만해의 영향으로 조선불교청년회 발기인, 선학원 선우공제회 발기인이되었다. 1920년대 초반 그는 신흥사 주지와 신흥사 산내 암자인 내원암, 안양암, 계조암 등의 주지를 역임했다. 그리고 건봉사와 개운사 강원에서 경학을 공부했다. 그 무렵 백용성이 《화엄경》을 번역, 출판하자, 이에 조력하였다. 《화엄경》출간 기념 강의회의 강사로 활동하였고, 대각사의 일요학교 교사로 활동했다.

그러다가 1930년대 초반, 선에 뜻을 두고 수덕사 만공 회상에 가서 참선 정진하였다. 1934년 선리참구원 평의원을 지냈고, 1935년 3월 조선불교 선종 수좌대회에 참가했다. 이후 백담사, 유점사, 흥국사 등지에서 정진하였다. 1940년 흥국사에서는 깨달음을 이루고 오도송을 짓기도 했다. 1942년에는 철원의 심원사 강원 강사를 역임하였다. 그 시절 장좌불와를 하여 대자유인으로 거듭 태어났다. 1946~49년에는 수덕사 정혜선원에서

01

입승과 선덕 소임을 보았다. 1950년 이후에는 망월사와 보문사에 주석하였는데 망월사에서는 선원을 개설하여 수좌들의 지도에 나섰다.

1954년에 시작된 불교정화 운동에는 적극적으로 나서지 않았다. 이는 수행 진작과 거리가 멀고, 종권 투쟁적인 성격을 갖고 있었다고 보았기 때문이다. 1960년대 중반부터 본격화된 만해 한용운의 기념사업에도 동참하지 않았다. 그러나 수덕사의 만공 탄신법회와 기일법회에는 꼭 참석했다. 심지어 수덕사 금선대에 있었던 경허와 만공 이외의 영정(금봉, 고봉, 용음 등)을 불태우기도 했다. 그의 만공에 대한 애정은 이처럼 극진했다. 그는 망월사에도 만공의 사진과 유묵(세계일화)을 걸어 만공에 대한 추모가 간절함을 드러냈다. 만공에게서 전법게는 받지 않았지만, 만공 법손들은 그를 만공의 참회제자로 인정했다.

1977년 상좌가 주지로 있었던 봉국사에서 입적하였다. 화계사에서 다비장을 하였는데, 그는 평소 상좌들에게 절대 비석을 세우거나, 문집을 만들지 말라고 엄하게 당부했다.

일화와 어록

만해의 뼈를 팔아먹는 놈들은 가라

춘성은 만해 기념사업에 거의 참여하지 않았다. 오히려 그런 일을 하는 사람들을 비판했다. 사업을 추진하던 주체들은 사업 초기에 망월사에서 춘성을 만났다. 사업 추진의 개요를 들은 춘성은 그들에게 말했다.

"씨팔 놈들! 빨리 내려가라."

이 말을 들은 사람들은 어찌할 줄을 몰랐다. 그들은 춘성이 사업회에 참여하기 어려우면 춘성의 제자들이라도 참석하게 해 달라고 요청했다. 그러나 이 요청에 대해서도 춘성은 일체 응답하지 않았다. 사업회의 사람들이 망월사를 내려간 뒤에 춘성은 상좌에게 말하였다.

"너는 절대, 그 모임에 나가서는 안 된다."
"예……?"
"저 자식들은 한용운 스님의 뼈다귀를 팔아먹는 놈들이다."

춘성은 추진위원회의 활동 자체를 근본적으로 신뢰하지 않았다. 그는 한용운의 정신을 진실로 계승, 실천하려는 것이 아니라, 한용운의 이름을 팔아먹으려는 것으로 보았다. 한용운의 비석을 탑골공원에 세우던 1960년대 후반, 만해기념사업 추진위원장인 경봉(통도사)은 사람을 보내 한용운의 행장을 정리해 달라고 춘성에게 요청하였다. 이에 답한 춘성의 편지는 의미심장하기 이를 데 없다.

애국자의 역사와 비석은 나라를 위하고 우리들을 위하여 서대문감옥에서 삼 년간을 계실 때에 귀가 얼어 빠지고 발가락이 얼어 빠진 것, 이것이 한용운 선생의 비석이요 역사라고 생각하는 바입니다. 삼월 일일을 당하면 독립기념식을 행할 때 한용운, 백용성 그 두 분의 이름을 낭독할 때에, 그 두 분 참석한 것이 불교의 광명이요 불교의 서광이라고 생각하는 바입니다. 이것이 천지에 찬 비석이요 천지를 울리는 땡땡 소리가 나는 비석이요 역사라고 생각하는 바입니다. 비석을 하시고 역사를 모집한다는 것이 한용운 선생을 위해서 좋은 예찬이오나 한로축괴(韓獷逐塊)라고 생각하는 바입니다. 그러하오나 선생을 위해서 기금을 그와 같이 모집하셨다고 하오니 너무나 감축하고 감사하옵니다. 춘성은 소위 제자라고 하면서 부끄러운 땀을 어찌 하오리까. 성의껏 하십시오. 한용운 선생 열반 시에 신체는 화장을 모시옵고 그때의 유골을 박광(朴洸)이라고 하는 사람이 무덤에 모신다고 하고서 망우리 고개로 모시고 가서 거기서 성분을 하고 모

01

섰답니다. 안승철 선생이 금년 봄에 한용운 선생의 역사를 묻기에 답서를 아니 하고 덮어둔 것이 이것입니다.

경봉당 자네 들어보게. 경봉당이 물으니 내 되잖은 지견으로 사실을 적어 보냈으니 그리 아소.

12월 10일 망월사 이춘성

춘성의 선기가 칼바람처럼 몰아친다. 감옥에서 귀와 발가락이 얼어 빠진 것이 한용운의 비석이며, 삼일절 행사 때마다 나오는 이름이 바로 비석이라고 보았다. 만구성비(萬口成碑)라는 승가(僧加)의 말이 생각나는 대목이다.

신도 위해 사냐, ○○ 놈아!

춘성은 가식이 없었다. 그는 솔직 담백하게 살면서, 그 이외의 것은 허위의식과 군더더기라고 보았다. 1977년 2월 〈불교신문〉의 편집국장인 향봉은 쓸쓸함을 달래기 위해 춘성을 찾았다. 그때 춘성은 병환에 있었다. 춘성을 찾은 향봉은 엉뚱하고, 파격적인 질문을 춘성에게 함으로써 자신의 감상을 지우려고 하였다.

"큰스님! 스님을 낳아 길러 주신 세속의 어머님이 뵙고 싶지 않으셔요?"

"그럴 땐 부처님을 생각해라. 부처님을!"

"아파 계신 스님께서도 지금 화두가 성성하십니까?"

"如是 如是다."

"스님 몸이 아픕니까? 마음이 아픕니까?"

"뼈가 썩어 든다. 이 자식아!"

"언제쯤 이 세상을 떠나실 것 같습니까?"

"당장이라도 옷 벗고 싶다."

"마지막으로 이 세상에서 그림자를 거두시며 우시겠어요, 울겠어요?"

"씨팔 놈이 별걸 다 묻네"

"저는요 요즈음 매우 흔들거리고 있어요. 저처럼 젊은 스님들의 방황을 차단할 수 있는 생명의 말씀을 들려 주세요."

"法燈明, 自燈明이다. 일체가 幻夢이야."

"가시면 어디로 가시나요?"

"모든 것이 한 구멍으로 빠진다."

"한 구멍이 무엇을 뜻하나요. 쉽게 말씀해 주십시오."

"한 구멍에 빠지되 털끝만큼이라도 빠진다는 생각이 있으면 십만 팔천 리야."

"스님께서는 죽음 뒤의 저쪽의 세상(來世)을 믿으시나요?"

"필요 없다. 군더더기다."

"사후세계에 대한 일반인들의 관심이 매우 큰데요. 그럼 내생이 없다는 말씀인가요?"

"필요 없어 씨팔 놈아."

"스님께서 90평생에 가장 기억에 남으시는 가장 슬픈 이야기를 좀 들려주세요. 여인을 사랑한 이야기라든지……"

"씨팔 놈이 별것 다 묻네."

"죽음이 막상 다가서면 두려울 것 같은데요. 스님께서는 죽음이 두렵지 않으세요?"

"마음이 매우 평화롭다."

"제가 만일 큰스님을 벼랑 위에서 밑으로 밀쳐 버리며, 지금의 경계가 어떠시냐고 물으면 뭐라고 답해 주시겠어요."

"씨팔 놈아! 떨어져 보지도 않고 어떻게 답해?"

"저는 요즈음 가짜 인생을 살아가는 느낌이 짙은데요. 진짜배기 인생을 살아갈 수 있게 道의 정수를 저에게 남기고 가시지요."

"좆같은 놈아, 주고받는 게 도인 줄 아나?"

"스님께서 열반에 드신 후에 사리가 나올까요, 안 나올까요?"

"필요 없다. 필요 없다."

"사리가 안 나오면 신도들이 실망 할 텐데요?"

"씨팔 놈의 자식! 신도 위해 사나?"

"인생을 회향하시며 후회 같은 것은 없으신지요?"

"일체가 환몽이야 다 쓸데없다."

"스님의 크신 법의 주장자를 어느 곳에 꽂고 가시겠습니까?"

"아무 소용 없어."

죽었다 살아나는 것

춘성이 기차를 타고 부산으로 가고 있었다.

지금도 그런 일이 있지만, 예전에도 차를 타고 가면 기독교 전도사들이 예수를 믿으라면서 목소리를 높였다. 춘성이 탄 기차에 교회 전도사가 와서 열심히 전도를 하였다. 그래서 이 사람, 저 사람 앞을 지나면서 주 예수님, 하나님을 믿으라고 소리를 쳤다. 춘성에게 와서도 예수를 믿으라는 무례를 범하였다.

"주님은 부활하셨습니다. 우리 주 예수님을 믿으시오."

춘성은 처음에는 눈을 감고 조용히 듣기만 하였다. 그러나 전도사가 두세 번 같은 말을 반복하자 다음과 같이 응대하였다.

"뭐? 죽었다 살아난다고? 나는 여태까지 죽었다 살아난 건 내 자지밖에 못 봤어."

춘성의 이 말을 들은 기차 안의 승객들은 박장대소하였고, 그 전도사는 얼굴이 빨개져 소리 없이 사라졌다.

이런 이야기는 춘성이 서울 불광동 녹번리에 있는 어느 절에 갔다가 시

내로 돌아오는 버스에서 일어난 일과 흡사하다. 춘성이 버스를 타고 오는데, 선교하는 개신교 광신자가 판자때기에 '예수를 믿으시오'라는 글을 써서 들고 버스에 올라탔다. 버스에 탄 그는 그 판자를 들고, 고래고래 소리를 지르면서 말했다.

"죽었다 다시 살아난 예수를 믿으시오! 예수를 믿으면 천당에 갑니다!"

이 광신자는 승복을 입고 있는 춘성의 앞으로 와서는 더욱 큰 소리로 말하였다.

"죽었다 다시 살아난 예수를 믿으시오!"

그러자 춘성은 느닷없이 버럭 소리를 질렀다.

"무엇이 죽었다가 다시 살아난다고? 에이끼 놈! 죽었다 살아나는 것은 내 바지가랭이 있는 좆밖에 없어 이놈아!"

버스에 타고 있던 승객들은 춘성의 말을 듣자마자, 순식간에 배꼽을 잡고 터져 나오는 웃음을 감추지 않았다. 춘성은 이렇게 욕을 잘하였다. 이상한 것은 욕을 먹은 사람들이 춘성에게 항의하지 않았다는 사실이다.

춘성 스님의 문도

춘성 문도의 거점 사찰은 성남시 외곽에 있는 봉국사(성남시 수정구 태평2동)이다. 이 절은 보살 절이었는데, 춘성의 상좌인 혜명이 인수하여 조계종에 등록한 공찰이다. 이 절에는 춘성의 부도와 비석이 서 있다. 그리고 대광명전에는 춘성의 진영이 걸려 있다. 춘성의 기일 제사도 이곳에서 지낸다. 봉국사와 춘성문도회는 춘성장학회를 두어 후학들에게 춘성정신을 전하고 있다.

춘성은 살아생전에 상좌를 적극적으로 두지 않았다. 그래서 그의 상좌는 수 명에 불과하다. 대표적인 스님으로 문장인 혜명과 서광사(용인) 주지인 수명 등이 있다. 그의 상좌 중에 염불을 잘하기로 유명한 수좌인 견진이 있었는데 일찍 입적했다.

춘성을 따르던 수좌들이 많았다. 춘성은 승속(僧俗)과 권속(眷屬)을 가리지 않고 공부하는 사람들을 좋아했기 때문이다. 전주 요덕사에 있는 대선과 봉은사 주지를 역임한 명진도 그들 중 하나이다.

춘성은 생전에 당신이 입적해도 절대로 비석을 세우거나 책을 내지 말하고 엄중하게 말했다. 그래서 제자들은 감히 비석을 세우거나 책을 낼 생각조차 못했다. 그러다가 세월이 흐른 후에 너무 아쉬워서 춘성과 친근했던 대강백인 탄허(월정사)의 글을 받아서 1981년에 비석을 세웠다. 그리고 2010년경, 출가 본사인 백담사 입구에도 춘성의 비석을 세웠다. 역사의 현장에 뚜렷한 흔적이 만들어진 것이다.

그리고 봉국사 주지와 만해사상실천선양회의 사무총장을 역임한 효림의 발원에 의해 당시 만해마을 연구실장이던 필자가, 스님의 일화 등을 모은 책《춘성》을 펴냈다. 이 책은 출간되자 언론에 대서특필 되는 등 큰 반향을 일으켜, 그해 조계종이 선정한 '올해의 불서'로도 선정되었다.

❖ 참고문헌

김견진〈잊을 수 없는 나의 스승, 이춘성 큰스님〉《주간불교》1986.10.15. (상), 10.31(하).

김정휴〈춘성 대선사, 무애자재와 격외의 미학〉《백척간두에서 무슨 절망이 있으랴》명상, 1991.

소진홍〈물처럼 바람처럼, 춘성〉《현대 고승인물 평전》불교영상, 1994

이행자〈만해스님과 춘성스님〉《아, 사람아》지성사, 2006. (처녀 시절, 춘성을 만난 아름다운 인연을 정리한 글이다.)

조연현〈춘성, 나에게 불법을 묻는다면 씨부랄놈이라고 하겠노라〉《은둔》

오래된 미래, 2007

김광식《만해 한용운 평전, 첫 키스로 만해를 만난다》참글세상, 2009.

_____ 〈생활선의 계승과 구현 – 한용운과 이춘성〉《유심》18, 2004

_____ 《우리가 만난 한용운》참글세상, 2010.

_____ 《춘성 – 만해제자·무애도인》중도기획, 2014. (이 책은 저자가 2009년에
발간한 초간본(새싹)을 수정, 보완한 것이다. 춘성에 대한 일화, 인연, 생애 등 다
양한 소재를 서술했다.)

제2부
종풍(宗風)을 진작하다

한암

탄허

보문

종욱

초월

한암
漢岩

한암은 어떤 스님인가

한암(漢岩, 1876~1951)은 경허의 법을 이은 고승이다. 그러나 지금껏 그가 경허의 법제자였음은 크게 강조되지 않았다. 경허의 제자를 말하면 늘 만공, 수월, 혜월을 꼽았기 때문이다. 이런 간극에서 한암 정체성의 실마리를 찾을 수 있다.

한암은 경허에게 법을 받았노라고 경허를 조명하는 자신의 글에서 밝혔다. 그러나 그는 경허의 법은 따라야 하지만 행동은 따르지 말라는 경계의 입장을 밝혔다. 이 때문에 한암과 경허는 즉각 연결되지 않았다.

한암은 계율을 철저하게 지키고, 후학들에게도 이를 강조했다. 그래서 그는 계정혜 삼학을 지킨 큰스님, 혹은 율사로도 불린다. 또한 큰스님이면서도 대중과 함께 울력을 하고, 근검절약에 철저하였다. 이런 이유로 그는 올곧은 수행자, 모범적인 승가상, 참다운 큰스님으로 지칭되었다. 오대산을 근거지로 수행하고 있는 그의 문손들은 한암을 계정혜 삼학의 균수자, 혹은 선교일치의 수행자, 고고한 학(鶴)의 이미지로 정립했다.

한암은 오대산에서 27년이나 동구불출(洞口不出) 하였다. 종단을 대표하는 교정, 종정을 모두 4회나 추대받고 소임을 맡았지만, 오대산을 결코 떠나지 않았다. 여기에서 그의 굳은 의지, 명리 배격, 철저한 수행 정신을 엿볼 수 있다.

한암은 오대산의 불교 정신의 근원을 이룬 큰스님이었고, 선교(禪敎)를 아우른 대종장이었다. 그의 수행과 사상은 그의 법손인 탄허, 희찬, 보문 등에 의하여 계승되었다.

행적과 수행

한암은 1876년 3월 27일, 강원도 화천에서 태어났다. 속성은 방씨(方氏)였고, 속명은 중원(重遠)이었다. 유년 시절에는 서당에서 한학을 배웠다. 한학을 배우면서 세상 및 인간의 근원에 대한 의문을 풀고자 입산하였다.

20세 때, 우연히 금강산에 구경 갔다가 발심하여 장안사로 출가했다. 은사는 행름(行凜)이고, 처음 법명은 한암(寒庵)이었다. 그는 신계사 보운암 강회에서 보조국사의 《수심결》을 읽고, 지견을 얻었다. "마음 밖에 부처가 있고, 자성 밖에 법이 있다는 생각에 집착하여 불도를 구하면 오랜 세월이 흐르도록 소신연비의 고행을 하고 모든 경전을 모조리 독송하더라도 이는 마치 모래를 쪄서 밥을 짓는 것과 같아 오히려 수고로움을 더할 뿐이다."라는 구절에서 죽음과 같은 극한의식을 느꼈다. 또 장안사의 해은암이 하룻밤 사이에 전소되는 것을 보고 일체가 무상함을 절실히 자각했다.

이후 그는 청암사 수도암으로 갔는데, 거기에서 경허를 만났다. 그리고 《금강경》을 보고 안광이 열리는 체험을 했다. 이것이 1차 깨침이다. 이후 범어사를 거쳐 통도사에서 수행하다, 입선을 알리는 죽비소리를 듣고 다시 깨쳤다. 1903년 해인사에서 《전등록》을 보다가 다시 한 번 깨쳤는데 세 번째였다. 1904년 29세가 될 때 통도사 내원선원의 조실로 추대받고, 수좌들을 지도하는 반열에 올랐다. 통도사의 선승 석담(石潭)의 법을 이 었다. 이는 그가 통도사와의 인연이 지중함을 말해주는 단서이다.

한편 그의 법사인 경허는 1903년 북방으로 떠나기 전 시(詩)로써 한암 을 지음자(知音者)로 표현하면서 같이 떠나자고 권유하였다. 그러나 한 암은 거절하였다. 1912년에는 통도사를 떠나 평안북도 맹산군 우두면의 우두암에서 홀로 정진했다. 여기에서 마침내 확철대오하였다. 신계사, 수 도암, 해인사에서 개오한 것과 조금도 다름이 없음을 확인하고 오도송을 읊었다.

1921년(45세)에는 금강산 장안사에서 정진하였다. 이때 건봉사 선원 조실로 추대받아, 다음 해에는 건봉사로 가서 정진하였다. 선원 규례를 정하고 선문답 21조와 참선곡을 지었다. 1923년에는 봉은사 조실로 추대 되어 잠시 머물렀다가 "천고에 자취를 감춘 학이 될지언정 춘삼월에 말 잘하는 앵무새는 되지 않겠다"는 말을 남기고 선죽교를 거쳐 오대산 상 원사로 들어갔다. 오대산에 들어갈 때 짚고 온 나무 지팡이를 오대산 중 대에 꽂았는데, 싹이 나고 자라나서 지금도 무성하게 살아 있다. 1926년 무렵, 그의 법명을 한암(漢岩)으로 바꾸었다. 그리고 승가오칙을 제정하 여 스님들의 수행 지침으로 삼게 했다. 이때 경봉선사와 구도와 수행에 대한 내용을 서신으로 주고받았다. 현재 24통의 편지가 전한다.

1929년 조선불교 스님대회에서 종단을 대표하는 7인 교정(敎正)의 1인 으로 선출되었다. 그러나 구체적인 활동은 일절 하지 않았다. 1930년에 는 《불교》 70호에 〈해동 초조에 대하여〉를 기고했다. 1935년 3월, 조선불 교 수좌대회를 통해 조선불교 선종이 출범하였는데 한암은 만공, 혜월과 함께 종정으로 추대되었다. 1936년 오대산 상원사에 삼본사(월정사, 유 점사, 건봉사) 연합 스님 수련소가 개설되자 조실로 추대됐고, 수좌들의 수행을 지도했다. 각 사찰에서 10명씩 선발하여 1년간 가르쳤는데《금강경》을 가르치면서 참선을 지도했다. 그리고 상원사 선원에 들어온 수좌들에게 경전과 어록을 가르치며 수많은 경전, 어록을 읽게 하여 선교일치를 강조했다. 그리고 염불도 배우게 하였다. 수좌들이 한암 회상에서 수행하려고 몰려와서 50여 명에 달하였다. 이와 함께 보조국사 어록인《보조법어》《금강경오가해》를 현토하여 발간하게 하였다.

1941년 조선불교 조계종이 창종되면서 한암은 초대 종정으로 추대되었다. 그는 불출산(不出山)을 조건으로 수락하고, 소임을 보았다. 1945년 8 · 15해방이 되자 그는 종정을 사임하였으나 1948년 대한불교 교정인 박한영이 입적하자 그 후임으로 교정에 추대되었다. 1951년 1 · 4 후퇴 당시 국군이 상원사 소각을 명령하자, 이를 죽음으로써 막아냈다. 1951년 2월 14일(음력) 입적했다. 전란 중이었기에 간소하게 다비를 하였고, 49재는 부산 토성동 묘심사에서 거행되었다. 1959년에 문도들이 상원사에 부도와 비석을 세웠다.

일화와 어록

승가 5칙

한암은 간화선을 위주로 하는 선사였다. 그러나 그는 경전, 어록 열람을 결코 배제하지 않고, 수좌들에게도 책을 읽어야 한다고 권유했다. 여기에서 교선일치적인 수행 가풍을 엿볼 수 있다. 그리고 그는 수좌들에게 염불, 의식도 배워야 한다고 강조했다. 그것이 승가오칙(僧伽五則)으로 참선, 간경, 염불, 의식, 가람수호였다. 이 준칙은 그가 늘 강조하여 오대산 불교문화 및 사상의 전통이 되었다. 그래서 그에게 배운 스님들에게 이 모든 것을 다하면 좋지만 그중에서 하나만이라도 반드시 실천해야 한다고 일렀다. 그래서 그 당시 오대산 스님들은 어디에 가나 의식과 염불을 할 줄을 알아서 대접을 받았다.

한암이 승가오칙을 제정해 실천하게 한 것은 불교 근대화의 일환으로 볼 수도 있다. 새로운 세상, 문명의 도래 등 급변하는 불교 현실에서 일본 불교 모방, 계율 이완, 일본 유학, 포교당 개설 및 잡지 발간, 신학에의 경도 등 불교 대중화 바람이 거센 당시 풍토에서 그는 전통을 고수하는 노선을 지켰다. 전통을 지키면서도 급변하는 불교 현실에 대처하려는 대안이었던 것이다. 이를테면 보수적인 불교근대화였다.

월정사에서는 한암의 승가오칙을 현대적으로 변용, 적응하게 하고자 시도하고 있다. 월정사의 단기출가도 그런 시도 중의 하나이다.

"나를 불태워라" 상원사가 전소될 뻔한 위기에서 지켜내다

1951년 1월 4일, 한국전쟁이 한창일 때에 중공군의 참전으로 밀리기 시작한 국군과 유엔군은 이른바 1·4 후퇴를 단행했다. 그래서 남쪽으로 다시 피난을 가게 되었다.

그때 국군은 오대산을 떠나면서 월정사가 인민군, 중공군의 거점이 될 것을 염려하여 월정사와 상원사를 소각하라고 명령했다. 그래서 월정사는 국군이 마을 사람들을 시켜 휘발유를 끼얹고 불을 놓아서 전소되었다. 그 결과 대웅전, 요사채, 종(선림원지 발굴)을 비롯한 문화재가 전소되었다. 눈물겹고 비참한 일이었다.

그 직후 상원사를 소각하고자 군인 몇 명이 상원사에 올라왔다. 월정사 근처에서는 불길이 솟고 연기가 퍼져 나가던 긴박한 상황이었다. 군인 중 한 명이 상원사 스님에게 불을 놓겠다는 결정을 통고했다. 이 말을 전해 들은 한암은 군인에게 잠시 기다리게 하더니 방으로 가서 가사 장삼을 차려입고 법당의 한가운데에 가서 앉았다. 그리고 군인에게 말했다. 한암은 "이제 되었네, 불을 지르거라! 너희들은 군인으로 상부의 명령으로 불을 놓으면 되고, 나는 중으로서 부처님 제자로서 마땅히 절을 지켜야 해! 우리는 죽음으로써 법을 지키는 사람인데, 법당이 타게 되었으니 나이도 많고 죽을 날도 멀지 않은 나에게는 차라리 잘된 것 아니냐. 이제 법당과 함께 저세상으로 가겠네." 그러자 군인은 순간 어찌할 줄을 몰라, "스님! 이러시면 안 됩니다." 하면서 당황하였다. 잠시 후, 인솔 장교가 부하 군인들에게 명령하였다. "이 스님은 보통 스님이 아닌 게 분명해. 어이! 저기에 있는 방의 문짝을 떼어와. 그리고 거기에 불을 놓아!!" 이렇게 하여, 문짝 수십 개에 불을 놓은 군인들은 얼마 후에 상원사를 떠났다.

한암의 단호하고도 죽음을 무릅쓴 결정에 상원사는 오늘까지 잘 보존되어 내려왔다. 그 인솔 장교가 누구인지는 전하지 않는다. 6·25 때 종군 장교를 지낸 소설가 선우휘는 그 이야기를 전해 듣고 그 내용을 〈상원사〉라는 단편소설로 묘사하였다. 한때 그 소설이 국어 교과서에 실려 한암의 올곧은 정신이 널리 알려졌다.

문화재 전문가인 황수영 박사(동국대 총장 역임)는 6·25 전 강원도 양양 선림원지에서 발굴된 신라 종을 월정사에 전달하고, 그를 기념하여 한암을 찾아 인사하고 사진까지 찍었다. 그런데 전쟁으로 그 종이 불에 의해 녹아 버린 것을 안타까워했다. 그는 제자인 정영호가 월정사에서 녹아내린 종의 파편을 사진으로 찍어 보여주자 흐르는 눈물을 감출 수 없었다고 한다.

화두는 이렇게 들어야

화두를 참구할 때에는 한결같이 하여 똥 누고 오줌을 눌 때에도 끊어짐이 없어야 합니다. 그런데 하물며 조석(朝夕)을 논해 무엇하겠습니까? 일체 처(處) 일체 시(時)에 화두를 참구해야 합니다. 간단(間斷)없이 화두를 참구하는 것이 가장 중요합니다. 고요한 곳과 시끄러운 곳, 움직일 때나

가만히 앉아 있을 때나, 그리고 걷거나 머물거나 일어나는 것과 깊은 산 속, 도시를 막론하고 다만 화두를 참구하여 오래도록 익히는 것에 주력하십시오. ……재가자와 출가자를 막론하고 참선하여 도(道)를 깨친 사람은 무수히 많습니다. 꼭 부처님 앞에서 참선해야만 되는 것이 아닙니다. 오히려 사무를 보는 가운데에서 득력(得力)하는 것이 적정(寂靜)한 곳에서 득력하는 것보다 10만억 배가 더 중요하오니 문제는 오로지 당사자의 신심이 얼마나 견고한가? 그것이 관건입니다.

(1949년 2월 4일, 한암의 편지에서)

한암의 좌우명

한암의 좌우명은 계잠(戒箴)이라고 하는데《불교》38호(1942.7), 41호(1942.10)에 나온다. 당시《불교》편집장인 장도환이 상원사를 찾아가서 한암을 친견하고 나서, 그의 방에 걸려 있는 것을 기고한 것이다. 내용이 간명하고 간절하여 구도자, 수행자, 불교인들이 명심할 금언(金言)이다. 아니 종교를 갖지 않는 사람에게도 가슴을 울리는 내용이다.

禪定은 마땅히 이 여덟 가지 법을 실천하여 청정함을 얻는다(禪定宜以八法而得淸淨)

1. 항상 절에 거주하면서 고요히 앉아 사유할 것(當居蘭若, 宴寂思惟)
2. 사람들과 휩쓸리지 말고 무리지어 잡담하지 말 것(不共衆人, 羣聚雜說)
3. 바깥세계에 대하여 탐착하지 말 것(於外境界, 無所貪着)
4. 몸과 마음에 모든 영화로움과 호사함을 버릴 것(若身若心, 捨諸榮好)
5. 음식에 대하여 욕심내지 말 것(飮食所欲)
6. 밖으로 반연처를 두지 말 것(無攀緣處)

7. 음성과 문자를 꾸미지 말 것(不樂修飾音聲, 文字)
8. 타인에게 부처님 가르침을 펴서 성락(法悅)을 얻게 할 것(持敎他人, 令得聖樂)

지계는 이 여덟 가지 법을 구족하게 하여 淸淨함을 얻는다(持戒具足 以八法而得淸淨)

1. 몸과 행동을 단정하게 바르게 한다(身行端直)
2. 모든 업을 깨끗이 한다(諸業淳淨)
3. 마음에 때가 묻지 않게 한다(心無暇垢)
4. 뜻은 고상하게, 지조는 굳게 가진다(志尙堅貞)
5. 正名으로 스스로 바탕을 삼는다(正命自資)
6. 두타행으로 자족한다(頭陀知足)
7. 모든 거짓과 진실치 못한 행동에서 떠난다(離諸詐僞 不實之行)
8. 항상 보리심을 잃지 않는다(恒不忘失 菩提之心)

불방일은 이 여덟 가지 법을 실천하게 하여 淸淨함을 얻는다(不放逸 以八法而得淸淨)

1. 계율을 더럽히지 않는다(不汚尸羅)
2. 항상 깨끗이 하고 많은 듣는다(恒淨多聞)
3. 신통을 구족히 한다(具足神通)
4. 반야 지혜를 수행한다(修行般若)
5. 모든 선정을 성취한다(成就諸定)
6. 스스로 자신을 높이지 않는다(不自貢高)
7. 모든 쟁론을 일삼지 않는다(滅諸爭論)
8. 善法에서 물러서지 않는다(不退善法)

한암 스님의 문도

한암의 문도는《정본 한암일발록》(민족사, 2010)에 부록으로 정리한 문보에 나와 있다. 그의 명성에 비하면 문도들 숫자는 매우 적은 편이다. 용명, 묵암, 환봉, 보산, 현칙, 탄허, 보문, 나월, 학산, 담허, 난암 등이다.

은법 상좌인 용명은 통도사 출신으로 말년에는 울산 문수암에 오랫동안 머물렀다. 일본 강점기에는 일본 유학을 갔다 왔으며, 민족의식을 고취시켰다고 해서 감옥에 수감된 독립운동가이다. 묵암은 경월, 능혜(명환), 명덕, 원명 계열의 스님이다. 보산은 수좌 출신으로 말년에는 예산 향천사에 주석하였다. 그의 상좌는 희근, 희관, 희묵 등이다. 현칙은 기독교 목사 출신으로 입산하였는데 말년에는 범어사, 해인사에 주석했다. 그가 지은 책으로《산중일지》(지영사, 2003)가 있다. 그의 산중 탐방과 만행을 정리한 일기이다. 담허는 동성과 비룡의 은사이다. 나월의 상좌는 동수이다. 난암(유종묵)은 불영사 출신인데 일제하에 일본으로 유학을 가서 불교유학생회 회장을 역임했다. 해방 이후에도 일본에 통국사라는 사찰을 짓고 머물렀다. 조총련 계열로 알려졌다.

한암의 문손의 중심은 탄허이다. 탄허, 희찬으로 이어지는 문손들이 월정사, 상원사를 근간으로 수행하고 있다. 이 문손들이 월정사 본말사의 주요 스님들이다. 탄허는 대강백으로 유불선을 회통한 스님으로 유명하다. 월정사에서는 한암의 생일, 기일에 추모 다례재를 지내고 있다. 상원사에는 한암의 비석과 부도가 있으며, 진영도 걸려 있는데 그의 법손들이 한암 사상의 탐구, 정리, 자료수집 등에 주력하고 있다.

그리고 한암의 선법을 이은 스님이 보문인데, 경상도 지방에 머물면서 수행하였다. 50세에 요절하였고 상좌를 두는 것에 관심이 없었다. 그의 단 한 명의 상좌가 희섭인데, 희섭의 상좌는 무여(축서사), 무관이다. 축서사에서 보문의 기일 제사를 지낸다. 보문을 현대기 최고의 두타행 선사로 기억하는 스님들이 많다.

❖ 참고문헌

한암문도회《정본 한암일발록》민족사, 2010. (이 책은 1995년에 나온《한암일발
　　록》(민족사)을 수정, 보완한 것이다. 한암의 법어, 서간문,, 기고문 등 일체를 수
　　집, 정리한 책이다.)
김호성《방한암 선사》민족사, 1996.
윤창화〈한암(漢岩)의 자전적 구도기 '일생패궐(一生敗闕)'〉《불교평론》17,
　　2003.
조성택〈근대 한국불교에서의 한암의 역할과 불교사적 의의 ‐만해 그리고
　　경허와의 비교를 통해〉《한국불교학》71, 2014.
김광식《그리운 스승 한암스님》민족사, 2006. (이 책은 한암과 인연이 있는 스님,
　　재가자 25명을 만나 한암에 대한 제반 내용을 인터뷰한 구술증언 자료집이다.)
_____〈방한암과 조계종단〉《한암사상》1집, 2006.
_____〈한암과 만공의 同異〉《한암사상》4집, 2011.
_____〈석전과 한암의 문제의식〉《불교근대화의 이상과 현실》선인, 2014.
_____《보문선사》민족사, 2012. (보문에 대한 수행, 사상 등을 인연 있는 스님들에게
　　들은 것을 정리한 책인데 한암, 탄허의 내용도 많이 들어 있다).
한암사상연구원《한암선사 연구》민족사, 2015.
남지심《소설, 한암》민족사, 2016.

탄허
吞虛

탄허는 어떤 스님인가

탄허(吞虛, 1913~1983)는 대강백으로 명성을 떨쳤다. 그는 한문에 능통하여 스님들이 배우는 기본적인 경전을 대부분 번역하였다. 특히《화엄경》번역은 그 대표적인 사례이다. 그래서 한국 현대불교의 강학, 경전, 강백 등과 관련된 이해에 있어서 탄허를 결코 제외할 수 없다.

탄허의 정체성에는 오대산 불교문화 및 사상의 계승자라는 성격이 강력하게 개재되어 있다. 이는 그가 오대산 도인으로 알려진 한암의 법제자임을 말하는 것이다. 그는 한암의 상좌, 법제자로서 한암의 입적 후에는 월정사의 조실로 한암 문도 및 월정사의 본말사를 이끌었다. 그가《화엄경》번역에 착수하게 된 것도 한암의 부촉 때문이었다. 한암이 조실로 있었던 스님 수련소의 전통을 계승하여 오대산 수도원을 열어 인재 양성에 힘썼던 그는 한국불교의 미래를 이끌 인재 양성에 큰 뜻을 가졌다. 도의적(道義的) 인재 양성이라는 목적을 갖고 대학생, 지식인들을 가르쳤는데, 그의 회상에서 다수의 강백(각성, 통광, 무비, 혜거 등)이 배출된 것은 결코 우연이 아니었다.

한편 탄허의 정체성에는 유불선(儒佛仙) 회통이라는 측면도 빼놓을 수 없다. 그는 입산 전에 유교, 도교 등에 정통하였다. 출가 후, 경전의 치열한 연찬을 통해 불교사상에도 정통한 그는 유불선을 회통하고, 모든 사상의 종지를 파악하였다. 또한《주역》《장자》등에도 정통하여 고뇌하는 한국인에게 번득이는 예지로 미래의 희망을 품게 해 주었다.

행적과 수행

탄허는 1913년 음력 1월 5일, 전북 김제 만경에서 태어났다. 속명은 김탁(金鐸)이었고 경주 김씨로, 부친 김홍규의 둘째 아들이었다. 유년 시절에는 향리에서 조부와 부친으로부터 한학과 유학을 배웠다.

부친인 김홍규는 민족종교인 보천교의 핵심 간부였다. 이런 연고로 그는 청소년 시절부터 민족의식에 눈을 뜨게 되었다. 부친이 일제에 체포돼 수감되어 집안 생활이 어려워지자 1929년, 17세에 결혼을 하였는데, 결혼 덕분에 최익현의 제자이며 토정 이지함의 후손인 이극로에게 유학을 체계적으로 배울 수 있었다. 그러면서 구도의 열정으로 도교(노자, 장자)에 대한 학문도 익혔고, 오대산의 한암과 3년간 20여 통의 서신을 주고받았다.

마침내 그는 1934년(22세) 가을, 오대산 상원사로 입산하여 출가하였다. 법명은 택성(宅成)이었고, 은사는 한암이었다. 처음 3년간은 선원에서 참선에 전념했다. 한암은 한문에 능통한 그를 백초월이나 박한영에게 보내려고 하였다. 1936년 상원사에 3본산(건봉사, 유점사, 월정사) 연합 스님수련소가 설립되자, 한문에 능통한 실력으로 중강으로 활동하였다. 이때부터 그는 불경의 기본 경전을 7년에 걸쳐 모두 읽었다. 그리고《화엄경》을 현토, 간행하라는 부촉을 한암에게서 받았다.

1949년 무렵, 그는 오대산 상원사를 떠났다. 전쟁이 날 것을 대비한 것인데, 통도사 백련암, 흥국사에 머물렀다. 6·25 전쟁이 나자 상원사, 법왕사, 불영사, 범어사, 용화사(남해) 등을 전전했다. 1953년부터는 영은사(삼척)에 머물면서 후학을 가르쳤다. 이후, 월정사 조실과 강원도 종무원장을 역임한 그는 1956년 월정사에 오대산수도원(수학 기간 5년)을 열어 후학에게 불교와 동양사상을 가르쳤다. 인재양성과 청정한 스님의 배출을 위함이었다. 월정사에서 정화운동의 후유증이 나타나자, 그는 수도원의 문을 일시 닫았다가 영은사로 옮겨 재개하였다.

1960년대에는 월정사 주지, 동국대 대학선원장, 동국역경원 역장장(譯場長, 용주사) 등을 역임했다. 이 무렵부터《화엄경》번역 불사를 본격적으로 추진했다. 번역 불사는 결사(結社)와 같은 것이었다. 불사를 위해 삼덕사(부산), 청룡사, 대원군 별장, 개운사, 자광사(대전) 등을 옮겨 다녔다. 1975년에《신화엄경합론》(화엄학연구소)을 펴냈다. 그 후에는 강원의 사미과, 사집과, 사교과의 교재를 번역 발간하였다. 그리고《주역》《도덕경》등도 번역해서 펴냈다. 번역을 기념하여 월정사에서 두 차례(1977, 1982) 특강법회를 갖기도 했다.

그는 동국대 이사도 역임했다. 또한 삼보법회, 고려대 등 전국 각지에서 열린 수많은 특강을 통해 스님의 자질 향상, 승가의 청정성 유지, 불교의 사회적 역할 등을 강조하였다. 그는 1983년 음력 4월 24일 월정사 방산굴에서 입적했다.

일화와 어록

경학 연찬

탄허의 한학 실력은 대단하였고, 그에 근거한 경학에 대한 이해가 상당하였다. 그는 강의할 때에는 백묵만 들고, 일체의 책이나, 노트가 필요 없었다. 그런 실력은 어떻게 쌓인 것인가? 이에 대한 탄허의 회고와 한암이 탄허에게 보낸 편지 등을 살펴보자.

학교 문턱에도 안 갔어요. 사서삼경과 주역 등 한문학을 했습니다. 수백 독(讀)했어요. 줄줄 외웠습니다. 지금도 마음만 먹으면 책을 통째로 외워댈 수 있어요. 한문 성경도 읽었어요. (탄허 회고)

보내온 글월을 두세 번 읽어보니 참으로 좋은 문장과 필법이네. 구학문이 파괴되어 가는 때를 당해서 그 문사(文辭)의 기권(機權)과 의미가 부처님도 매료될 정도이네. 먼저 보내온 글과 함께 산중의 보장(寶藏)으로 삼겠네. 공(公, 탄허)의 재주와 덕행은 비록 옛 성현이 나오더라도 반드시 찬미하여 마지않을 것이네. 능히 있어도 없는 듯하고 차 있어도 비어 있는 듯하니, 어느 누가 그 고풍(古風)을 경앙(景仰)하지 않겠는가.

(한암의 편지)

수련소의 일과는 조석으로 참선하였고 낮에는 경을 배우고 외우는 것이었다. 그것 외에도 많은 경전을 배울 수 있었다. 나는 四集은 독학하였고, 그 밖의 경전은 스님으로부터 배웠는데 《傳燈錄》과 《禪門拈頌》을 완전히 마치기까지 만 7년이 걸렸다. 수련소의 정규 과정은 《금강경》과 《범망경》이었지만 나는 별도의 경을 배웠던 것이다. (중략) 화엄론으로 교재를 정하자 책이 문제였다. 몽성 스님의 부인이 《화엄론》 10여 질을 시주하였다. 아마도 그때의 가격이 한 질에 10원쯤이었던가. 적은 돈이 아니다. 그때 많은 대중들이 함께 청강하였다. 나는 그때 대중 앞에서 경문을 새겨 갔다. 그다음에 스님(한암)이 감정하시고 또 모르는 것은 묻고 대답하여 진행하였다. 끝에 다시 한 번 토를 달아 읽어내려 갔는데 그때에 다들 토를 달았다. 《화엄경》과 논(論)을 합해서 백이십 권을 하루도 빠지지 않고 진행하여 꼭 열한 달이 걸렸다. 그다음에《전등록》《선문염송》을 공부하였다. 역시 내가 새겨나가고 스님께서 감정하시고 강을 하였는데, 총무원장 이종욱 스님이 오셔서 방청한 적이 있었다. 당시의 수련원을 둘러보고 크게 찬탄하였으며 내가 석사하는 것을 보시고 나에게도 과한 찬탄을 하였던 것을 기억한다. 그렇게 해서《전등록》《선문염송》까지도 짬지게 보아 나갔다.

《방산굴 법어》민족사, 2003)

이렇게 그는 입산 이전부터 강독, 암송을 철거하게 했다. 입산 후에는 상원사에서 경전을 지독하게 공부하였다. 그의 강학 실력은 이런 바탕에서 나왔다. 그는 후학에게 다른 사람이 한 번 읽으면 자기는 열 번을 읽었고, 다른 사람이 열 번 읽으면 자기는 백 번을 읽었다고 했다. 그래서 그는 미련하기는 당신 같은 사람이 없을 것이라고 했다.

《화엄경》을 비롯한 번역 불사는 무엇을 위해

탄허의《화엄경》번역 불사는 17년이나 걸렸다. 이는 인간 승리이다. 하나의 목표를 정하고 그를 위해 매진하였기 때문이다. 그래서 이런 탄허의 불사를 김호성 교수는 결사라고 규정지었다. 《신화엄경합론》은 원고지 6만4천 매, 번역 기간 10년, 교정과 교열에 3년, 조판에 2년이 걸렸다. 더욱이 그는 출판 비용이 없어 책값을 독자들에게 미리 받았고, 일부 돈은 동국대에서 빌리기도 했다. 이 책의 출간으로 〈동아일보〉의 인촌상과 조계종 종정상을 수상했다. 그러나 그의 번역은 거기에서 쉬지 않았다. 스님들의 수준 향상을 위해, 불교의 정상화를 위한 그의 고독한 행보는 지속되었다.

현재 능엄경, 기신론, 반야경. 원각경의 번역을 끝내고 출간을 기다리고 있어요. 그러나 화엄경 출간 때도 그랬지만 종단을 비롯해 그 어느 곳에서도 출간에 협조를 해주지 않아 자비출판을 해야 했지요. 이번 능엄경 등도 역시 자비 출판을 해야 될 모양이에요. 어쩌면 탄허라는 인간이 이렇게 불행한지 모르겠습니다.

《원로를 찾아서》《법륜》 1980년 5월호)

한 스님에 의해 이뤄진 이 방대한 불사는 불교사를 통틀어 최초의 일일 뿐 아니라 누구도 쉽게 손댈 수 없는 거대한 문화 사업이란 점에서 종교계, 학계 및 이웃 일본학자들에게까지 폭넓은 관심을 모으고 있다. 이번에 출간된 《사미·사교서》의 집필기간은 4년여 원고 매수만도 2백자 원고지 10만 장이 넘는다. (중략) 이번의 국역본 17권은 초발심자경문(1권)과 치문(2권) 등 사미과 3권과 능엄경(5권) 기신론(3권) 반야경(금강경 3권) 원각경(3권) 등 사교과 14권이다.

("사미·사교서 17권 펴낸 탄허 스님" 〈불교신문〉 1981. 7. 12)

나는 역학(易學), 노장학(老莊學), 화엄학(華嚴學)을 후진들이 쉽게 이해할 수 있도록 교재로 만드는 것을 평생의 사업으로 삼고 있습니다. 이 가운데 화엄학은 이미 끝냈고, 역학과 노장학 둘이 남아 있습니다. 역학 3년, 노장학 3년, 약 6년 계획으로 탈고할 작정이에요.

《피안으로 이끄는 사자후》 탄허불교문화재단, 1997)

이런 교육에 대한 열정과 집념은 누구도 뒤따를 수 없다. 그러면 탄허 그는 무엇을 위해서 이런 가시밭길을 걸어간 것인가. 인재양성, 스님 자질 함양, 도의적 인재양성 등에 방점이 찍힌다.

스님들이 공부에 더욱 열중해야 합니다. 제가 수많은 불경을 번역한 것도 교재를 마련하기 위한 작업의 일환이었어요. 공부하지 않고서는 불경의 의미를 제대로 깨달을 수 없지요. 여름 벌레에게 얼음 얘기를 할 수 없고, 우물 안 개구리에게 바다 얘기를 할 수 없지요. 또 못난 선비에게 도(道)를 얘기한들 무슨 소용이 있겠어요. 결단하고 스님이 됐으면 모름지기 공부에 충실해야 합니다. 내가 바라는 것은 누구든지 배울 수 있는 불교 교재가 있어야 한다는 것이지요. 절 집안의 몇 사람을 위하는 것이 아니고. 그럼 무엇이냐? 3천만, 5천만 국민의 교재로 성인의 말씀을 채택하자는 겁니다. 도의적인 인물이란 정치가나 경제인이나 종교인이나 사회적인 인물 등이 인간 양심에 따라 행동함을 말하는데 이제 우리는 미래의 문제를 걱정하기에 앞서 어떻게 하면 도덕적 인격을 함양하여 도의적인 인간이 되느냐 하는 걱정해야 하는 시점이 다가왔습니다.

《피안으로 이끄는 사자후》 탄허불교문화재단, 1997)

위에서 나온 3천만 국민의 교재라는 것을 주목해야 한다. 탄허의 지향점은 바로 여기에 있었다. 스님 교재 및 자질 함양에 머물지 않았다. 불교의 포교에 머물지 않고, 불교와 동양사상으로 무장한 도의적 인재를 키워 내려고 하였다. 그래서 그는 오대산 수도원을 월정사, 자광사(학하리)에 다시 세우려고 모금하고 설계도 하였다. 미래의 한국, 통일을 지향할 수 있는 인재를 키우고자 하였다. 그는 평소 절 10채를 짓는 것보다 훌륭한 인재 1명을 키우는 것이 더 낫다고 했다. 이런 입론에서 정치, 정치가에 관심이 많았다.

그래서 내가 요구하는 것이 비구승 열 명보다 불교인 정치가 한 사람을 더 요구하는 것입니다. 불교인으로서 정치가가 나와야 우리가 바라는 일이 추진될 수 있을 것입니다.

《피안으로 이끄는 사자후》 탄허불교문화재단, 1997)

종교의 본질은 이론도 아니요, 조직도 아니요, 권력도 아니다. 인격 완성과 무관한 종교적 요소가 범람하는 현실의 종교계 정화작업이 급격히 일어야 할 것이다. 그러나 이것은 종교 단독으로는 큰 수확이 없을 것이다. 정치와 손을 잡을 때만이 가능하다. 종교야말로 썩어가는 대사회의 정화를 위한 절실한 소금이며 인류사회를 떠받치고 있는 근원적인 도(道)를 지켜줄 수 있는 최후의 보루인 것이다.

그는 어쩌면 전통시대의 왕사, 국사를 꿈꾸었는지 모른다. 그래서 그 시절 대통령(전두환, 노태우)과도 인연을 가졌다. 그의 열정, 실력이 불교권에 갇혀 있었던 것이 너무나 아쉽다. 탄허는 가끔 자신은 60이 넘으면 세속으로 나가서 큰일을 하겠다는 발언을 했다. 그의 체질은 만해 한용운과 유사한 측면이 있었다. 이는 그의 부친으로부터 물려받은 민족의식과 근현대기의 파란 많았던 민족적 비애를 극복하려는 잠재의식에서 나온 것이다.

그리고 그는 미래, 한국의 희망에 대해 유독 강조했다. 이런 주장을 뒷받침하기 위해 주역, 역학 등에 관심이 많았다. 그래서 예지적 본능과 우주적 섭리에 근거해 미래에는 한국이 세계의 중심이 될 것이라고 예견해 그를 따르는 대학생, 청년들이 많았다.

탄허 스님의 문도

탄허의 문도는 월정사를 중심으로 수행을 해온 문손들이다. 그들은 희찬, 인보, 혜거, 각수, 삼보, 삼지, 부동, 정광 등이다. 월정사에 수십 년간 상주한 희찬은 월정사 주지 소임을 보면서 한암―탄허로 이어지는 오대산 불교의 전통을 계승, 토착화시키려고 분투하였다. 그는 6·25로 전소된 월정사의 재건 불사를 진두지휘하였다. 지금은 희찬의 상좌들이 그를 계승하고 있는데 현해(동국대 이사장 역임, 원로의원), 정념(월정사 주지), 원행(월정사 부주지) 등이 그들이다. 이들의 노력으로 탄허의 법어집과 자료집이 발간되었고, 문손들은 1986년, 상원사에 부도와 비석을 세웠다.

혜거는 탄허에게 강학을 배우고, 경전 내용을 후학과 대중에게 널리 전하는 사업에 전념했다. 특히 그는 탄허 기념박물관(서울)을 설립하여, 그곳에서 탄허 사상의 전승에 앞장서고 있다.

탄허 사상의 계승은 문손들에 의해서도 이루어지고 있지만 탄허불교문화재단을 통해서도 구현되고 있다. 재단의 거점은 대전의 자광사이다. 이곳은 탄허 생존 시에 휴식과 집필을 할 때 이용한 공간이었다. 탄허재단은 탄허에게 배운 재가 제자(전창열, 명호근 등)와 문도가 결합하여 설립했다. 1984년 11월에 설립되었는데, 삼일선원에서의 대중 교육과 탄허 유품을 보존하고 있다. 이사장은 서돈각, 손창대, 전창열을 거쳐 현재는 혜거가 맡고 있다.

한편 탄허의 강맥은 각성, 통광, 무비, 혜거 등에 의해서 전승되었다. 특히 이들은 전통 강원에서 후학을 양성하였기에 탄허의 강맥과 강학은 계속 이어질 것이다. 그리고 탄허에게 배운 도원, 정무, 성파, 시몽, 연관, 일장, 법산, 송찬우 등도 각각 그들의 터전에서 탄허에게 익힌 실력으로 불교문화를 꽃피웠다. 또한 탄허에게 배운 비구니들도 적지 않다. 그들은 진관, 명성, 성법, 명우, 자민, 혜운, 성일, 계호 등이다.

❖ 참고문헌

탄　허《부처님이 계신다면》1988, 교림. (이 책은 1979년 예조각에서 나온 것의 증보판이다. 대담 내용, 법어, 구술 등을 수집, 편집하였는데 100만 부가 팔렸다고 한다.)

＿＿＿《피안으로 이끄는 사자후》1997, 교림. (이 책은 탄허 입적 후, 그의 제자들
　　　이 생선의 시고문, 내림을 모아서 펴낸 깃이다.)

탄허문도회《방산굴 법어》월정사, 2003.

탄허불교문화재단《탄허선사의 禪敎觀》민족사, 2004.

김광식〈오대산수도원과 김탄허〉《정토학연구》4, 2001.

＿＿＿〈김탄허의 교육과 성격〉《정토학연구》6, 2003.

＿＿＿《기록으로 본 탄허 대종사》탄허불교문화재단, 2010.

고영섭〈한암과 탄허의 불교관〉《종교교육학연구》26, 2008.

김호성〈탄허의 결사운동에 대한 새로운 고찰〉《한암사상》3, 2009.

김광식《그리운 스승 한암스님》민족사, 2006.

김광식·월정사《오대산의 버팀목 – 만화 희찬선사의 수행과 가르침》민족사,
　　　2011.

김광식·월정사《방산굴의 무영수 - 탄허대종사 탄신 100주년 기념 증언집》
　　　민족사, 2012. (이 책은 탄허와 인연이 있는 스님, 재가자 등 총 65명의 증언 인
　　　터뷰 기록이다. 탄허에 대한 정보, 내용, 비사, 가르침, 지성 등이 다수 전한다.)

윤창화〈한암과 탄허의 동이점(同異點) 고찰〉《한국불교학》63, 2012.

월정사《탄허, 되돌아본 100년》조계종출판사, 2013.

＿＿＿《탄허, 미래를 향한 100년》조계종출판사, 2013.

자　현《탄허 – 허공을 삼키다》민족사, 2013.

보문
普門

보문은 어떤 스님인가

 보문(普門, 1906~1956)은 한암의 선법(禪法)을 이어받은 선사이다. 그러나 지금껏 이런 측면은 거의 주목되지 않았다. 왜냐하면 오대산의 한암 문도와 그를 그리워하는 일부 스님만이 그의 존재를 알고 있었기 때문이다. 보문의 행적을 전하는 문헌 기록이 전무하였던 연유도 있었다. 또한 그의 법손들도 은사의 행적을 찾는 것에 크게 신경 쓰지 않았다. 물론 여기에는 보문이 당신의 비석 건립, 문집 제작 등을 일체 하지 말라는 당부를 했던 것도 작용했다. 최근에 그에 대한 책이 발간되어 그에 대한 전모를 이제야 알 수 있게 되었다.

 보문은 한암에게서 법을 받았지만 오대산의 상원사를 떠나, 경상도 지역에서 수행하다가 대구 보현사(동화사 포교당)에서 50세에 요절하였다. 보문이 한암의 선법을 이었다는 것은 한암의 제자인 탄허에 의해서 입증되었다. 한편 그의 선지, 선풍에 영향을 받은 수좌들에 의해서 보문의 신비로운 이야기가 선방에 널리 전해졌다. 만약 그가 조금만 더 오래 살았더라면 한국불교와 조계종의 선풍이 지금과 같지는 않았을 것이라 한다.

그는 정통 선사의 이미지와 함께 두타행의 성격을 많이 지니고 있었다. 그는 진정한 수행자의 표상으로 철저한 수좌상을 견지했던 스님이었다.

행적과 수행

보문은 1906년 경북 문경시 마성면 남호리에서 태어났다. 집안은 유교 집안이었고, 평산 신씨(申氏) 가문의 3형제 중 첫째 아들이었다. 속가 시절의 이름은 신기옥(申奇玉)이었다. 유년 시절에는 서당에서 공부하다, 문경의 마성국민학교를 졸업했다.

청소년 시절의 행적은 불투명하다. 백부에게 양자를 갔고, 1927년에 결혼을 하였다는 사실은 분명하다. 그런데 연유와 계기는 알 수 없지만 1930년대 초 대구사범학교에 입학하였다. 재학 시절에 불교에 관심을 가졌다고 한다. 그런데 그는 재학 중이던 1934년경, 대구인쇄소에 취업하였다. 추측하건대 저항적 학생운동의 일환이 아닌가 한다. 또한 그는 노동현장에서 일제 식민지 정책을 비판한 것이 빌미가 되어 부산의 부두노동자로 변신하였다. 그러나 그곳에서도 한국인 노동자의 임금을 착취하는 일본인 감독관의 처사를 비판하였다.

보문은 마침내 만주에서 독립운동을 하기 위해 부산을 떠났다. 만주로 가기 전에 금강산 구경을 위해 유점사를 거쳐, 장안사에 들렀다. 그는 금강산 마하연 선방에 도착하였는데, 그곳에서 운명적으로 발심하여 불교를 만났다. 정식 출가를 하기 위해 오대산 상원사로 왔다. 한암을 은사로 모시고 출가하였으니 1936년, 그의 나이 30세 때였다. 이때 받은 법명은 현로(玄路)였다.

그는 갓 입산한 직후 선원에서 치열하게 수행하였다. 견성을 하자 한암이 자운(慈雲)이라는 법호를 주었다. 그 무렵 그는 한암 회상으로 수좌들이 몰려오는 것을 보고 보다 합리적인 선방 운영 개선을 시도하였으나 여의치 않자 만행을 떠났다. 그러나 상원사에 은사인 한암이 있어 이따금 와서 정진하다가, 1946년경 오대산을 떠나 남방으로 갔다. 만행을 하면서 그는 자신의 법명을 보문으로 바꾸었다.

그는 낙산사, 직지사, 도리사, 은해사, 법주사, 해인사, 통도사, 범어사 등 각처를 만행과 두타행을 하면서 수행하였다. 그 과정에서 치열한 신수행, 독특한 선지, 보살행으로 주목을 받았다. 특히 1947년 성철, 청담과 함께 이른바 봉암사 결사를 시작했으나 일부 수좌(성철, 향곡)와 의견이 맞지 않아 초반에 퇴진했다. 그 후에는 복천암, 도리사, 파계사 성전암을 거쳤고 1950년 무렵에는 팔공산에 지은 토굴인 삼성암에서 수행하였다. 삼성암에 머물면서 대구 시내로 내려와 후학, 대중들을 지도하였는데 따르는 사람이 무척 많았다. 대구불교를 상징하는 선지식 혹은 생불로 불렸다.

1954년 불교정화 운동이 일어나자, 그는 동산 · 청담 · 성철 등과 함께 15인 대책위원으로 피선되었지만 중앙 일선에는 나오지 않았다. 그러나 1955년 8월 정화운동이 일단락되자 대구불교를 살려야 한다는 요청을 받아들여 동화사 대구포교당인 보현사 주지로 취임했다. 그는 그곳에서 근원적, 혁신적인 불교 활동을 펼쳐 대구 불자들을 감동시켰다.

그는 1956년 4월 6일(음력)에 입적했다. 그때 그의 세속 나이 50세, 승랍은 불과 20세였다. 비석은 월정사 부도밭에 있다.

일화와 어록

마취를 하지 않고 수술하다

보문은 몸이 좋지 않았다. 오대산 상원사에서 입산, 출가를 하자 즉시 선방에 들어가서 지독스럽게 수행한 것도 한 원인이었을 것이다. 병명은 늑막염이었다. 그 시절에는 영양부족, 불규칙한 생활 등으로 인해 늑막염은 폐병과 함께 일어나기도 했다. 그래서 병원으로 가서 늑막염 수술을 받아야 했다.

수술할 때에 그는 의사에게 부탁하여 마취를 하지 않았다. 자기 자신을, 자신의 선지를 시험하겠다는 생각에서 나온 결단이었다. 후일 그는 마취하지 않고 갈비뼈 세 곳을 자르는 수술을 할 때의 심정에 대해서, "그것을 말로 해? 그것을 어떻게 말해. 그 아픈 것은 말도 못해!"라고 했다. 수술 후 석 달이 지나자 수술 부위가 부드러워졌다고 했다. 그는 수술 후에도 선방으로 돌아와 운력을 하였다. 지독한 인욕, 두타행이었다. 그가 수술을 받은 병원이 서울이라는 말도 있고, 대구라는 말도 있다.

우렁찬 염불 소리

보문은 염불의 음성이 특이한 것으로 유명했다. 그 염불이 녹음된 것이 없는 것이 아쉽다. 증언하는 스님들의 말을 종합하면 음성이 우렁차고, 청아하고, 진심에서 우러나온 것이라고 한다. 그래서 산중이나, 도회지의 거리에서 그의 염불 소리를 들으면 감동하는 사람들이 많았다고 한다.

부산과 대구에 있을 적에는 사람이 많이 다니는 시장통에 가서 가끔 탁발을 하였는데, 그때도 염불을 하였다. 특히 대구의 서문시장과 칠성시장에서의 탁발, 염불이 유명하였는데, 그는 팔공산의 토굴 수행에 필요한 경비를 탁발로써 해결하곤 했다. 보문은 탁발할 적에는 가사 장삼을 수하고, 삿갓을 쓰고, 한 손에는 요령을 다른 한 손에는 발우를 들었다. 그리고 시장거리를 염불하면서 지나가면 사람들이 보문의 뒤를 따랐다. 신도, 거지, 행인, 상인 등 수십 명이 죽 따라다녔다. 그러면 사람들은 보문이 들고 있는 발우에 너도나도 나와서 돈을 넣어 주었다고 한다. 발우에 넣은 돈이 바람에 의해서 넘쳐흘러도 보문은 그 돈을 줍지 않았다. 그 돈은 따라

간 거지의 몫이었다. 어떤 신도는 땅바닥에서 절을 하고, 염불을 따라 하는 신도도 있었다. 보문이 즐겨 한 염불은 《반야심경》이었다. 보문의 탁발 장면은 장관이었다. 그렇게 해서 얻은 돈의 일부는 거지에게 주고, 고아원이나 양로원에 전하고 나서, 나머지를 자신의 토굴생활 비용으로 사용했다. 당시 보문이 탁발 시에 썼던 삿갓은 법손인 무관 스님이 보관하고 있다. 지금 전하는 단 한 장의 보문 사진도 탁발 시에 머물던 대구 서봉사에서 미군이 찍은 것이다,

봉암사 결사에 동참은 하였으나

보문은 봉암사 결사의 주역이었다. 그는 1947년 하안거 수행을 통도사 내원암에서 했다. 그때 봉암사 결사의 상징인 성철도 그곳에 있었다. 보문, 성철과 그 절에 있었던 우봉과 자운은 봉암사에서 참다운 수행을 하자고 약속했다. 그래서 1947년 10월, 봉암사 결사 핵심 4인방 스님이 봉암사에 입주했다. 그들이 입주한 이후 수좌들이 하나, 둘씩 봉암사로 모였고, 이때부터 봉암사 선수행의 르네상스가 전개되었다.

여러 명의 스님이 모여 살고, 수행하고, 참선하게 되었으니 입승(入繩)을 정해야 하였다. 입승은 선을 지도하는 수행자의 대표를 말한다. 그래서 봉암사 대중은 다수결로 그 대상자를 선정하였는데, 그 인물이 바로 보문이었다. 그러나 보문이 사양해서 또다시 대중의 의견을 모았지만 역시 보문이 선택됐다. 대중의 의견을 뿌리칠 수 없었던 보문은 할 수 없이, 입승 소임을 맡아 죽비를 잡았다.

그런데 그 당시에는 유명한 수좌인 성철도 있었음을 유의해야 한다. 한 산중에 두 마리의 호랑이는 살 수 없다는 말이 있다. 그래서 그런지 보문과 성철은 서로 간에 불편함과 이질성을 표출했다. 그 과정, 이유 등은 정확하게 알아내기 어렵지만, 여러 증언을 종합하면 보문과 성철은 문답으로 법거량을 하였는데, 그 거량에서 성철이 답을 못하였다고 한다. 그러

02

자 성철과 친근한 향곡이 보문에게 거칠게 나왔다. 보문은 당신보다 약간 후배인 그들을 상대할 사람이 아니라고 여기고 셜사 조반에 설방을 시고 나와 복천암으로 갔다. 그 시점을 정확하게는 알 수 없다. 그러자 보문을 따르는 일부 수좌도 뒤를 따랐다. 당시 보문과 성철이 갈등을 빚은 단초에는 보문은 순수 참선주의자였지만, 성철은 참선하면서도 봉암사에서 경전을 자주 보는 데 문제가 있었다. 성철은 수좌로서 후학들에게는 책을 보지 말라고 하면서도 정작 당신은 책을 많이 보고, 보관하는 등 책을 활용했다.

그러나 보문이 일찍 요절한 이후 성철과 향곡은 보문을 인정했다. 성철도 보문을 참다운 수좌라고 말했고, 그리고 자신의 공부가 보문 때문에 더 분발했다고 고백했다. 향곡은 보문을 날카로운 수좌라고 표현했다.

하여간에 1960~1970년대 선방에서는 보문의 이야기가 많았다. 그래서 보문은 숨은 도인, 베일에 싸인 큰스님, 신화 속으로 사라진 선승이라는 세간의 평을 듣게 되었다.

매정한 스님, 보고 싶은 아버님

보문은 30세에 집을 떠나, 산으로 가서 스님이 된 이후에 한 번도 속가에 연락하지 않았다. 그가 어느 절에 있는지, 스님이 되었다면 이름이 무엇인지 등등 최소한의 내용도 알려주지 않았다.

그래서 속가에서는 죽은 줄 알고 제사를 지냈다. 보문이 수행, 정진하였던 사찰들은 그의 속가 고향인 문경에서 아주 가까운 도리사, 봉암사 등이었다. 그의 세속과의 단절은 이처럼 굳건했다. 그러던 어느 날, 그의 속가 동생이 기차를 탔다. 문경으로 가는 기차 안이었다. 동생은 보문을 보고, 자기 형이라는 느낌이 들어 혹시 누구 아니냐고 하였으나, 보문은 사람 잘못 보았다고 하면서 매정하게 외면했다. 그 이후 동생은 김천역에서 만나, 다시 물었더니 그때서야 보문은 자신을 찾지 말라고 하면서 집안의 간단한 사정만 물어보았다고 한다.

가족들은 그 이후에는 그가 어디에선가 스님 노릇을 하는 줄은 알았다. 집에는 모친, 부인, 아들이 있었다. 아들은 그가 입산할 때에 부인이 임신한 유복자였다. 그 아들은 자기 아버지 얼굴을 한 번도 보지 못했다. 어디에서인가 스님을 한다는 것을 20대 초반(1960년)에 알게 되었다. 집안의 부인과 아들은 이루 말할 수 없는 고생을 하였다.

아들은 보문의 지혜를 닮아서 공부를 잘했다. 그러나 돈 없이 중학교, 고등학교를 졸업할 수 없어 중퇴했고, 검정고시를 쳐서 동국대 법학과를 다녔다. 이때에도 돈이 없어 자퇴하고, 지방공무원 시험에 합격, 경상북도 공무원으로 임용되었다. 열심히 노력해서 문경 군수, 상주 군수를 역임했다.

아들이 동국대에 다닐 때 대구의 큰스님이 입적했다는 소문을 들었다. 가만히 들어보니 자기의 아버지, 보문이었다. 아들은 모친, 삼촌과 함께 대구 보현사로 갔는데, 마침 49재 날이었다. 아들인 신상철은 그래도 자기가 군수까지 한 것은 아버지인 보문이 좋은 스님 노릇을 해서, 음덕을 쌓아서 나온 것이라고 주위 사람들이 하는 말을 믿었다.

보문 스님의 문도

보문의 문손은 희박하다. 보문은 상좌를 한 명만 두었다. 그것도 자신이 둔 것이 아니라, 은사인 한암이 상원사에 입산한 희섭을 보문의 상좌로 만든 것이다. 희섭은 보문이 보현사 주지를 하던 시절, 단 6개월만 시봉하였다. 보문은 희섭을 엄중하게 시봉을 시키면서 당신이 입적하면 일체의 선양 작업을 하지 못하게 당부했다.

희섭은 상좌로 무관, 무여, 무착 등을 두었다. 무관은 해인사에 오랫동안 주석했고 율사로서 조계종단 계단(戒壇) 소임의 일을 하였다. 조계종 총무부장을 역임했고, 최근에는 전통불복장 점안의식 보손회상으로 활봉하고 있다. 무여는 수좌인데 전국선원수좌회 대표를 역임했고, 축서사에 주석하면서 사부대중의 수행을 지도하고 있다. 무관, 무여는 자신들의 은사 스님인 보문에 대한 자료를 수집하여, 그를 필자에게 제공했다. 필자는 이를 바탕으로 보문과 인연이 있는 스님들을 인터뷰하여《보문선사》(민족사, 2012)를 보문의 입적 56주기를 기해 펴냈다. 문손들은 2002년 보문의 출가 본사인 월정사에 부도와 비석을 건립했다. 보문의 기일 다례재는 축서사에서 지내고 있다.

보문의 문손은 미약하였지만 보문을 그리워하고, 믿고 따르던 스님들이 적지 않았다. 그중에도 서암, 도견, 화산, 성수, 도원, 녹원, 보성, 초우, 원명, 도성, 경희, 혜총, 대안 등은 특별한 인연을 갖고 있다. 이들과의 인연담은 위에서 소개한 필자의 책《보문선사》에 수록되어 있다.

이들이 보문을 생각하는 공통점은 보문은 진정한, 참다운 수행자였다는 것이다. 전통적·정통적인 수좌, 선객, 두타행자였다. 보문이 10년, 혹은 더 오래 살았더라면 조계종의 선풍과 한국불교는 많이 달라졌을 것이라고 말한다. 해인사 방장과 조계종단 종정을 역임하고 20세기 한국불교를 대표한 큰스님으로 회자되는 성철에 비해, 보문에 대한 인식과 평가는 아직 신비의 장막에 갇혀 있다.

❖ 참고문헌

김광식《보문선사 – 신화 속으로 사라진 선승》민족사, 2012. (이 책은 필자가 보문문도회의 협조를 받아 보문 스님과 인연이 있는 스님, 재가불자 등 22명을 만나, 인터뷰한 것을 정리한 증언집으로 보문 스님에 대한 유일한 책이다.)
_____《그리운 스승 한암스님》민족사, 2006.

박희승《선지식에게 길을 묻다》은행나무, 2009. (이 책에는 보문의 손주 상좌인
      무여 스님의 구도, 수행, 간화선에 대한 진솔한 고백이 나온다. 또한 무여 스님이
      보문선사에 관해 수집한 자료 등도 있다.)
이성수〈선지식, 보문 현로〉〈불교신문〉2010. 7. 3.
김호성《방한암 선사》민족사, 1996.

종욱
鍾郁

종욱은 어떤 스님인가

　종욱(鍾郁, 1896~1958)은 독립운동가, 일제하 조계종단의 총무원장, 동국대 이사장, 스님 출신 국회의원을 지낸 지암(智庵) 스님이다. 이종욱이라는 이름으로 널리 알려졌다.

　종욱의 정체성, 성격은 복잡하다. 그에 대한 내용은 종단, 동국대, 독립운동, 친일 등 다양한 측면에서 접근할 수 있다. 우선 종단(조계종, 태고종) 차원에서 그는 일제하 불교에서 종단을 대표하는 인물이었다. 일제강점 말기에 총무원장을 5년간 하였고, 그 이전에도 교단을 대표하고 조계종을 창종한 주역이다. 이를테면 사판승, 행정승의 이미지가 있다. 그러나 수행도 하지 않고 공심도 없는 지금의 행정승과는 전혀 다르다. 그는 동국대 전신인 명진학교 1회 출신으로 해방 직후에는 동국대 이사장을 역임했다.

　한편 그는 3·1운동 직후부터 독립운동에 참가했다. 상해임시정부에서 활약하고, 국내외를 오가면서 다양한 독립운동을 했다. 그런데 1920년대 초반, 일제에 피체되어 수감생활을 몇 년간 했다. 출옥 후에는 월정사 정상화에 힘을 써서 월정사 주지를 15년간 했다. 이렇게 그는 월정사 주지, 조계종 총무원장을 하면서 일제와 일정한 거리를 두고 활동했다. 일정한 거리가 문제가 된다. 우호적인 입장에서 그를 보는 사람들은 현실적인 한계와 시대적인 아픔으로 어쩔 수 없었다고 말하지만, 비판적인 입장에서는 타협, 좌절, 변절, 친일 등이라고 주장하기도 한다.

이와 같은 다양한 정체성이 그의 삶에 노정되어 있기에 지암 이종욱에 대한 이해는 난해하다. 그러나 이 글에서는 그를 공심이 있는 행정승, 상식과 지견이 있는 총무원장, 호국불교와 민족불교를 구현한 스님으로 그리고자 한다.

행적과 수행

종욱은 1884년 강원도 양양군 현북면에서 태어났다. 전주 이씨인 이영록의 2남이고 속명은 윤응(潤應)이었는데 배우기를 즐겨 해서 학순(學順)으로도 불렸다. 유년 시절 부모가 사망하여 고아가 되었다. 13세가 되던 1896년 양양군 소재의 명주사에서 출가했는데, 백월(白月)을 은사로 삼았다. 그 후 월정사로 가서 해천월운(海天月雲)을 시봉하면서 수행했다.

이후 종욱은 월정사에서 수행하는 것에 만족하지 못하고 16세에는 월정사를 떠나 학문에 뜻을 두고 칠장사, 동학사, 선암사 등지로 가서 경전 수학을 하였다. 그러다가 1906년(23세) 근대적인 신식학교인 명진학교가 원흥사에서 개교하자 1회 학생으로 입학하였다. 그러나 어수선한 학교 분위기에 만족을 못 하고 1907년 이후에는 범어사, 통도사, 건봉사, 법주사에 있는 대강백의 회상에서 경학을 연찬했다. 1908년에는 백담사 오세암에서 설운(雪耘)에게서 법맥을 받았는데, 당호는 지암(智庵)이었다. 1912년, 월정사로 복귀했고, 1913년에는 월정사 주지 대리가 되어 월정사

보전에 힘을 썼다. 그리고 1915년, 월정사에 강원이 설립되자 총무 겸 강사로 활동했다.

3·1운동이 일어나자 그는 월정사 스님인 용창은과 함께 서울 탑골공원의 만세운동 참가를 계기로 항일 운동에 뛰어들었다. 3·1운동 직후, 매국노인 을사오적을 제거하기 위해 조직된 27결사대에 참여했고, 한성 임시정부 수립에 불교계 대표로 참석하였다. 이후 상해로 망명하여 임정의 내무부 참사, 의정원 의원으로 활약했다. 그리고 임정의 특파원으로 국내에 파견되어 국내 항일조직과의 연락과 정보 수집, 독립자금 모금 등을 담당하였다. 항일운동 당시 청년외교단의 항쟁, 대동단의 의친왕 망명, 의용승군 조직 및 승려독립선언서 발표, 전국불교도 독립운동본부(본부장 백초월) 투쟁 등 다양한 활동을 벌였다. 그러다 1923년에 의열단원인 김상옥의 종로경찰서 폭파사건에 연루돼 일경에 체포되어 함흥 감옥에서 3년간 옥고를 치렀다.

1926년, 월정사로 돌아온 그는 총무 소임을 보면서 당시 폐사 직전이던 월정사를 구하는 일을 주도했다. 월정사가 불사 과정에 진 빚으로 인해 법정 소송에 휘말리자 그는 사채정리위원으로 헌신했다. 그 일을 성공시켜 월정사 주지에 추대되었다. 이후 1945년까지 월정사 주지 소임을 보았다. 1929년 스님대회에서 대회 부의장으로 활동하였고, 1930년에는 종회의장으로 추대되었다. 이후 중앙교무원 서무이사, 총본산 건설운동 당시에는 31본산 주지대표를 맡아 태고사(현 조계사)를 건설하고, 합법적 교단인 조선불교조계종을 창종하고 종무총장으로 일했다. 이런 연고로 그는 일제에 협조하는 종무행정을 하였다. 그러면서도 일제 말기, 무장봉기를 위한 비밀결사 조직에 참여했다. 또한 1936년에 설립된 스님연합수련소 소장으로 후학 양성을 견인했다.

1945년 해방이 되자, 그는 일체의 소임을 내려놓고 《초발심자경문》과 《보조법어》를 한글로 번역하여 출간했다. 1950년에는 강원도 평창에서 제2대 국회의원이 되었다. 1951년 동국대 재단 이사장에 취임했고, 1951년에는 총무원장으로 재선출되어 농지개혁으로 손실된 사찰 토지의 회수에 노력했다. 1962년 주문진에 동명사를 창건하였고, 1969년 화엄사에서 입적했다.

일화와 어록

월정사를 빚구덩이에서 구하다

월정사는 1920년대 초반 강릉포교당을 설립, 운영하였다. 이는 일본 유학을 다녀온 학승들이 불교대중화, 근대화를 수용한 산물이다. 그런데 포교당 설립 시에 필요한 자금을 확보하기 위해 은행에 빚을 졌다. 월정사는 빚을 제때에 갚지 못하자 고리대를 얻어 사찰 재산을 저당 잡히고 시비에 말려들었다. 종욱은 사채정리 총무위원으로 그 빚을 해결하는 책임을 맡았다. 그때 월정사가 진 빚은 당시로서는 거액인 12만 원에 달했다. 월정사는 소송에서 져서 사찰의 전 재산과 600여 석을 추수하는 강릉에 있는 절의 토지, 오대산에서 벌채하는 나무 등을 차압당하였다.

이를 해결하기 위해 종욱은 강원도, 총독부 등을 다니면서 해결책을 모색했다. 종욱은 강원도에 '정리위원회'를 두고 월정사 나무를 매각하여 빚을 갚고, 우선은 식산은행에서 7만 원을 저리로 받아 시급한 부채를 갚고, 10년 계획으로 빚 청산을 추진했다. 그러면서 종욱은 오대산 상원사의 보궁이 최고성지임을 알리고, 이런 성지를 수호하자는 운동을 전개했다. 그것이 1930년에 설립된 오대산 석존정골 탑묘 찬앙회였다. 교정이자 상원사 조실인 한암을 비롯, 31본사 주지, 재가 불자 등을 망라한 조직체였다.

마침내 1932년 후반, 월정사는 그 빚을 다 청산하였다. 물론 그 주역은

02

종욱이었다. 그래서 서울에 있는 중견 스님들이 청산의 주역인 종욱을 위로하는 모임을 갖기도 했으며 독지가들이 월정사에 토지를 기증하기도 했다. 이런 내용은 당시 신문인 〈불교시보〉 15호(1936. 10)에 상세히 나온다. 월정사 본말사의 스님들은 종욱의 이런 공로를 인정하여 그를 월정사 주지에 계속해서 추대했다.

조계종 종단을 만든 주역

종욱은 월정사를 수호하였을 뿐만 아니라, 1941년에 등장한 조선불교 조계종 창종의 주역이었다. 그는 중앙 불교계에서도 큰 활동을 했다. 1930년부터 4년간 종회에서 부의장(1회), 의장(2~4회)을 역임했다. 당시 불교청년운동의 맹장이었던 도진호는 종욱을 호남아(好男兒)로 지칭했다. 종욱은 준 교단인 교무원의 서무부장도 역임했다. 그는 취임사에서 "여러분의 의견에 좇을 뿐"이라고 발언했다. 이는 화합하고, 대중의 의견을 청취하는 입장으로 소임을 보겠다는 것이다. 여기에서 그가 현실적, 온건적, 타협적 성향임을 알 수 있다. 그의 이런 장점이 종단의 재건, 창건, 운영에 적임자로 일할 수 있었던 배경이었다.

종욱은 1937년부터 전개된 총본산 건설운동의 책임자였다. 즉 31본사 주지 대표의 자격으로 총본산 건설로 명명된 종단 건설의 주역이었다. 일제는 한국을 강탈한 후 사찰령을 통해 불교를 직접 관리하였다. 그래서 종단, 총무원이 필요 없었다. 그러나 한국불교는 자주적인 종단을 만들려고 부단히 노력했다. 중앙기관, 통일기관 설립운동이 그것이었다. 그 결과 1929년 스님대회에서 종단을 만들었지만 4년 만에 중도하차했다. 1930년대 중반, 일본불교 인사들은 한국불교를 장악하기 위해 친일적, 자의적인 종단을 만들려는 음모를 세웠다. 이를 간파한 한국 측 스님(김상호, 만공, 오성월, 종욱 등)들은 이번 기회에 한국불교 독자적인 종단을 기필코 만들자고 결의했다. 그래서 전라도, 경상도 지역의 중견 스님들과 협의했다. 일제도 중일전쟁의 수행에서 종단의 필요성을 인정하여, 종단 창건에 협조했다.

종욱은 종단설립의 당위성으로 통제기관의 부재에서 나온 문제점 해소, 법적인 종단의 필요, 사찰재산 수호 등을 거론했다. 종욱의 헌신으로 1941년 4월 23일, 조계종은 등장했다. 그해 9월 종욱은 종무총장으로 선출되었다. 그때 종정으로 추대된 한암은 종무총장의 기준을 제시했다. 그 기준은 신심(信心)이 견실하여 사업에 유시유종(有時有終)한 자(者), 금전상에 과실이 무(無)한 자, 역경계(逆境界)에 처하여도 인내할 자, 어사어리(於事於理)에 명백원융(明白圓融)하여 중심(衆心)을 열가(悅可)케 한 자, 불사(佛事) 문중(門中)에 공로가 다(多)하되 긍만(矜慢)이 무(無)한 자였다. 이런 한암의 기준에 종욱이 부합되었던 것이다.

이처럼 종욱은 최고의 사판승, 화합승, 행정승이었다. 지금 각처의 주지를 비롯하여 행정 소임을 보는 스님들은 종욱이 걸어갔던 길을 참고할 만하다.

항일과 친일의 경계에서

종욱은 3·1운동, 1920년대 전반기에는 치열하게 독립운동을 하였다. 이는 누구도 부인할 수 없다. 그러나 그가 월정사 재건, 월정사 주지, 조계종의 창종 및 운영 등의 활동을 함에 있어 친일을 했다고 한다. 선 항일, 후 친일이기에 그에 대한 비판은 매섭다.

그러나 그는 일제 말기, 일본이 패망할 것을 예견하고 뜻을 같이하는 독립운동가(강태동 등)와 비밀결사 준비를 하고 결정적인 때가 오면 국내에서 무장봉기를 하기로 정했다. 그들은 종로 일대의 중국음식점(송죽원)에서 모임을 가졌다. 그때 종욱은 재정조달의 책임을 맡았다. 당시 월정사 총무 소임을 본 영암은 주지인 종욱이 가끔 뭉칫돈을 준비하라고 해서 갖다 주었다. 그런데 어디에 썼는지 용처는 말하지 않았다고 한다. 바로

이 돈이 무기 구입 비용이었다. 그렇지만 아깝게도 일본이 너무 일찍 패망하여, 거사는 일어나지 않았다.

해방이 되자, 종욱은 즉시 종무총장을 사임하였지만, 친일파로 몰렸다. 귀국한 김구가 종욱은 절대 친일파가 아니고, 종욱이 보내주는 군자금을 받았다는 발언을 했다고 전하지만 김구가 그런 발언을 했다는 근거가 없어 애매할 뿐이다. 종단에서는 종욱을 친일파로 단죄하였는데, 그를 결정하는 회의에 참석한 종욱은 퇴장하면서 '하! 하! -' 하면서 호탕하게 웃었다고 전한다. 해방공간에 등장한 반민특위(反民特委)에서도 종욱은 친일파로 선정되지 않았다. 왜냐하면, 그 당시에는 종욱과 함께 독립운동을 한 동지가 살아 있었고, 그중의 한 명이 광복회 회장(유석현)을 역임하였기 때문이다. 친일파를 연구한 임종국은 이종욱을 친일로 단정하지 않고, 민족적 비극이라고 서술했다.

1977년 종욱에게 건국훈장 국민장이 추서되었다. 그러나 세월은 흘러 진보정권이 등장하고, 민족정기를 새롭게 정비한다는 명분으로 다시 친일 진상규명을 다시 시행했다. 이때 종욱은 친일파로 지목되어(2009), 독립운동 서훈이 박탈되고(2010), 국립묘지에 있던 사리는 수습되어 대흥사로 이전되었다(2011).

종욱 스님의 문도

종욱의 문도는《이종욱전집》에 상준, 지월, 천운, 와운으로 나온다. 문도들은 1979년 월정사에 사리탑을 세웠다. 종욱의 명예 지키기, 기일 제사 등의 주역은 천운이다. 그는 조계종 원로의원을 지냈는데, 그의 상좌들은 대흥사를 거점으로 활동하고 있어서 대흥사에서 추모제를 지낸다. 천운의 상좌는 보선, 월우, 법인 등이다. 지월은 월정사에 있다가 해방공간 당시 해인사로 가서 활동했다. 자비보살로 유명한데 그의 상좌는 도건, 도성 등이다. 그리고 도건의 상좌는 종진이고, 도성의 상좌는 원학이다.

와운은 일본유학을 갔다 와서, 월정사에서 활동하였다. 월정사에서도 종욱의 기제를 지내는데, 진영각에는 종욱의 초상화가 걸려 있다. 와운은 대처승이었지만 말년에는 월정사 말사에서 수행하다 입적했다. 통도사 출신으로 월정사 총무를 본 영암은 설운에게 건당을 해서, 지암의 사제가 된다.

종욱의 문손들(성암 등)은 지암불교문화재단을 만들어 종욱의 학술적 선양 등을 목적으로 활동했다. 한편 종욱은 아들 한 명을 두었는데, 그는 동국대 불교학과 교수를 지낸 이재창 교수이다. 이재창은 종욱의 명예를 지키기 위해 분투하였으나, 세월의 광폭함과 역사의 비정함을 맛보아야 했다.

❖ 참고문헌

박희승《지암 이종욱》조계종출판사, 2009. (지암종욱에 대한 다양한 자료, 생애, 논란 등의 내용을 종합적으로 분석, 서술한 책. 종욱에 대한 종합적 개설서이다.)
_____〈이종욱의 '초혼문', '대동단 활동의 동기'〉《불교평론》6, 2001.
_____〈일제강점기 상해임시정부와 이종욱의 항일운동 연구〉《대각사상》5, 2002.
지암화상 문도회《이종욱전집》삼장원, 1991.
천운스님《끝없는 行願》도서출판 여래, 1992. (종욱의 상좌인 천운스님의 수상록인데, 종욱에 대한 회고가 나온다.)
김광식〈조선불교조계종과 이종욱〉《민족불교의 이상과 현실》도피안사, 2007.
_____〈일제하 불교계 독립운동의 전개와 성격〉《새불교운동의 전개》도피안사, 2002.

이현희〈대한민국 임시정부와 이종욱〉《대각사상》10, 2007.
임혜봉《친일불교론》민속사, 1992.
_____《친일스님 108인》청년사, 2005.
이재형〈불교계 친일행적 어떻게 볼 것인가 - 지암 이종욱을 중심으로〉《불
    교평론》11, 2002.

초월
初月

초월은 어떤 스님인가

초월(初月, 1876~1944)은 알려지지 않은 강백, 항일 독립운동가이다. 2009년 그와 관련된 자료(태극기 등)가 진관사에서 발굴되었다. 이를 계기로 학술세미나가 열리고, 그의 일대기를 조명한 책《백초월》(민족사)이 발간돼 그의 진면목을 알 수 있다.

초월의 정체성은 강백이라는 측면이 우선 주목된다. 그는 30세에 지리산 영원사 조실을 역임하고 그 직후에는 범어사, 해인사 강사를 지냈다. 이처럼 30대 초반에 유명 강원의 강사 소임을 한 것은 특별한 경우이다. 더욱이 그는 1915년 동국대 전신인 중앙학림이 개교될 당시에 교수로 초빙된 당사자이다. 당대에서 제일 가는 강백을 초빙하는 것이 관례였다면 그의 실력을 짐작할 만하다. 그는 1930년대에도 동학사, 월정사, 봉원사 강원의 강사를 역임하였다.

그가 주목되는 또 다른 이유는 항일운동을 치열하게 전개하다가, 옥중에서 순국하였다는 점이다. 1919년 3·1운동 당시 민족대표로 활동한 백용성, 한용운이 일제에 피체, 수감되자 이들을 대신하여 불교 독립운동을 진두지휘한 주역이다. 중앙학림(서울)에 민단본부(전국 불교독립운동 본부)를 두고 자신이 책임자로 있으면서, 중앙학림 학인늘과 함께 군사금 모금, 상해임시정부 및 만주 군관학교와의 연결 등 다양한 독립운동을 전개했다. 그리고 《화엄경》의 일심(一心)사상에 근거하여 일심교라는 비밀 결사체를 조직하였다. 그는 1944년 6월, 청주 교도소에서 순국하는 그날까지 항일투쟁을 멈추지 않았다.

그럼에도 그의 존재, 항일운동, 강백으로서 실력 등은 2009년 자료발굴이 이루어지기 전까지는 베일에 싸여 있었다.

행적과 수행

초월은 1876년 2월 3일, 경남 고성군 영오면에서 출생하였다. 그의 유년 시절에 집안이 진주군 점촌면으로 이주하였는데, 그곳에서 한학을 수학했다. 14세 무렵, 지리산 영원사로 입산 출가하였다. 부친의 사망과 함께 사찰에서 한학을 더욱 공부하려는 열정이 출가의 계기가 되었다.

영원사에서 기본 소양을 익히다가 해인사 강원에서 경학을 연찬하였다. 그런데 그 무렵 지리산에서 전개된 항일 의병전쟁을 지켜보면서 민족의식에 눈을 떴다. 29세에 영원사 조실이 되었다. 조선 후기 이래 강학 전통이 뚜렷한 영원사에서 20대 후반에 조실 반열에 올랐음은 매우 놀라운 일이다. 그는 1908년에는 해인사 강사, 1909년에는 범어사 강사를 역임했다. 그리고 1911년에는 항일 불교인 임제종 운동에도 참여했다.

그런데 1911년 12월, 그의 출가 본사인 영원사가 화재로 인해 전소되었다. 이 때문에 영원사로 복귀하여 영원사 재건불사의 화주를 담당한 그는 은사의 뒤를 이어 1916년에 영원사 주지에 취임하였다. 재건 불사는 1917년에 마쳤다. 바로 그 재건 불사가 진행되던 1915년 3월 30본사 주지회의에서 중앙학림의 초대 불교 강사로 선정되었다. 하지만 불사의 책임자였던 그는 그에 응할 수 없었다.

1918년, 영원사 정상화를 마무리한 그는 청주 포교당의 포교사로 부임했다. 그는 이곳에서 《화엄경》의 '통만법명일심'이라는 구절에 착안하여 조선 사람이 한마음이면 독립할 수 있다는 생각을 하였다. 3·1운동이 발발하자 그는 서울로 올라와서 전국불교도 독립운동 본부를 설립하고, 책임자로 활동했다. 학인들을 주요 사찰에 파견하여 군자금을 모으고, 이를 상해 및 만주 독립운동 단체에 보냈다. 그리고 항일지하 신문인 〈혁신공보〉를 제작, 배포했다. 또한 임시정부와 연결되어 다양한 독립운동을 전개했다. 이 과정에서 의용승군을 조직하고 스님선언서를 배포했다. 이때 초월과 함께 독립운동을 한 스님은 김법린, 백성욱, 김구하, 김포광, 이종욱 등이었다.

1920년 초반, 그는 일제에 붙잡혀 갖은 고문을 당하고 정신병자, 미치광이가 되어 출옥했다. 출옥한 후에는 진관사를 거점으로 항일운동 모색을 하고, 진관사 포교당에 일심교라는 결사체를 만들었다. 이후 일심(一心)을 통한 민족운동을 추진했다.

1930년대에는 동학사, 월정사, 봉원사 등의 강사를 역임하면서 학인에게 민족의식을 고취하고, 독립운동 요원의 발굴을 모색했다. 1939년에는 용산에서 만주로 가는 군용열차에 독립만세라는 글귀를 낙서한 사건(1939.10.14)을 주모했다. 이 사건이 일제에 파악되면서 초월은 피체되어 서대문형무소에 수감되었다. 3년간 옥고를 치르고 나온(1943.3) 그는 또다시 독립운동자금을 모금하다 피체되었다(1944년). 마침내 1944년 6월 29일, 청주교도소에서 입적했다. 그의 시신은 교도소 인근 공동묘지에 묻혔다.

일화와 어록

몸은 부서져도 결코 좌절할 수 없었다

초월은 독립운동을 수행하다가, 일본 경찰에 몇 차례 체포되었다. 그 정확한 횟수는 알 수 없다. 4~5회가 아닌가 한다. 초월은 체포되어 일본 경찰에게 취조, 고문을 당하면 의연하게 맞섰다. 물고문, 비행기고문, 고춧가루 뿌리기, 손톱 빼기, 인두로 이마 지지기 등 다양했다. 그럴 때면 초월은 "야 주릴 할 놈들아. 너희도 나라를 빼앗겼으면 독립운동을 안 하겠느냐?"라고 했다. 혹은 "너희가 아무리 고문을 해도 삼각산이 의연한 것처럼 나는 절대로 굴복하지 않아! 계란으로 바위를 치는 것이야." 했다. 그래서 일본 형사도 "과연 한국의 고승이로구나!"라고 감탄했다고 한다.

고문을 받고 출옥한 초월은 이따금 이상한 행동을 하였다. 그래서 사람들은 정신병자, 반미치광이가 되었다고 했다. 어찌 보면 그 행동은 초월이 민족운동을 하기 위한 위장 행동이었을 것이다. 동학사 강사 시절, 초월은 죽은 거북이를 보자기에 싸서 방안에 두었다. 그러다가 일본 형사가 와서 감시하면, 죽은 거북이와 대화를 하거나 야단치는 시늉을 했다. 그러면 그 형사는 아직도 미쳤다고 인정했다. 초월을 아는 스님들은 수감된 초월을 찾아가서 미친 체를 하라고, 그러면 풀려나올 것이라 했다. 그때, 일본 형사는 초월에게 '미쳤느냐'고 묻자, "내가 왜 미쳐! 너희 왜놈들이 미쳐서 남의 나라 땅을 강점하고 있지, 내가 왜 미쳐?"라고 하였다. 혹은 옥중에서 빈 밥그릇에 똥을 싸 놓는 기행을 하여 일본 간수에게 "왜놈들 내 똥이나 먹어라." 하기도 했다.

이렇듯 초월은 일제의 혹독한 고문에 시달리면서도 독립 의지를 결코 포기하지 않았다. 그러나 초월도 인간인지라, 엄혹한 세월을 이기지 못하고 세수 69세로 입적하였다.

일심으로 독립운동을 추동하다

초월은 청주 용화사에 머물던 시절 《화엄경》을 읽다가 '통만법명일심'이라는 구절에 착안하여 독립운동을 궁리하였다. 그는 1920년 감옥에 수감되어 이 생각을 굳혔다. 그리고 출옥한 이후 몸을 추스른 후에 그 결심을 실천에 옮겼다. 그래서 지금의 마포 불교방송 사옥 뒤에 있는 진관사 포교당(현 극락사)에 일심교 본부라는 간판을 걸고 외면적으로는 포교를, 내면적으로는 독립운동을 전개했다. 일심교 강령으로 일심만능(一心萬能), 군교통일(群敎統一), 세계평화(世界平和)를 내세웠다. 초월은 교주로 추대되었으며 스님, 노동자 등 70여 명의 단원이 포섭되었다.

초월을 비롯한 단원들은 정읍 석탄사에서 모임을 갖고, 중일전쟁이 발발되는 시국에 즈음하여 대중에게 민족의식을 고취하고자 일본 군용열차에 '대한독립만세'라는 격문을 써서 세상을 깜짝 놀라게 하기로 정했다. 1939년 10월 14일에 낙서를 쓴 당사자는 용산역 임시노동자 박수남이었다. 그러나 이 사건은 일제에 발각되어 초월을 비롯한 단원 80여 명이 피체되었다. 그 결과 박수남(25세), 포교당 주지(김형기), 여학생 3명이 고문으로 사망했다. 불교 독립운동사에서 유례를 찾을 수 없는 의거였다.

당시 피체된 스님 중에서 인명을 아는 경우는 3~4명에 불과하다. 이들의 행적을 밝혀 그들의 독립운동 공적을 찾아주어야 할 것이다. 그러나 초월의 행장, 의거 등을 조명하는 데에도 70년이나 걸렸다. 초월의 독립운동은 백용성, 한용운에 버금가는 쾌거였다. 이제 우리는 일제하 불교 독립운동의 세 거두인 용성, 만해, 초월의 이름을 영원히 기억할 것이다.

초월 스님의 문도(초월을 복권시킨 사람들)

초월의 문도는 없다. 초월이 출가한 본사인 영원사의 계열, 관련 스님들은 전연 알 수 없다. 문손이 단절된 경우이다. 현대불교의 거센 변동 혹은 대처승이 되어서 그렇게 된 것으로 추측된다. 초월이 상좌를 누었다는 말도 전혀 듣지 못했다. 독립운동에 오직 매진, 헌신해서 그런 것이 아닌가 한다.

1970~80년대에는 초월을 만났던, 알았던 스님들이 더러 있었으나 대부분 입적했다. 다만, 초월이 동학사 강사를 할 때인 1930년대 초에 배운 노스님인 금암 스님(대전 보광사, 2014년 현재 101세)이 생존하고 있는데 필자는 세 차례 만나, 초월의 이야기를 들었다.

초월의 독립운동이 복권된 배경에는 눈물겨운 사연이 많다. 초월의 문손이 전혀 없어 초월의 행적은 베일에 싸여 있었고, 독립운동의 공적도 평가받지 못했다. 그러다가 1985년 독립기념관 건립추진 운동이 시작될 때에 초월의 조카인 백락귀가 초월의 명예 회복을 위해 나섰다. 초월은 결혼하지 않았지만, 속가 조카인 백락귀는 초월을 독립유공자로 만들기 위해 전국을 다니면서 자료 및 증언을 모았다. 초월을 아는 고승과 재가자들을 만나, 다양한 증언을 채록했다. 그때 백락귀는 65세였는데 스님들을 만나러 다닐 때는 집안의 어른인 초월을 증언해주는 스님들에게 예의를 갖추어야 한다면서 항상 양복을 입고 다녔다. 지리산 골짜기에서 길을 잃어 죽을 뻔한 적도 있었다.

백락귀의 이런 헌신에 화답하고 도움을 준 스님이 조영암이다. 그는 건봉사 출신으로 한용운에게 배워 시인이 되었는데, 월정사 강원에서 초월에게 배웠다. 월정사 산 중턱에서 초월이 갑자기 대한 독립만세를 부를 때 "스님, 이러시면 큰일 납니다!" 하고 초월의 입을 막은 당사자이다. 조영암은 초월의 행장, 독립운동을 서술한 글 〈구국당 백초월 대선사 옥사순국록(龜國堂 白初月大禪師 獄死殉國錄)〉을 써서, 후손이 작성한 탄원서와 함께 국가보훈처에 제출했다. 그리고 초월의 출생지인 고성에 세운 비석의 문장도 썼다. 이런 노력에 힘입어 1986년에 건국포장이 추서되고,

1990년에는 건국훈장 애국장으로 품격이 상향되었다.

초월의 독립운동에 대한 증언을 해준 고승은 윤벽산(청주, 대한불교수도원), 무불(부산, 금용암), 송암(봉원사, 영산재 기능보유), 석정(통도사), 금봉(파주, 범륜사) 등이다. 필자는 진관사에서 태극기가 발견된 직후 자료를 갖고 금봉 스님을 만났다. 그때 스님은 초월의 사진을 보고 삼배를 올리면서 엉엉 울었다. 금봉은 초월이 진관사에 머물 적에 시봉했는데, 초월은 밤이 되면 "밤하늘의 별은 저렇게 총총한데 우리나라는 언제 독립을 되찾을 수 있을까?"라고 중얼거렸다고 증언했다. 단청장 무형문화재였던 석정 스님은 유년 시절 금강산에서 초월을 만났다. 이런 인연으로 초월의 사군자도를 수집해서 통도사 성보박물관에 기증했다. 그리고 초월의 유묵은 초월의 후손(백외식)이 진관사에 기증했다.

이렇게 초월은 인연이 있는 스님, 불자들에 의하여 복권되었다. 문손은 없지만 초월의 제사는 2009년부터 진관사(서울)에서 지내고 있다.

❖ 참고문헌

김광식 《백초월》 민족사, 2014. (백초월의 행석, 독립운동, 자료, 증언 인터뷰, 관련 행사 등을 종합적으로 서술한 책. 초월은 2014년 6월, 국가보훈처가 정한 '이달의 독립운동가'로 선정되었다. 이를 기념하여 추모법회, 학술세미나, 기획전시 등을 열고 이 책도 발간하게 되었다.)
_____〈백초월의 삶과 독립운동〉《불교학보》 39, 2003.
_____〈백초월의 항일운동과 一心敎〉《불교와 국가》 국학자료원, 2013.
_____〈백초월의 항일운동과 진관사〉《불교와 국가》 국학자료원, 2013.
_____〈대한스님연합회 선언서와 민족불교론〉《민족불교의 이상과 현실》 도피안사, 2007.
조영암 〈스님들의 독립운동〉《불교사상》 16호, 1985.8. (초월에 대한 행적, 독립운동을 처음으로 서술한 글이다. 내용은 많지 않지만 초월에게 배우고, 지근거리에 있었던 필자의 글이기에 신뢰할 수 있다.)

한동민〈일제강점기 통도사 수지 김구하와 녹립운동 자금 시원〉《내각사상》
15, 2011.

제3부
법등(法燈)을 널리 비추다

용성

성월

동산

고암

자운

소천

광덕

성철

용성
龍城

용성은 어떤 스님인가

  용성(龍城, 1864~1940)은 근대 한국불교를 대표하는 고승이다. 경허가 근대 선의 무대를 열어 선을 중흥시킨 주역이라면, 용성은 깨달은 선사이면서도, 불교를 새로운 세상에 적응시키려는 개혁적인 행보를 이어간 스님이다. 이런 측면에서 용성은 개신적(改新的)인 고승이다. 그는 계정혜 삼학을 중요시하고 보수적인 가치관을 근간으로 삼으면서도, 불교가 현실에 적응하고 생존할 수 있는 노선과 방략을 고민했고 그것을 실천했다. 이른바 지성적인 노선이다.

  이런 측면에서 그는 경허, 한암과 달랐다. 경허는 문명, 도회지, 개신과는 거리가 멀었다. 한암도 삼학을 강조했지만 은둔적이었고, 문명을 고려한 행보와는 거리를 두었다. 그러나 용성은 전통적인 계율 수호, 선농불교를 추진하면서도 적응, 변화의 최일선에 나섰다. 그래서 경전을 번역하고 불교사상서를 저술하여, 출판사업을 하였다. 도회지 중심에 포교당을 내고, 찬불가 작사를 하고, 어린이 포교를 하고, 공장을 세울 것을 주장하였거니와 이는 개신적인 노선 및 성격이라고 하겠다. 이런 개신적 노선을 극명하게 보여주었던 것이 그가 창설한 대각교(大覺敎)였다. 가장 중요한 것은 자신의 주장을 실천에 옮겼다는 점이다.

용성이 대각교 창설, 다양한 개혁과 개신적인 행보를 한 것은 곧 불교를 바르게 정립해야 한다는 일념에서였다. 즉 대중에게 신뢰받는 불교적 가치관을 구현하기 위함이었다. 이런 행보는 일제하 한국불교를 정화하려는 의식의 산물로 대처식육 반대, 건백서 제출, 만일참선결사회 등이 바로 그것이다. 그래서 해방 이후 불교 교단, 종단이 불교정화 운동을 전개할 때에 용성은 당연히 중심이 되었다.

한편 용성의 또 다른 측면은 민족운동의 노선을 견지했다는 점이다. 그는 일본불교에 예속되기를 거부한 임제종 운동에 참가했고, 거족적인 민족운동인 3·1운동 민족대표가 되었다. 산중불교 노선이 지배적일 때 용성의 민족운동 참가는 그야말로 대단한 결단이 아닐 수 없었다. 따라서 용성의 정체성은 불교의 개신, 불교의 정화, 불교의 민족운동으로 설명할 수 있다. 바로 불교의 근대화, 불교의 사회화였다.

행적과 수행

용성은 1864년 5월 8일(음력), 전북 장수군 번암면에서 출생했다. 속명은 상규(相奎)이고, 수원 백씨 백남현의 5남매 중 장남이었다. 유년 시절에는 향리의 서당에서 공부했는데 속세를 떠나서 고결한 세계의 삶을 지향하고자 꿈꾸었다. 그러다가 14세에 교룡산성(남원)의 덕밀암으로 출가했다. 출가를 결심한 것은 모친의 사망, 계모와의 불편한 관계, 새로운 세계를 향한 도전 등이 복합적으로 작용했다. 그러나 부모의 반대로 뜻을 이루지 못하고 귀가하였다. 16세에 해인사로 재출가를 단행하였는데, 은사는 화월(華月)이었다. 불교의 인생관에 희망을 걸었던 용성의 뜻을 막을 수는 없었던 것이다.

해인사에서 기본적인 소양을 익힌 후, 그는 고운사(의성)로 가서 수월 영민에게서 대비주 수행을 지도받았다. 1992년 19세, 파주 보광사 도솔 암에서 1차 깨달음을 얻었다. 이후 금강산 표훈사에서 무융선사에게 무 자(無字) 화두를 들도록 조언받고, 다시 보광사에서의 수행 도중에 2차 깨달음을 이뤘다. 21세에는 통도사에서 선곡율사에게 비구계와 보살계 를 받았다. 후일 이것이 전통계단의 복원, 율사 활동의 근간이 되었다. 22~23세 무렵, 송광사와 낙동강에서 3, 4차 깨달음을 얻었다.

이후에는 은둔과 보림의 기간을 가졌다. 1900년(37세)에는 정혜사와 해인사에서 경허의 법제자 혜월, 제산 선사와 법거량을 가졌다. 이후에 는 통도사, 화엄사, 선암사, 지리산 상비로암, 보개산 성주암, 덕유산 등지 에서 수행했다. 이런 수행을 하면서도 틈틈이 각처의 강백을 찾아 경전을 수학했다. 선회(禪會: 성주암, 석대암, 호국사), 미타회(해인사 원당암)를 개설했고《선문요지》와《귀원정종》을 저술했다.

1911년(48세)에 상경, 도회지 포교를 위해 신도 집에 머물며 참선을 지 도했다. 1912년 임제종 중앙포교당(서울, 인사동)에 만해 한용운과 함께 머물면서 포교했다. 1914년부터 독자적으로 임제파 강구소를 열고, 포교 했다. 1916년 포교자금 확보를 위해 금광 경영을 시도했으나 실패했다. 1919년, 3·1운동의 민족대표로 참가했다가 일제에 피체되었다. 감옥에서 출옥하면 경전 번역과 불교혁신의 길을 가겠다고 결심했다. 1921년 봄, 출옥하여 대각사(서울 종로3가)를 근거로 번역 조직체인 삼장역회를 설 립했다. 1922년 대각사, 대각교를 표방했다. 이곳을 근간으로《화엄경》 《금강경》《능엄경》등 많은 경전을 번역하고, 출간했다. 그리고《수심정 로》《각해일륜》등 다수의 불교사상서를 출간했다.

1925년 망월사에서 만일참선결사회를 열었고, 1926년에는 스님의 대 처식육을 엄금해달라는 건백서를 총독부에 제출했다. 1927년, 대각회 중앙본부와 지부를 설치했으며 함양에 선농불교 실행처인 화과원을 설립했다. 만주 용정에 대각교당을 열고, 농토를 사서 동포들에게 제공했다. 기존 교단을 탈퇴하고 독자노선인 대각교를 선언했다. 1932년 3월《불교》 93호에〈중앙행정에 대한 희망〉을 기고해, 자신의 개신적 이상을 피력하였다.

1934년, 일제의 탄압으로 대각교 재산을 은행에 신탁했다. 그리고 대각교 재산을 해인사, 범어사에 기증하려고 협의하였으나 중단하고 1937년경 조선불교 선종(선학원) 총림으로 변경했다. 재산 등록은 하지 않고 명의만 등록했다. 이 무렵《오도의 진리》《오도는 각》《청공원일》등을 펴냈다.

1940년 2월 24일(음력), 대각사에서 입적했다. 1941년 해인사(용탑선원)에 비석(한용운 글)이 세워졌다.

일화와 어록

수행 결사를 추진했던 용성에게 돌아온 것

용성은 1925년, 망월사에 만일참선결사회를 만들었다. 33년간 참선을 하자는 굳은 모임이었다. 수좌 30여 명이 모였는데, 견성성불하여 중생을 제도하는 것을 표방했다. 수행의 지침은 오후불식(午後不食), 평시묵언(平時黙言), 동구불출(洞口不出)이었다. 세부 지침으로는 '불공과 예불시에는 반드시 참석' '도량 내에 오신채와 주육은 가져오지 못함' '술과 고기를 먹는 것을 깨달음과 관계없다고 여기는 자는 동거치 못함' '수행자는 결사 일에 간섭지 않고 오직 깨달음 얻음을 급선무로 보고 수행함' '계율을 어겨 범행이 불결하고 공동체 규칙을 어기면 함께 수행할 수 없음' 등이었다. 아주 엄격한 수행 결사로 율장 정신에 충실한 모임이었다.

출범 6개월 후에 총독부 간섭으로 통도사 내원암으로 이전했다. 총독부가 망월사가 위치한 도봉산을 보안림으로 지정하여, 망월사 연료 채취를 금했기 때문이었다. 그 시절은 산의 나무가 연료이고, 에너지였다. 통도사로 결사회가 이전되었으나 용성은 지속적으로 후원하고 조실 역할을 했다. 그리고 통도사에서도 많은 후원을 했다. 그러나 수좌들은 수행은 하지 않고, 내원암 주지는 용성에게 거듭해서 돈을 달라고 부탁했다. 용성은 그래서 탄식하였다. 당시 용성이 경봉에게 보낸 편지에는 "선원 수좌는 단 한 사람도 합당한 이가 없으니 시절 탓인가 인연 탓인가 또 어찌하면 좋겠습니까? 불법이 쇠퇴할까 두렵습니다. (중략) 세상에 믿을 것이 하나도 없습니다. 용성은 정성을 다하여 한 일이온데, 3년간 동구(洞口) 밖으로 나가지 않을 것이라든지 오후(午後)에 먹지 않을 것 등 온갖 규칙을 모두 스스로 파괴하고 나의 지휘는 털끝만큼도 따르지 않으니 나의 신심도 또한 게으르게 되었습니다. 나 또한 늘그막에 기력이 점점 떨어져 걷기도 어려워지고 심신도 모두 피곤하니 이는 나의 죄보로 불법이 멸망 시대에 태어난 것입니다. 이렇게 불법이 기진맥진하여 있는데도 불구하고 서울의 객승들은 이런 사정은 돌아보지 않고 모여들어 먹어대니 스스로 위태로운 지경에 처하여 있는 중에 각처에서 오는 편지는 거의가 각종 청구서들뿐인지라 참으로 불지일자(佛之一字)가 나에게는 커다란 어려움이 되었습니다. 조주(趙州)가 이르길 '불지일자를 내 즐겨 듣고 싶지 않다'고 했다더니 이야말로 진실한 진언이 아닌가 합니다."라고 적었다.

그 무렵, 용성은 종단을 탈퇴까지 했다. 그때 경봉에게 보낸 편지에서 자신은 만주에서 혁명적인 민중교를 추진하고 있다고 하면서 "나는 승적을 제거하였는데, 그 까닭은 조선 스님은 축처(畜妻)를 하고 고기를 먹으며 사찰 재산을 없앰에 대하여 승수(僧數: 승단, 교단, 종단)에 처할 생각이 없기 때문입니다"라고 했다. 그런 때문에 용성은 경계에 섰다. 그는 종단의 교정, 종정 등에 추대될 수도 없었다. 선각자의 길은 외롭고 쓸쓸하기만 했다.

용성의 바람

용성은 《불교》 93호(1932. 3)에 〈중앙행정에 대한 희망〉을 기고했다. 그 내용에는 용성의 불교 인식과 개혁 대안 등이 잘 피력되어 있다. 그 일부 내용을 윤문하여 소개한다.

나는 이렇게 본다. 세계사조가 年年月月히 변하고 반종교운동이 시시각각 돌진하고 있다. 우리들이 이런 때를 당하여 교정을 급속도로 改新치 않으면 아니 될 것이다. 하나는 禪律을 겸행하지 않으면 아니 될 것이다. 또 하나는 우리들 자신이 勞農을 하지 않으면 안 될 것이다. (중략) 아! 우리들은 시급히 농사일(田業)을 실행하며, 혹은 藥圃를 건설하며, 혹은 과수원(果農)에 急務하여 自作自給하고 타인의 힘을 빌리지 않아야 할 것이다. 아! 예전에는 사원이 없어도 불교는 극히 왕성하였다. 그러나 지금은 좋은 절(寶殿)이 연달아 있고 종성이 쟁쟁함에도 우리들은 안일에 취하고 나태에 빠져, 도덕을 닦지 않고 사적 이익을 도모하며 신도에 아부하여 막중한 聖殿(사찰)이 무도장과 다름이 없다. 세속인이 이를 바라보면 불교를 가볍고 오만하게 보는 마음(輕慢心)이 자연히 발생하여 생각하기를 불교는 흡혈적 종교, 사기적 종교, 기생적 종교라 아편독과 같다고 하니 우리 불교가 왜 이렇게 되었는가?

나는 조석으로 思唯를 함에 참으로 수치스러운 마음을 감당하지 못하고 있다. 지금은 불공시식을 하여 먹고, 생활하고자 하나, 천하대세는 글렀다. 이런 풍조는 몇 년 못 가서 문뜩 단절될 것이니, 조속히 각오해야한다. (중략)

아! 우리는 괭이 들고, 호미 가지고 힘써 노농 하여 자작자급하고 타인에게 의뢰하지 말자. 나는 이것을 각오한 지가 25년 전이나 형편이 부득하여서 하지 못하다가 5~6년 전에 중국 길림성(용정)에 수천 일 경 토지를 매수하여 우리 불교인들이 자작자급케 하였으며 또 과수원 농사(함양, 화과원)를 종사하여 5~6년간을 노력 중이다.

그러나 내가 이것을 自矜하는 것은 아니다. 우리들은 누대로 오면서 사원 토지와 사유재산이 있으니, 급속히 농업을 힘쓰며, 분수대로 梵行을 가지며, 예정(豫定)을 堅修하며, 念佛·持呪·看經을 행할 것이며 첫째는 律文을 숭상하여 음주식육이 無妨 般若라고 하는 악습을 개혁하여, 우리 불교의 교리와 세간의 상식을 겸비케 하여 유심 유물 無二道를 실행하여 노력 자급함으로써 (중략) 우리들이 조선민족에게 의뢰하지 말고, 당당한 威儀로 持律行道를 하면 수년이 못 가서 신선한 종교로 진흥될 것이다. (중략) 우리들은 다 당당한데 단지 불교를 신앙한다는 죄로 세상 사람들의 경멸을 받으니 아! 나는 그러한 것은 싫다.

급속히 개량할 필요가 있다. 또 허다한 재산을 낭비하지 말고, 공장이나 혹은 농촌을 건설하여 교육하되 우리 불교를 불신할 자는 도태시키고 우리 신앙자를 구급해준다면 자연이 우리 불교가 진흥할 것이니 각 사원의 토지가 적지 않으니 농촌과 도시에 공장을 건설하되 소비사업으로 하지 말고 생산 작업으로 하면 일변으로는 구제도 되고, 일변으로는 발전도 될 것이다.

그러나 아! 너무 늦어서 病이다. 아무리 늦어도 해 보는 것이 좋을 듯하다. 모든 일을 실행적으로 하지 않고 이론적으로 하면 안 된다. 스님의 자체부터 먼저 개신하여 엄정히 하여야 할 것이다.

이와 같은 용성의 생각을 통해서 그의 불교근대화의 노선 및 성격을 알 수 있다. 지금의 불교계에서도 용성과 같은 개신적 주장을 펼치는 스님들은 찾아보기가 어렵다.

용성의 '참회록'

용성은 1936년 12월 《삼천리》 8권 12호에 〈나의 참회복〉을 기고했다. 거기에는 인간 용성, 큰스님 용성의 솔직한 고백이 담담하게 묘사되어 있다. 주요 내용은 다음과 같다.

출가하여 산속에 들어가 불경을 읽고 釋迦를 따른 지 이제 70여 년, 내 머리에는 흰 터럭만이 하나둘 더해가고 낙명의 고비를 찾아 80 고개에 이르고 보니 지난날 걸어온 길이 비록 단조로웠다 하드라도 한두 가지의 고난을 맛보았다.

爲僧 70년간, 물질적 육체적 고난도 있었지만은 영적, 정신적, 苦哀에 이르러서는 말할 수 없는 고투를 싸워 왔다고 하겠다.

이 70년간 고투의 기록을 적기에는 너무도 복잡하고 장황하다. 이제 영적인 모든 고난을 물리쳐가며 오늘날까지 걸어온 길을 다시금 반추해보는 오늘날까지 순간은 그다지 유쾌한 일은 아니다.

오늘에 이르기까지 내 수하에서 小僧되고 大僧되어 이리 갈리고 저리 갈려간 사람이 무릇 몇천으로 헤아릴 것이로되 「眞自我(참된 나)」를 찾아 「大覺」이 된 이 그 몇이나 될런가? 아니 大覺에는 이르지 못할망정 그 眞悟만이라도 찾은 이가 과연 몇 사람이 될런가, 이러한 의문의 뒤에는 반듯이 고적과 憂鬱이 자주 따르게 된다. 내 80평생을 사회는 물론이요, 가정까지도 잊어버리고 바쳐온 결과가 그 무엇인가? 이럴 때마다 '六塵緣影'은 사정없이 고개를 쳐들게 된다. 머리는 퍽도 산란해지고 생각은 여러 갈래로 흐트러지고 만다. 내 몸은 그지없이 괴로웁다.

'先度當年害我人(그를 탓하여 무었하랴! 아직도 내 힘이 모자라는 탓이다)'

환영에 이끌려 가는 내 머리 위로는 부처님의 이러한 말씀이 뚜렷하게 命하는 것이다. 나는 곧 참선하게 된다. 이 때야 비로소 六塵緣影은 해탈되고 만다. 모든 유혹에서 건져지는 내 몸은 태연자약 마음은 텅— 비여진다. 텅 비여진다고 목석과 같이 되는 것이 아니고 「眞自我」의 法悅境에 이르게 된다.

나는 지금도 자주 이러한 순간을 가지게 된다. 아직도 大覺이라고 할 만치 완전한 眞悟를 이루지 못한 내가 과연 그 어느 때에나 완전한 '大覺'이 된단 말인가? 부처가 되여질가? 내 머리는 또한 잡념에 사로잡힌다. 텅 비여졌든 머리에는 어느새 六塵緣影이 나타나며 정신은 이리저리로 흔들려진다.

내 영은 몹시 괴로웁다. 순간 걸어온 과거에 허무를 느끼게 된다. 그러나 다음 순간에는 내 고민하는 靈에 부처님의 말씀이 또한 들어온다.

"生前에 못되면 生後에 가서라도 될 터이니 네 自身의 힘이 적음을 알지라"

그렇다! 육신은 비록 오래지 않아 썩어진다 하더라도 내 靈만은 永劫의 것이다. 이 靈은 언제까지나 있을 것이다. 육신은 없어질지라도 靈만은 반드시 진오를 깨달을 것만 같고 「大覺」을 이룰 것만 같다. 내 육신은 머지않아 죽어질지라도 내 靈만은 영원할 것이다.

나는 부처님의 말씀을 믿고 부처님의 말씀대로 행하고 있다. 육신이 죽어가기 전에 못 되면 육신이 죽어진 뒤에라도 부처가 될 것만 같다.

그러나 때때로 텅 비어진 마음을 흐리게 하는 순간은 퍽도 마음 괴로운 순간이다.

약 10여 년 전 나는 어떤 일로 해서 감옥에를 가서 약 3년간 지냈었다. 그때 재감자들 중에는 기독교인이며 기타 여러 교인들이 있었는데 다른 敎의 교리는 쉬운 諺文으로 퍽 많이 번역되어 있지마는 불교의 교리만은 아직도 어려운 한문으로만 남아 있어 지금 사람들에게는 좀체 알려지지 못할 것이 당연한 일인 것 같아서 크게 유감으로 생각하고 감옥에서 나오는 길로 불경 번역에 곧 착수해서 오늘까지 수천여 권을 번역하였다. 내

혼자서 이 거대한 사업에 손을 대여서 근 7, 8년간을 뇌를 썩여가며 너무나 골몰하였든 탓으로 지금은 신경이 극도로 쇠약해지고 누뇌가 흐려져서 똑똑한 정신을 잃어버릴 지경에 이르고 보니 오직 죽을 날만이 멀지 않은 듯싶으며 최후의 날만을 기다리고 있을 뿐이다.

오늘날까지 내게는 적은 재산도 없고 처자와 가정도 못 가졌다. 70년 동안 걸어온 길이 오로지 眞悟와 大覺만 찾아 걸어 왔었다. 그런데 합병 이후 정부에서는 불교도들에게 남녀 간 혼인을 許하여 주었다. 이것은 부처의 참뜻에 어그러지는 바이다. 그 뒤 나는 분연히 불교에서 물러나 大覺教란 일파를 따로이 형성시켰다.

「佛則大覺」이요「大覺則敎」인즉 부처님의 말씀을 따름에는 불교와 아무런 차이가 없을지나 다만 결혼만을 엄금하여 오는 것이 특색이라고 하겠다. 그러다가 그만 요사이에 와서 유사종교니 뭐니 해서 대각교를 해산시켜야 한다는 당국의 처사에 어찌할 수 없이 또다시 불교로 넘어가 버리고 말았다.

모든 것이 苦哀과 悲哀뿐이다. 나의 걸어온 과거 70년간을 회고하면 얻은 바 소득이 무엇인가? 내 空碧一如한 흉중에는 또다시 六塵緣影이 어지럽게 떠오른다.

나는 두 눈을 내리감고 정좌한 뒤 參憚을 시작하는 것이다. 그 어느 때나 大覺이 되려노. 아무래도 내 육신이 죽어가기 전에는 이 뜻을 이루지 못할까부다.

위의 용성 참회록을 읽은 독자의 감상은 어떠한가? 이런 용기 있는 고백 자체가 큰스님의 아량, 덕화가 아닐 수 없다. 요즘의 우리 주위에 이런 스님을 얼마나 찾아볼 수 있는지 그것이 자못 궁금하다.

용성 스님의 문도

해인사의 용탑선원에 1941년에 세워진 용성 부도탑의 비문에는 용성의 문도가 수십 명으로 나온다. 그러나 용성 생존 시 법을 받은 대상자는 8명으로 〈대각교지취〉(1936)에 나온다. 그중에서 해방 이후 조계종단에서 스님 생활을 한 제자는 3명이다. 용성의 건당제자(10명 내외)를 포함하여 그들을 용성 문도로 부른다. 용성 문하의 큰스님 혹은 9룡(龍)이라고 칭하는 문도 제자는 동산, 동헌, 고암, 자운, 인곡, 동암, 변월주, 동광, 강고봉 등이다. 용성 문중의 스님에서 조계종단의 종정, 총무원장, 교육원장, 포교원장이 대거 배출되어 종단의 중심적인 문중이 되었다.

조계종단의 용성 문도는 용성문도협의회를 만들었다. 이 모임과 연고 있는 스님들은 해인사, 범어사, 화엄사, 신흥사, 관음사(제주) 등의 사찰에 주석하여 생활하고 있다. 용성 문중 내부의 개별적인 문도회가 실질적인 운영 및 활동의 주체이다. 예컨대, 동산문도회, 고암문도회, 자운문도회 등이다. 문도들은 용성의 생일, 추모 기일재, 오도일 등을 기해 범어사, 해인사, 대각사, 죽림정사 등에서 각각 관련 행사를 갖고 있다.

한편, 용성 문도들은 용성의 사상, 정신을 추모 계승하기 위한 법인체로 재단법인 대각회를 만들었다. 1969년 동헌의 추동에 의하여 정부로부터 인가를 받았다. 조계종단 내부의 법인체인데, 여기에는 본부 격인 대각사를 비롯하여 법안정사, 불광사, 정토사, 화과원 등 180여 개 사찰이 등록되었다. 1998년에는 대각회 산하에 대각사상연구원을 설립하여 용성에 대한 학술 사업을 전담하고 있는데, 기관지로 《대각사상》을 발간하고 있다. 그리고 전북 장수군 번암면의 용성의 생가터에 사찰이 창건되었는데 죽림정사이다. 그곳에는 용성 교육관과 기념관이 마련되어 각종 행사가 개최된다. 이런 불사를 주도한 인물은 동헌의 상수제자인 원로의원 도문이다. 도문 스님은 용성과 연고가 있는 곳에 사찰(대성사, 중생사, 아도모

례원 등)을 건립했다. 도문의 사업을 추진하는 조직은 국가보훈처의 인가를 받은 백용성조사 기념사업회이다.

❖ 참고문헌

김광식《용성》민족사, 1999. (용성의 생애와 사상을 편년식으로 서술한 일대기이다.)
＿＿＿〈백용성연구의 회고와 전망〉《대각사상》16, 2011.
한보광《용성선사 연구》감로당, 1981. (용성 연구의 대표적인 학자인 보광 스님의
　　　저서인데, 현재는 절판되었다.)
윤청광《고승열전, 작은 솔씨가 낙락장송되나니》언어문화사, 1995.
동　봉《평상심이 도라 이르지 마라, 용성 큰스님 어록》불광출판부, 1993.
광　덕〈용성선사의 새불교운동〉《불광》58~59호, 1979.
심재룡〈근대 한국불교의 네가지 반응 유형에 대하여 論; 한국 근대불교의
　　　四大 사상가〉《철학사상》16, 2003.
학　담《각운동과 결사운동》큰수레, 2005. (용성 사상의 계승을 각 운동을 통해 실
　　　천하려는 저자의 불교사상서.)
원　두〈용성문도와 불교정화의 이념〉《범어사와 불교정화 운동》영광도서,
　　　2008.
김광식《동산대종사와 불교정화 운동》영광도서, 2007.
김정희〈백용성의 생애와 불교개혁론〉《불교평론》45호, 2010.
김종인〈백용성의 근대와의 만남과 불교개혁운동〉《대각사상》23, 2015.
이자랑〈백용성 율맥의 성격 및 전개〉《대각사상》23, 2015.
대각사《용성대종사 전집》(18집), 1991.
대각회《백용성대종사 총서》(20책), 동국대출판부, 2016.

성월
惺月

성월은 어떤 스님인가

성월(惺月, 1865~1943)은 일제하 범어사를 대변하는 고승이다. 지금껏 오성월로 칭하였다. 그의 업적에서 선학원을 이끌었다는 것과 독립운동의 관련 내용을 빼놓을 수 없다.

범어사는 부산불교를 대표하는 명찰이지만, 범어사의 성격을 대표하는 것은 선찰 대본산이다. 그러면 언제, 누구에 의해 그런 명성을 얻게 되었는가? 바로 그 주역이 성월인데 1909년부터 1918년까지 주지 소임을 보았다. 범어사는 1911년 전국 주요 사찰에 범어사는 선종 수찰임을 알리는 공문을 발송하고, 범어사 입구에 그 편액을 걸었다. 일제하 사찰령 체제 하에서도 여타 본사는 '선교양종본사 ○○○'라는 막연한 명칭을 사용했지만, 범어사는 선찰 대본산을 내세웠다.

범어사의 이런 정체성은 성월이 주지를 역임한 기간(1909~1918)에 범어사 산내 암자에 선원을 열면서 선풍을 진작한 것이 기반이 되었다. 성월은 범어사에 금강계단(金剛戒壇)을 열어 계단(구족, 보살)의 정통성과 역사성을 구현한 당사자였다. 이처럼 근현대 범어사의 정체성 확립에서 성월을 제외하고 논할 수 없다. 성월은 근대기 범어사를 대표하는 선승이었다.

성월은 보수적, 고답적인 선풍을 고집하지 않았다. 대중, 신도와 함께하는 선풍을 진작했다. 그러면서 범어사의 경제력으로 중앙불교에서 전개된 선학원 건립, 운영에도 큰 힘을 보탰다. 임제종 중앙포교당(1912), 범어사 포교당(1916), 선학원의 창건 및 운영(1921~1943) 등에 막대한 후원을 했다. 그리고 1936년부터 입적한 1943년까지는 선학원 이사장을 역임했다. 선학원 역사에는 만공과 성월이 함께 있었음을 유념해야 한다.

또한 그의 선풍에는 민족의식(국은에 보답, 인민을 이롭게 함)이 내재되어 있었다. 그래서 그는 상해임시정부의 고문을 맡았고, 승려독립선언서에 서명했다. 범어사 출신 스님이 3·1운동과 독립운동에 동참자가 많은 것은 우연이 아니다.

행적과 수행

성월은 경남 울산군 온산면에서 1865년 7월 15일 태어났다. 그는 해주 오씨 오영옥의 장남이었는데, 속명이 오성월(吳惺月)이었다. 법호도 성월인데, 자신의 속명을 그대로 당호로 쓴 것으로 보인다. 그는 10세(1875) 때 범어사로 입산하여 이보암을 은사로 해서 출가했다. 법명은 일전(一全)이었다. 행자 생활을 마친 그는 1886년 예천의 용문사 강원으로 가서 사교과, 대교과 과정을 마쳤다. 그리고 1893년부터 1897년까지는 범어사 강원에서 수의과 과정을 마쳤다. 그의 경학 공부 스승은 강백 한혼해(韓混海)였다. 1899년 이후에는 범어사, 통도사 등지의 선원에서 참선에 주력했다.

그는 1904년에는 만하승림을 초빙하여 범어사에 금강계단을 개설하였다. 1906년(41세), 범어사 전계화상으로 취임해 1922년까지 14회를 계단의 단주로 있었다. 1909년(44세)에는 범어사 섭리(攝理, 주지)에 취임하여 1918년까지 주지 소임을 보았다. 이때에 그는 대선사 법계를 받았다. 주지 소임을 보면서 범어사 산내 암자(금강암, 내원암, 계명암, 원응료, 대성암, 금어암 등)에 선원을 개설하였다. 성월은 선풍 진작을 하면서 독자적으로 추진하지 않고 통도사, 해인사, 표충사 등 외부 스님과 협의하는 개방성을 견지했다. 이런 바탕에서 청규의 제정, 계명암 선원 조실로 경허 초빙, 《선문촬요》 발간(1908)을 추진했다.

이런 노력을 기울인 끝에 그는 범어사를 선종 수찰, 선찰 대본산으로 만들었다. 그리고 그 여세를 몰아 임제종 운동 지원, 선종 중앙교당 서울 건립 및 운영, 범어사 강원 설립, 각처에 포교당 설립, 보통학교(명정학교)의 내실화 등 다양한 업적을 세웠다. 이런 그의 행보가 범어사와 부산불교의 불교 근대화를 이뤘다. 수구적인 선풍이 아닌, 새로운 세상을 신도와 함께하는 선풍을 견지했는데 민족의식을 앞세운 행보였다.

성월은 임제종 운동을 지원했고, 임제종지와 선찰 대본산을 범어사의 사법(寺法) 및 행정체계에 구현시키려고 총독부와 대립하기도 했다. 1919년 3·1운동 직후 수립된 상해임시정부에 군자금을 제공하고, 범어사의 중견 스님(이담해, 김경산)들과 함께 임정의 고문으로 추대되었다. 이런 연장선 위에서 상해에서 제작된 승려독립선언서(1919.11.15)에 12명 서명자의 일원으로 참여했다.

성월은 1921년 12월의 선학원 창건에 힘을 보탰는데, 창건 상량문에 성월의 이름이 나온다. 1922년 3월, 수좌들의 수행조직체인 선우공제회가 설립되었는데 그때도 발기인으로 참여했다. 1934년 12월, 선학원이 재단법인 선리참구원으로 재출발할 때에도 그는 재산 출연을 했고, 초대 상무이사를 맡았다. 그리고 1935년 3월, 수좌대회를 통해 출범한 조선불교 선종의 중앙종무원장으로 선출되었다. 그해 9월에는 만공이 이사장직을 사임하자, 그 후임으로 선리참구원 이사장도 겸임했다. 당시는 그의 나이 70세가 넘고 병고가 있어서, 중앙에 상주하며 근무하지는 못했다.

그러나 그가 종무원장, 이사장으로 근무할 때에 선학원은 선원 및 재산 증가, 수좌 증가, 방함록 제작, 선풍 진작, 선회(禪會) 개최, 초참납자 지도선원과 모범총림의 설립 모색 등의 발전을 가져왔다. 물론 이런 변화와 발전은 성월과 범어사의 헌신과 지원으로 이루어진 것이다.

성월은 1943년 8월 9일 범어사에서 입적했다.

일화와 어록

3·1운동의 불교계 민족대표가 될 뻔했던 사정

만해 한용운은 항일불교, 민족불교를 수호하는 임제종 운동의 핵심이었다. 이 운동 초기에는 송광사, 쌍계사에서 시작하였지만 1911년에 범어사, 통도사, 해인사가 참여했다. 그래서 종무원 본부를 범어사로 이전하였다. 이때 범어사 주지가 성월이었다. 이런 인연으로 성월과 만해는 가까워졌다.

만해는 1919년 3·1운동의 주역으로 임제종 포교사, 조실로 있었던 용성을 불교 대표로 포함시키면서 만공, 성월, 초월 등을 불교계 민족대표로 추가로 추대하고자 했다. 그러나 시간이 촉박하고 교통 사정이 불편해 성월을 민족대표로 추가시키지는 못했다. 당시 만해의 지근거리에서 3·1운동을 견인한 범어사 출신 스님인 김법린은 만해에게서 성월 추대에 대한 이야기를 듣고, 그를 기록으로 남겼다. 그 시절, 지금과 같은 KTX가 있었더라면 성월은 민족대표로 당당히 이름을 올렸을 것이다.

이런 아쉬움이 있었기에 성월은 상해임시정부에 범어사의 재원을 제공하였고, 임정의 고문으로 추대되었으며 승려독립선언서에 흔쾌히 서명하였다.

경허를 범어사로 초빙하다

근대 선의 개창주인 경허는 1902년 범어사에 주석하여 선풍을 진작하였다. 그런데 경허로 하여금 범어사 계명암과 금강암 선원에 머물면서 수행을 하고 수좌들을 지도했으며 청규를 제정했고 《선문촬요》를 발간하게 한 주역이 성월이었음은 잘 알려지지 않았다.

경허가 남긴 〈범어사 계명암 창설 수선사기〉라는 문건에는 성월에 대한 내용이 나온다. 성월이 계명암 주지가 되어 수행 결사체인 수선사를 설치하고, 많은 재원을 확보하여 선방을 열었다는 것이다. 그러면서 경허는 성월에 대하여 "대개 큰 절의 스님과 세속에 있는 신도의 공(功)과 원(願), 믿음에 대한 생각은 다 같지 않다. 그러나 성월 선백(禪伯)은 주지가 되어 대중을 인도하고 권화(勸化)한 공행이 크다. 그래서 그 뒤로 팔표(八表, 팔도)에서 참선하는 납승이 범어사에 들어와서 진지한 수행을 하고, 여기에서 머물기를 원했다"고 하였다. 이처럼 성월은 대중을 견인하고 화합하게 하여, 참선 수행자들이 범어사에서 의미 있는 정진을 하게 배려한 주역이었다. 이때 경허는 〈계명암 수선사 청규〉를 작성했고 〈범어사 설선사계의서(梵魚寺設禪社契誼書)〉〈범어사 금강암 칠성각 창건기〉 등을 지었다. 경허가 이런 글을 짓게 한 원력 보살이 성월이다.

당시 경허는 다른 곳에서도 그러하듯 곡차를 즐겨 했다. 경허는 범어사 중견 스님인 김경산과 길을 나섰다가 범어사 외곽에서 절로 돌아오게 되었다. 경산은 경허가 곡차를 많이 한다는 말을 듣고, 얼마나 많이 하는지 시험하고자 했다. 그래서 경허를 몇 군데 주점으로 안내하였다. 경허는 막걸리를 동이로 먹었지만, 경산은 작은 잔으로만 먹었다. 그렇게 먹다 보니 경산은 인사불성이 되었다. 그러자 경허는 경산을 등에 업고 범어사 금강암에 무사히 데려왔다.

경허는 금강암에 머물 적에 곡차를 마시고 여인을 가까이하는 무애행을 서슴지 않았다. 그러자 범어사의 젊은 스님들 사이에서 '마구니'를 내쫓아야 한다는 여론이 일었다. 그래서 몇 번이나 무리를 지어, 작대기를 들고 금강암에 왔다. 그럴 때마다 경허는 괘념치 않고, 태연 무심한 표정을 지었다. 그리고는 짧은 게송을 지어서 젊은 스님들에게 보였는데, 그들은 그 내용을 이해할 수도 없어 조용히 물러났다고 한다. 한번은 야밤에 7~8명의 강도가 금강암에 들어왔다. 그러자 다른 스님들은 도망가기에 정신이 없었다. 그러나 경허는 가만히 앉아 있다가 "이놈들아 하나도 빠진 것 없이 다 가져가거라!" 하면서 껄껄 웃었다고 한다.

범어사의 거목, 인재를 키우다

근현대기의 범어사는 개혁적인 미래불교를 선도하는 사찰이었다. 범어사 출신들은 일본 유학, 민족운동, 개혁운동에 늘 앞장섰다. 간혹 범어사 스님들을 '횃불을 드는 스님'이라고 부르는 것도 이런 풍토에서 나왔다. 그래서 그런지 혁신적인 인물들이 많이 배출되었다.

범어사의 이런 인재양성 전통은 성월이라는 거목이 있어 가능했다. 우선 근대불교의 대표적 고승인 용성도 1930년대 후반에는 내원암 조실을 하였다. 그리고 한때는 대각교 재산을 범어사에 기증하려고 했다. 용성이 내원암에 있을 적에는 용성의 손주 상좌인 성철이 용성을 시봉했다. 그리고 용성의 상수제자인 동산이 젊은 나이에 범어사 선원의 조실을 한 것도 성월의 배려에서 가능했다.

만해 한용운은 1912년 가을, 만주 시찰을 갔다가 친일파로 오인받아 무관학교 학생들이 쏜 총에 맞아 죽을 뻔했다. 만해는 만주에서 한 달 동안 병원 신세를 지고 귀국하였는데, 휴식을 취한 곳이 범어사였다. 범어사가 마음이 편했고, 성월이 있어 발걸음이 범어사로 향한 것이다. 만해가 1914년에 펴낸 《불교대전》의 발행처도 범어사였다. 만해는 말년에도 범어사를 가끔 방문했다. 그때 시봉한 학인이 환속하여, 전각의 대가가 된 청사 안광석이다. 안광석은 만해가 읊은 시를 기억하여, 우리에게 전했다. 그 밖에 만해 제자로서 불교 독립운동에 헌신한 김법린, 허영호도 범어사 출신이다. 김법린은 문교부장관과 동국대 총장을 역임했고, 허영호는 해방 직후 동국대 학장과 부산의 국회의원도 역임했는데 6·25 때 납북됐다.

큰 나무, 큰 인물 아래에는, 많은 사람이 찾아와서 쉬고, 놀고, 공부하는 것이 고금의 진리이다.

성월 스님의 문도

성월의 문도는《성월대선사》(우리출판사, 2007) 부록인〈성월 비석〉의 제자 명단에 전한다. 거기에는 제자, 계좌(戒佐), 손상좌 명단이 나온다. 그런데 제자들의 행적과 환속 등에 대한 상세한 정보는 알 수 없다. 그중 동광혜두는 범어사 3·1운동 주역이고 용성에게 법을 받았으며, 포교사로 활동이 많았다. 계좌는 성월이 범어사 금강계단의 창설 및 운영의 주역이면서 전계사로 활동하였기에 그에 연관된 스님들이다. 적시된 인물은 일봉경념, 동산혜일, 한암중원, 운허용하, 범산법린 등이다. 그러나 이들의 문도로서 관련성을 확정 짓는 데는 신중을 기할 필요가 있다.

성월의 비석〈금정산 범어사 선찰 개창주 성월당 일전대사의 비〉는 출가 본사인 범어사 일주문 왼쪽에 있는데, 1988년 3월 당시 범어사 주지인 홍교의 주도로 세워졌다. 비문은 일타가 지었다.《성월대선사》도 홍교의 주선으로 발간되었다. 이는 범어사 계단주(戒壇主)를 하였던 홍교의 역사인식이다. 범어사에서 성월의 기제사를 지낸다.

근대기 범어사의 주역(선찰 대본산, 금강계단, 독립운동 등)이면서, 선

03

학원 창설 및 운영에 큰 역할을 한 성월에 대한 자료수집, 연구, 선양은 부진하다. 이는 성월이 1920년대 중반에 결혼하여 대처승이었기 때문이다. 그런 이유로 그는 선리참구원 이사장이면서도 1941년 3월, 선학원에서 열린 유교법회에 참석하지 못했다. 계율수호, 청정불교 복원을 위해 열린 그 법회에 선학원의 책임자가 참석할 수 없음은 선학원 노선의 아이러니였다. 이런 사정이 있었기에 해방 이후 범어사를 이끌었던 비구 계열의 스님들은 성월에 대한 비판의식이 강했다. 그리고 선학원 역사도 수덕사, 만공 중심으로 기술했다. 불균형적인 선학원 역사도 재인식, 재서술되어야 한다.

이런 사정 때문에 성월의 복권, 재인식은 지난했다. 그러나 역사의 평가와 계승은 별개이다. 요컨대, 범어사의 근대사와 선학원사에서 성월을 지울 수는 없다. 역사는 무시한다고 해서 결코 사라질 수 없기에, 범어사와 선학원의 정상적인 성월 복권을 바라마지 않는다.

❖ 참고문헌

백   운《성월대선사 ─ 근세 한국불교의 선각자》우리출판사, 2007. (성월의 일대기이다. 상상력과 추정에 근거해서 서술했기에 신중한 검토와 이해가 필요해 보인다.)
김광식〈오성월의 삶에 투영된 선과 민족의식〉《불교와 국가》국학자료원, 2013.
_____〈범어사의 사격과 선찰대본산〉《한국현대선의 지성사 탐구》도피안사, 2010.
_____〈조선불교선종과 수좌대회〉《한국현대선의 지성사 탐구》도피안사, 2010.
_____〈조선불교선종의 선회에 나타난 수좌의 동향〉《한국현대선의 지성사

　탐구》도피안사, 2010.

_____〈東洸의 생애에 대한 一考〉《대각사상》22, 2014.

동산
東山

동산은 어떤 스님인가

동산(東山, 1890~1965)은 현대 한국불교의 중심에 서 있으면서 조계종단을 재건한 불교정화 운동을 최일선에서 이끈 고승이다. 또한 정화운동을 추진하던 시절의 조계종단 종정(1954~1955, 1958~1962)을 지냈다. 동산은 1950~60년대를 대표하는 큰스님이었다.

때문에 동산이 지닌 가장 뚜렷한 정체성은 조계종단, 현대 한국불교의 정화운동에서 찾을 수 있다. 불교정화 운동의 긍정적 효과가 강렬하다면 다시 말해 조계종단이 불교정화 운동에 많은 빚을 지고 있다면(덕을 보았다고 할 수 있다면) 동산의 이름은 더욱 빛난다. 그에 반해 불교정화 운동에 부정적인 유산물이 더 많았다면 동산의 존재 가치는 희미할 것이다. 그러나 제반 상황을 고려할 때, 정화불사와 동산은 무시할 수 없는 가치를 지닌다. 이런 측면에서 동산은 용성의 상수제자로도 유명하다. 그는 용성의 정신적 자산(불교정화, 법·계맥 등)을 계승하였다.

때문에 동산은 용성 문중에서도 손꼽히는 고승이었다. 이런 연고로 동산은 범어사에 주석하면서 용성의 정신과 불교적 자산을 상좌들에게 전하였다. 그래서 용성의 이야기는 용성의 출가 본사인 해인사보다는 범어사의 동산 문도들에게서 보다 자주 접할 수 있다. 용성의 입적 직후에 나온 《용성선사 어록》(1941)이 동산의 주선에 의해서 편찬되었음을 아는 사람은 많지 않다. 《용성선사 어록》은 일제하 '고승 어록'의 출간이라는 측면에서 의미를 지닌다.

동산은 매일 새벽에 각 단 불상에 예불하고, 매일 아침 대중과 함께 사찰 마당을 쓸었다. 일상에서도 수행을 멈추지 않았고, 후학과 대중들에게 엄격하면서도 따뜻한 가르침을 전하며, 감인대(堪忍待) 정신을 강조했다. 동산의 행보를 지켜보는 대중의 감동은 뜨거웠다. 6·25전쟁 시에 범어사를 찾은 스님들과 흰죽을 함께 나누어 먹으면서 수행하자고 권유한 일화도 빼놓을 수 없다. 그는 대중과 함께 일상에서의 수행을 견지한 인간적인 도인이었다. 따뜻한 큰스님이었다. 천진도인, 생활도인, 실천도인이었다.

행적과 수행

동산은 1890년 2월 25일, 충북 단양군 단양읍 상방리에서 출생했다. 진주 하씨(河氏)의 가문으로 속명은 동규(東奎)였다. 유년 시절에는 서당에서 한학을 배우다가, 15세에 단양읍의 한 보통학교를 졸업했다. 1908년 19세에는 상경하여 중동중학교에 입학했다. 1910년, 중동중을 졸업하고, 의학전문학교에 입학하여 1912년에 졸업했다.

그는 졸업 무렵 은사인 용성 스님을 서울에서 운명적으로 만났다. 용성은 당시 포교당(임제종) 활동을 하였다. 육신의 병보다는 마음의 병을 고치는 것이 급선무라는 용성의 권유로 범어사에 가서 출가했는데, 법명은 혜일(慧日)이었다. 용성의 상좌로 출가한 데에는 천도교 간부, 3·1운동

민족대표를 역임한 그의 고모부인 오세창의 영향이 컸다. 때문에 동산에게는 출가 당시부터 민족의식이 강렬하였다. 범어사 상원에서 기초교리를 배우고, 1913년경에는 한암 회상(우두암)에 가서 2년간 교학(능엄경, 기신론, 금강경 등)과 선을 배웠다. 1916년 범어사로 복귀하여 대교과 과정을 마쳤다. 1919년 3·1운동이 일어나고, 은사인 용성이 일제에 구속되자 대각사, 망월사 등에 머물면서 3년간 옥바라지를 하였다.

용성이 출옥하자, 1921년 봄 자신만의 수행에 나섰다. 상원사 선원을 거쳐, 건봉사 선원으로 갔다. 건봉사에는 한암이 조실로 있었는데 용성은 서기 소임을 보았다. 이후에는 복천암, 각화사, 백운암에서 정진하였고 1923년에는 용성이 주석한 백양사 운문선원에서《전등록》《선문염송》《범망경》을 배웠다. 동산은 용성에게서 교학을 더욱 연찬한 후, 직지사에서 3년 결사(1924~)를 마치고 범어사로 복귀했다. 1927년 금어선원에서 견성, 오도했다. 이후에는 범어사와 해인사의 선원 조실로 수좌들을 지도했다.

1935년 3월, 수좌대회에 참석하여 조선불교 선종의 출범에 중요한 역할을 하였다. 수좌대회에서 선종의 선의원, 순회 포교사로 선출되었다. 그 대회에서 선포된 선서문은 정화불교, 민족불교 지향에 있어서 기념비적인 의의를 갖는데, 그 이념이 바로 동산의 현실인식과 부합했다. 1936~37년, 범어사에서 용성의 계맥을 전수받았다. 그리고 금강산 장안사에서 정진할 때에는 용성으로부터 전법게도 받았다. 용성이 입적하자《용성선사 어록》을 김태흡(대은 스님)으로 하여금 편집, 발간하게 했다. 1941년 3월, 선학원에서 열린 유교법회에 참가해서 법문했다. 1943년, 동산은 범어사 계단의 단주로 추대되었다.

8·15 해방공간에서는 범어사 선원에서 수행에만 전념했다. 6·25가 나자, 범어사로 몰려든 대중들의 수행 외호에 적극 나섰다. 이때 범어사에서 자생적인 불교정화 움직임이 있었는데, 이는 동산의 정화정신과 무

관치 않았다. 1954년 5월, 불교정화 운동이 발발하자 그는 그 운동을 추동하고 견인했다. 종단의 대책위원, 부종정, 종정으로 최일선에서 이끌었다. 1955년 8월 정화운동이 일단락되자 범어사 조실로 복귀했으나, 1958~1962년 종정으로 다시 추대되어 종단 소임을 보았다. 1962년 통합 종단이 등장하자, 그는 범어사로 내려왔다. 후학 지도와 범어사의 외호에 전념하다, 1965년 입적했다.

일화와 어록

용봉에서 동산으로 다시 온 사연

동산은 귀공자 타입이었다. 얼굴이 준수하였고, 손도 아주 고왔다고 친견한 사람들은 이구동성으로 말한다. 남아 있는 사진에서 그런 느낌을 받을 수 있다. 거기다가 수행도 뛰어나, 30대 후반에 범어사와 해인사의 조실이 되었다. 그래서 일찍부터 칭송이 자자했으며, 동산을 건당 제자로 삼고자 했던 스님들이 제법 많았다.

동산은 출가하기 전 결혼을 해서 부인과 아들이 있었다. 어느 날 집에서 연락이 오기를 동산의 부친이 돌아가셔서 생계에 지장이 많으니 땅 몇 마지기라도 마련해달라고 했다. 동산은 고민하였다. 자신에게는 그럴 능력이 없었고, 불법을 위해 쓰는 절 재산에 손을 댈 수도 없었다. 수심이 가득한 얼굴로 지내니, 주변 스님들이 알게 되었다. 그때는 해인사 선원의 조실로 있었는데, 당시 해인사 주지인 환경이 사정을 알고, 당신의 돈을 주면서 수행을 잘하기 위한 차원에서 집에 보내라고 했다. 그러면서 당신에게 건당이나 하라고 했다. 그래서 나온 당호가 용봉(龍峰)이다. 1930년대 일부 문건에는 동산의 이름이 용봉으로 나온다.

이렇게 법명이 바뀌니 주위에서 말들이 많았다. 간단한 문제로 여겨서

03

그리했는데 곤란한 지경에 처한 것이다. 그래서 은사인 용성을 찾아가 참회하고 다시 동산으로 돌아가겠다고 했다. 용성은 참회를 받아주고, 당신의 법과 계맥을 전수했다. 동산은 용성이 입적한 직후 용성의 문집도 내고, 더욱 치열하게 참선을 해서 구경각에 도달했다고 한다. 이렇듯 큰스님도 순간적으로 흔들릴 때가 있는데, 참회도 하고 초발심을 되찾으며 향상일로(向上一路) 정신으로 정진해나간다. 큰스님도 인간이기 때문이다.

대장의 목을 베어!

동산은 불교정화 운동 당시 조계종단 종정으로서 정화불사를 진두지휘하였다. 동산은 승단에서 대처승이 주체가 되었던 현실을 어불성설(語不成說)로 보았다. 주객이 전도된 현실을 바로잡고, 불교의 전통과 민족불교의 가치를 구현하기 위한 정화불사를 마땅한 것으로 보았다.

그러나 대처승의 소송 제기, 사찰에서의 싸움 등 정화불사 과정은 처절했다. 그런 까닭에 많은 문제점을 남겼다. 동심을 가졌던 동산은 순진하고 단순하였기에 그런 대립과 싸움을 잘 알지 못했다. 돌아가는 현실이 답답하고, 비구승과 대처승 간에 싸움이 벌어지게 되면 실무 책임을 맡은 스님들의 뺨을 치면서 '똑바로 하라'고 다그쳤다. 실무 스님들도 인간인지라 종정인 동산의 야단이 심해지자 불만이 생겼다. 세상 물정과 대처승의 반발을 잘 모르면서 야단만 치니 미칠 지경이었다.

그런데 우여곡절 끝에 1955년 8월 12일, 첫 단계의 정화불사가 성공했다. 비구 승단이 등장하고, 새로운 종헌이 통과되면서 전국 각처의 사찰에 비구승이 입주했다. 바로 이때 종단 집행부도 새롭게 선출했다. 종정을 종정추대위원회(21인)에서 선출했다. 종정 후보로 추대된 고승은 그때 종정이었던 동산을 비롯 효봉, 설석우였다. 동산 문도와 효봉 문도는 은근히 자기 스님이 종정이 되기를 바랐다. 그때 핵심 실무자가 정영이었다. 정영은 종단의 원만한 화합을 위해 제3자인 석우 스님을 추천, 추대하였다. 석우는 금강산에서 수행한 수좌로 정화불사 현장에 없었지만, 온건하고 권속이 적었다. 석우 스님이 선출되었다는 소식을 들은 동산은 "대장의 목을 쳐! 대장의 목을 베어!" 하면서 아무 말도 하지 않았다. 세월은 흐르고 흘러 50년이 지난 후 그때의 주역이었던 정영은 동산의 그 말을 기억하면서 눈물을 흘렸다. 그래서 정영은 정화운동의 정신을 계승하기 위해 부단히 수행하고 노력하였다. 그가 천축사와 갑사(대자암)에 무문관을 세워 수좌들의 공부를 외호한 것도 이런 뜻에서였으리라.

스님, 조계사로 올라가셔야 합니다

동산을 비롯한 청정 비구들은 정화불사 당시 조계사, 선학원, 대각사 등에 머물렀다. 비구승과 대처승이 격돌할 때였는데, 비구승들은 대처승이 차지하고 있던 조계사의 뒤편 요사채에 머물며 참선을 했다. 대처승은 비구승들을 절에서 내보내기 위해 방에 장작불을 지폈는데 장판이 까맣게 타고 방바닥이 무척 뜨거웠다. 다른 스님들은 "어이쿠 뜨거워." 하면서 방에서 나갔지만, 동산은 "정화를 위해서는 이런 고통은 이겨내야" 한다면서 나무 널빤지 위에 방석을 놓고 참선했다. 그러자 대처승들은 지독한 스님, 사명대사와 같은 스님이라고 혀를 내둘렀다. 이렇게 조계사에는 동산의 정열이 배어 있다. 그리고 동산은 비구승들이 순교 단식을 할 때도 종정이었지만 동참했다.

동산은 조계사에 머물면 새벽 3시에 일어나서 예불하고, 참선하고, 공양하고, 그 후에는 빗자루를 들고 도량 전체를 쓸었다. 종정 스님이 그렇게 하니 모든 대중은 당연히 따를 수밖에 없었다. 이렇듯이 청정한 스님들이 반듯하게 수행을 하니 따르는 신도와 보살이 많았다. 그리고 동산은 보살계를 설하여, 보살들의 신심을 북돋워 주었다. 동산은 1955년 8월, 종정을 그만두고 범어사로 내려갔다. 후임 종정은 석우와 효봉이었다. 1958년 8월, 총무원 간부(청담, 경산 등)들은 범어사로 내려와서 동산에게 "큰스님, 다시 서울 조계사로 가시지요. 스님을 종정으로 추대하였습니다. 스님이 안 계시니 정화불사도 그렇고, 조계사에 쌀이 늘어오시 않아서 저희들은 다 굶어 죽게 생겼습니다. 공양을 해야 총무원도 지키고, 정화불사도 마무리해야 하지 않습니까?" 하면서 호소했다. 그러자 동산은 "그래 가자, 당연히 올라가야지!"라며 조계사로 향했다. 동산이 조계사에 다시 왔다는 소문이 돌자, 그 다음 날부터 조계사에 쌀과 된장, 고추장을 실은 트럭이 연달아 들어왔다.

동산 스님의 문도

동산 문도는 범어사를 근거로 하여 수행과 포교를 하고 있다. 동산 문도는 동산 입적 직후에 선양 작업을 했다. 범어사 경내에 비석을 세우고, 사진집인 《석영첩》(1967)을 발간했다. 《석영첩》은 근현대 고승 법어집 발간의 기폭제가 되었다.

동산 문도는 성철, 지효, 광덕, 벽파, 덕명, 능가, 지유, 정관, 백운, 원두, 선래, 홍교, 성오, 대성, 계전 등이다. 한때는 문도가 수백 명에 달하였다. 이 문도들이 범어사의 방장, 조실, 주지를 역임하였다. 성철은 조계종단 종정을 역임하였고, 수행을 위주로 한 정화를 강조했다. 돈오돈수를 주장하면서 지눌을 비판하여 송광사와 대립각을 세웠다. 지효는 불교정화 운동에 헌신하고 감찰원장을 역임했다. 그는 정화 정신 계승 차원에서 선농불교, 총림건설에 주력하였다. 광덕은 불광사를 거점으로 새 불교운동, 불광운동을 추진하면서 도심지 불교의 신기원을 이루었다.

백운은 《동산대종사 문집》을 편집하였다. 원두와 대성은 2006년 《태고종사》에서 동산이 폄하되고 있음을 보고 그를 시정하는 자료집 발간이 절실함을 인식했다. 그래서 필자(김광식)와 협조하여 구술사 증언집인

《동산대종사와 불교정화 운동》(영광도서, 2007)과《범어사와 불교정화 운동》(영광도서, 2008)을 펴냈다.

　동산 및 범어사의 상징인 금강계단의 계맥은 석암, 고산, 고암, 광덕, 덕명, 홍교 등으로 이어졌다. 석암은 선암사(부산)에 머물다가 상좌인 정련이 개창한 내원정사에서 선풍을 떨쳤다. 고산은 쌍계사로 가서 계맥 진흥에 나섰다. 동산 생존 시의 범어사 계단은 비구계와 보살계를 행하는 계단으로 유명했다. 그 시절 대부분의 스님들은 범어사에서 구족계를 받는 것을 당연하게 여겼다. 이런 연고로 동산, 석암은 율사로도 그 명성이 자자했다.

❖ 참고문헌

김광식《동산대종사와 불교정화 운동》영광도서, 2007. (동산의 상좌, 인연이 있는 스님, 재가불자 등을 인터뷰하여 동산의 행적, 사상, 일화 등을 채록, 정리한 책.)
＿＿＿《범어사와 불교정화 운동》영광도서, 2008.
＿＿＿〈하동산의 불교정화〉《한국 현대선의 지성사 탐구》도피안사, 2010.
＿＿＿〈유교법회의 전개과정과 성격〉《한국 현대선의 지성사 탐구》도피안사, 2010.
＿＿＿〈김지효의 꿈 범어사 총림건설〉《한국 현대선의 지성사 탐구》도피안사, 2010.
동산문도회《동산대종사 문집》범어사, 1998.
백　운〈한국불교정화 운동에 있어서 동산스님과 범어사의 역할〉《대각사상》7, 2000.
이덕진〈동산혜일의 선법에 대한 고찰〉《한국불교학》43, 2005.
월　암〈동산의 선사상〉《한국교수불자연합학회지》18권 2호, 2012.
목정배〈동산스님의 계율관〉《한국교수불자연합학회지》18권 2호, 2012.

김선근〈동산대종사와 한국불교사적 위상〉《한국교수불자연합학회지》18권
　　2호, 2012.
김용태〈근현대 스님 이미지의 생성과 굴절〉《불교연구》41, 2014.
진　 관《동산의 불교계 정화운동 연구》운주사, 2014.
동산문도회 · 김광식《동산사상의 재조명》범어사, 2016.

고암
古庵

고암은 어떤 스님인가

고암(古庵, 1899~1988)은 1960, 70년대 조계종단의 종정을 세 번이나 역임한 큰스님으로 유명하다. 때문에 지금의 스님과 불자들은 고암에 대하여 아는 경우가 많지 않다. 하지만 종정을 세 번이나 지냈다면 거기에는 그럴만한 '연유'가 있을 것이다.

그 연유가 고암의 정체성을 대변한다. 첫 번째 연유는 조계종단이 통불교의 역사성을 끌어안으면서도, 핵심적으로는 간화선을 우선적 가치로 표방한 데서 기인한다. 요컨대 고암은 간화선 수행을 정통으로 한 대종장이라는 것이다. 그는 입산 이래 다양한 수행을 하였지만, 간화선 수행을 통하여 오도를 하였다. 당대의 선지식인 용성으로부터 인가를 받았다.

고암은 용성과 인연이 많았다. 출가 발심의 계기를 주었고, 수행 지도를 받았으며, 오도를 인가하면서 당호를 주었고, 용성의 비석이 있는 해인사 용탑선원에 머물렀다. 또 용성이 창건한 사찰인 대각사의 조실, 대각회 이사장, 용성문도회의 문장, 용성의 율맥 정신이 가득한 범어사 계단의 단주로 활동했다. 고암은 정화불사의 주역인 동산, 효봉, 청담의 뒤를 이어 종정에 추대되어, 1970년대 조계종단을 대표했다. 두 번째는 대중들에게 자비보살로 유명하였다는 점이다. 그는 간화선 수행뿐만 아니라 계정혜 삼학을 균형적으로 이수하였고, 그런 바탕에서 쌓아올린 선지와 자비심으로 대중들에게 불교를 전하였다. 그래서 그는 참다운 선승, 자비보살, 엄격한 율사로 추앙받았다. 인간적인 측면에서도 높은 평가를 받은 고승이었다.

고암은 종정의 직위에서 내려온 이후에는 각처를 인연 따라 다니면서 수행, 대중지도, 포교를 하였다. 특히 그는 입적하였던 1988년(90세)까지 미국, 호주, 하와이 등지를 순행하면서 포교에 헌신하였다. 노년의 나이에 외국에까지 가서 불교를 전하였다는 것은 결코 아무나 할 수 있는 일이 아니다.

행적과 수행

고암은 1899년 경기도 파주군 적성면에서 양주 윤씨(尹氏) 가문의 아들로 태어났다. 속가 이름은 윤지호(尹志豪)였다. 유년 시절에는 서당에서 한학을 공부했다. 1910년에서 1914년까지, 고향인 적성에서 보통공민학교를 다녔다. 16세에 도봉산 망월사에서 불교를 만났다. 16~18세, 서울 인사동에서 포교활동을 하는 용성의 법문을 듣고 발심, 출가를 결심했다. 19세 때인 1917년 해인사로 입산하여, 제산(霽山)을 은사로 삼았다. 상언(祥彦)이라는 법명을 받고 출가했다.

1919년 해인사 강원을 마치고, 3·1운동이 일어나 용성이 서대문형무소에 수감되자, 면회하였다. 고암도 만세를 1개월간 불렀다고 하는데, 언제 어디에서 했는지는 정확하게 전하지 않는다. 경찰의 눈을 피해 강원도의 오지로 숨었다. 이후 심원사, 금강산, 건봉사, 신흥사, 불영사, 고운사, 파계사, 동화사, 통도사 등을 만행했다. 1921년 4월, 해인사에서 용성에게서 계를 받았다. 이후에는 해인사 강원에서 공부했다. 선학원의 선우공제회가 설립될 때 고암은 상원사 지부를 설립한 주역이었다. 이후 대승사, 해인사, 정혜사 등지에서 수행하고 1923년경에는 운문암에 있는 용성회상에서 수행하였다. 1926년 용성이 망월사에 차린 만일참선결사회에 참여해 대중 50여 명과 함께 오후불식, 묵언을 하며 정진했다. 1927년(28세), 통도사 내원암으로 옮긴 결사회에서 계속해서 정진했다.

이후 용성의 심부름으로 만주 용정의 대각교당에 갔다. 귀국해서는 직지사, 통도사 등지에서 수행했다. 1938년(39세) 통도사 내원암에서 오도하고, 용성에게서 인가를 받고 당호를 받았다. 1939년 해인사 조실로 추대되고, 1944년 해인사에서 대선사 법계를 품수하였다. 1945년, 나주 다보사에 선원이 개설되자 선원장에 추대되었고, 해방공간에는 각처를 다니면 보살계를 설했다. 1954~55년의 불교정화 운동에는 참여하지 않았다. 이후에는 성주사 주지, 직지사 주지, 용탑선원 조실, 범어사 조실 및 계단주를 역임했다.

1967년 청담의 후임으로 종정에 추대되었다. 이후 대각회 이사, 해인사 방장에 이어 1972년 종정에 재추대되었다. 1973년 설악산 신흥사 조실, 1977년 대각사 조실에 추대되었다. 1978년에 또다시 종정에 추대되었다. 그는 1978년에 하와이 대원사, 관음사에서 국제 보살계 법회의 전계사로 활동했다. 1982년 하와이 대원사 조실을 지냈고, 1985년 동남아 국가에 전법을 하고 호주의 불광사 등에서 국제 보살계단 전계사로 활동했다. 이처럼 종정을 그만둔 이후에도 노익장을 과시하며 국제 포교에 이바지하였다. 1988년 10월 25일, 해인사에서 입적했다.

일화와 어록

고암의 〈운수생애〉

고암은 자신의 수행 일단을 기록한 문건을 남겼다. 〈운수생애〉인데, 그 내용을 음미하면 치열한 수행정진에 고개가 숙어진다. 요즈음 승가에서는 찾을 수 없는 치열하고도 낭만적인 수행이다.

얼마 후에는 드디어 제산 스님을 은사로 삼고 용성 스님을 법사로 맘속 깊이 작정하여 인연을 맺었다. 이렇게 해인사에서 중이 되었을 때는 사미과를 이수했다.

그 후 제산 스님께서 직지사로 옮기시매 나는 바야흐로 운수(雲水) 길을 떠나게 되었다. 그해 겨울은 개성으로 올라가 화장사에서 동결제 나고, 21세 봄에는 3·1운동이 터져 월여(月餘)간 대중과 함께 만세운동을 했다.

일경이 혈안이 되어 학살을 자행하자 몸을 피하여 누더기옷을 입고, 짚신을 신은 채 걸망을 지고, 강원도 산속으로 들어갔다. (중략) 그 후, 발걸음을 돌려 금강산을 향해 가는데 동해변이라 바람이 매일 모래를 싣고 몰아닥치는 고로 길은 모래가 쌓여 눈처럼 덮였다. 행보가 어렵고 곤란한 데다 버선과 짚신조차 떨어져 발은 뱀에게 물린 것처럼 퉁퉁 부었다. 해가 지면 촌락에 들어가 담배 연기 자욱한 속에서 눈을 붙이는 듯 마는 듯 심술궂은 유생(儒生)들의 시달림을 받다가 동트기 전에 나선다. 어떤 때는 부르튼 물집을 따고 먹물을 넣느라고 밤에 잠 한숨 못 자는 때도 있었다.

아침저녁 예닐곱 집을 다니며 밥을 얻어먹고 남는 것은 싸서 걸망에 넣어 가지고 다녔다. 가다가 절이 있으면 2, 30리씩 찾아 들어가 하룻밤 묵고 이튿날은 짚신을 삼아 내일 행보의 준비를 한다. 떠나는 날 점심을 싸

달라고 하여 허기를 면한다. (중략)

　다시 그곳을 떠나 서울로 올라가 대각사에서 사교를 보던 중, 백양사에서 황일구 씨의 소개로 운문암을 용성 스님께 드린다기에 선방을 차리기로 합의하고 나는 그 선발대로 운문암에 내려가서 삼동(三冬)에 4, 50명 납자와 함께 용맹정진했다. 용성 대종사 주재하에 하동산, 석암금포 등의 선지식(善知識)과 같이 지냈다. 26세 되는 갑자년(1924)에도 그곳에서 묵언정진했다. 그해 여름을 나고는 운문암을 떠나 직지사에 가서 좌선했다. 또 해인사 퇴설당에도 와서 좌선하다가 수도암 정각(正覺)에 가서 전강 선사와 월송 선백과 법화(法話) 문답을 하며 겨울을 났다.

　27세 춘(春)에는 직지사에 가서 좌선하다가 여름에 수도암으로 가니 20여 명 납자가 모여 있다. 또 정각에 가서 해산 선백, 월송 선백과 동거하면서 묵언정진했다.

　때(1925)에 용성 대종사께서 년전 지리산 칠불에서 조직한 만일참선 결사를 망월사에서 동절(冬節)부터 계속한다기에 서울로 올라가니 5, 60명 납자가 모여 있다. 설석우 화상으로 수좌를 정하고 정운봉 화상으로 입승을 정하여 순일하게 정진했다. 전 대중이 오후 불식(不食), 묵언하고 아침 공양은 죽과 찬 두 가지, 사시(巳時)는 재공을 올리고 찬 세 가지로 겨울을 났다. 병인년(1926)에는 28세라, 여름에 만일선회(萬日禪會)를 천성산 내원사 옮기게 되어 4, 50명 대중이 정진하는데 나는 묵언정진하였다.

　그 시절 수좌의 만행, 정진은 이러하였다. 요즈음의 수좌, 수행자들은 이 회고를 읽고서 느끼는 바가 많을 것이다.

일상생활을 할 때도
　고암은 누구와 대화하더라도 경어를 썼다. 비속어나 욕설을 쓰지 않았다. 큰소리로 꾸짖거나 남을 험담하거나 폄하하는 것을 보지 못했다.

그는 자신의 상좌에게도 항상 '하소~' '하시게~' 하였다. 혹시라도 상좌가 다른 사람들의 단점이나 부정적인 면을 말할 경우에는 "그런 말은 하지 마소." "자네나 잘하시게." 하였다. 이렇게 그는 타인을 타산지석으로 삼아 자신을 돌이키라고 할 뿐, 부정적인 구업(口業)을 경계했다.

그는 종정을 역임하였기에 종단 소임자의 실수, 잘못으로 수없는 비판과 욕을 대신 당했다. 그래도 그는 자신의 전생 업보로 돌렸다. 아래 스님이나 보좌하는 시봉을 비판하지 않았다. 대화할 시에는 남녀노소를 가리지 않고 상대방의 말을 경청하고, 차분하고 나직한 목소리로 대했다. 법상에서 불법의 가르침을 전할 때는 엄격하였으나, 일상에서 부처님 말씀을 전할 때는 권위의식과 가식이 전혀 없었다. 예불, 축원을 할 때는 항상 정성을 다한 간절한 음성으로 하여 대중을 감동시켰다. 이상의 이야기는 고암의 제자인 진월(동국대 불교과 교수)의 증언이다.

자비와 인욕은 이 정도가 되어야

고암이 나주에서 보살계 법회를 할 때이다. 어두운 밤에 한 여자 신도가 부처님께 올릴 마지 그릇을 요강으로 착각해, 거기에 '실례'를 한 '사건'이 일어났다. 절에서는 소동이 났고, 그 신도는 돌이킬 수 없는 실수 때문에 사색이 되었다. 고암은 그 신도에게 조용히 다가가서 "부처님이 보살님한테 복을 짓게 하려고 그리하였으니, 얼른 가서 새 마지 그릇을 사다 올리세요. 그러면 됩니다."라고 말했다. 그래서 돌발 사태를 무사히 수습했다. 고암의 자비를 엿볼 수 있는 일화이다.

고암이 종정을 퇴임한 후, 각처를 마음 편하게 다닐 때였다. 고암은 시자와 함께 한라산 백록담 정상에 올랐다. 정상에 오른 한 사내가 고암을 보고 "이런 노인네가 여길 다 올랐네, 영감님 연세가 어찌 되오?" 하였다. 그러자 시자가 "여든여덟이 되십니다."라고 말했다. 그러자 그 사내는 감탄을 연발하고는 고암의 어깨를 툭 치면서 "영감님, 오래 사시오. 할렐루야!" 하고는 산 아래로 내려갔다. 시자는 화가 치밀어 그 사내를 뒤쫓아 가 따지려고 했다. 그러자 고암은 시자를 붙잡고, 그 사내에게 "감사합니다." 하고 합장했다. 고암의 인욕 정신을 말해주는 일화이다.

조계종 종정을 지내던 1972년 더운 여름날, 고암은 조실을 하던 신흥사에 머물고 있었다. 그는 냇가에 발을 담그고 앉아 있었는데, 서울에 가서 대학을 다니던 학승이 당돌하게 피서법을 종정인 고암에게 질문했다. 그때 고암이 일러준 몇 가지 피서법은 다음과 같다.

첫째는 극서(克暑). 극서란 글자 그대로 더위를 이기는 것이다. 더위가 아주 심하지 않을 때는 힘들더라도 밖으로 나가 운동도 하고 일도 하는 것이 더위를 이기는 데 도움이 된다. 덥다고 방구석이나 그늘에 들어앉아 있으면 도리어 더위에 지치게 된다. 그럴수록 몸을 움직이고 운동을 하거나 일을 하거나 해서 땀을 흘려야 한다. 하다못해 물빨래도 하고 청소라도 한 뒤 찬물을 뒤집어쓰면 더위가 싹 가신다.

둘째는 피서(避暑). 피서란 가급적 더위를 피하는 것이다. 한낮에 뙤약볕이 내리쬐면 외출을 삼가고 그늘이나 냇가에 발을 담그고 더위를 피한다. 옷도 헐렁하게 입고 부채질도 슬슬 하면서 수박 화채라도 한 그릇 먹는다면 금상첨화다. 여름에는 심화(心火)를 끓지 않게 하는 것이 가장 좋은 피서법이다. 옛 도인들도 마음을 다스려 청량지(淸凉地)를 거닌다고 했다.

셋째는 망서(忘暑). 망서란 차라리 더위를 잊어버린다는 뜻이다. 마음에 드는 책 한 권 들고 시원한 나무그늘에 앉아 독서삼매경에 빠져보는 것이다. 바둑 좋아하는 사람은 선풍기 앞에서 도낏자루를 썩게 하는 것도 방법이다. 옛날에는 과년한 처녀들이 수틀을 품고 낭군을 생각하며 수를 놓으면서 망서를 했다. 불자는 선정삼매에 들면 최고의 망서가 된다. 그러자, 그 학승은 "이런 방법을 다 써도 더위가 사라지지 않으면 어떻게 해야 합니까?"라고 물었다. 당돌한 질문을 받은 고암은 빙그레 웃더니 "죽든가 참든가 둘 중 하나"라고 잘라 말했다.

세월은 흘러, 고암은 입적했고 당돌한 질문을 한 학승은 불교언론 현상을 30년간 지킨 터줏대감이 되었다. 바로 《불교평론》 편집인 홍사성이다. 그는 위의 일화를 〈불교신문〉에 〈인서(忍恕)〉라는 제목의 칼럼으로 소개한 바 있다.

고암의 노트에 나온 가르침

부처님 가르침 멀리 있지 않다.
계율 잘 지키고 법에 어긋나지 않게 살라.
古, 今, 凡, 聖과 地獄, 天堂 따로 없다.
百草花香이 온 천지에 가득함이로다.

고암 스님의 문도

고암의 문손은 《고암법어록》(2011)의 〈고암문중질〉에 상세하게 나온다. 그에 의하면 은법좌(恩法佐) 101명, 손좌(孫佐) 119명, 중손좌(曾孫佐) 73명, 고손좌(高孫佐) 6명, 재속(在俗)의 참회제자가 나온다. 종정을 세 번이나 역임한 법력과 인연이 있어 법손이 많았다.

고암 문도의 거점 사찰은 해인사 용탑선원, 직지사, 신흥사 등이다. 해인사 탑전에는 고암의 부도와 비석이 있다. 비문은 일타가 짓고, 오제봉이 썼다. 용탑선원은 고암 문도의 본부 격 사찰이다. 직지사와도 인연이 있다. 고암은 직지사 선승인 제산의 상좌이기 때문이다. 고암의 인연 사찰은 설악산 신흥사이다. 고암은 말년에 신흥사 조실을 역임했다. 조계종 제2교구 본사가 건봉사에서 신흥사로 이전된 1971년 직후의 1, 2대 주지인 문성준이 고암의 상좌이기 때문이다. 그래서 신흥사 탑전에도 고암의 비석과 부도가 있다.

　고암 사상의 계승 및 선양을 선도하는 고승은 오등선원(공주)에서 선풍을 진작하는 대원이다. 그는 고암의 전법게를 받았다.

　그리고 만해사상실천선양회 이사장으로 백담사에서 만해축전을 창립한 오현 스님도 있다. 오현은 고암 – 성준으로 이어지는 법을 받고 설악산 신흥사에 고암의 비석을 세웠다. 또한 서울 법안정사(목동)의 효경도 많은 정성을 쏟았다. 고암의 평전, 자료수집을 최초로 한 스님은 대각회 이사장을 역임한 선효(남한산성 개원사)이다.《고암법어록》발간과 고암에 대한 학술세미나의 추동은 대각사 주지를 역임한 장산(부산, 세존사)이 주도했다.

❖ 참고문헌

윤선효《자비보살의 길》불교영상, 1990.(고암에 대한 자료 일체를 수집하여 정리한 최초의 책이다.)
_____《고암 큰스님 평전》불교영상, 1994.
조오현〈자비보살의 무소유 실천, 고암스님〉《현대 고승인물평전》불교영상, 1994.
고암문도회《古庵 法語錄》조계종출판사, 2011.
성준화상문도회《성준화상 牧牛錄》불교시대사, 1999.(고암의 제자인 성준의 자료를 모아서 정리한 책이다.)
대　원《철벽을 부수고 벽안을 열다》현대불교신문사, 2006.
김광식〈백용성 계율사상의 계승의식 – 동산·고암·자운을 중심으로〉《대각사상》10, 2007.
_____〈고암의 정체성과 용성사상의 계승〉《대각사상》24, 2015.
이경순〈1970년대의 고암대종사〉《정토학연구》10, 2007.

한태식〈백용성스님의 해인사 및 고암스님과의 인연〉《대각사상》20, 2013.
이영호〈고암성언 대종사 생애와 사상의 특징 일고〉《한국신학》23, 2009.
_____〈고암대종사의 생애와 행적의 불교사적 의의〉《대각사상》20, 2013.
정재일〈성준선사의 생애와 사상〉《대각사상》13, 2010.
이덕진〈고암의 간화선 사상에 대한 일고찰〉《대각사상》20, 2013.
문찬주〈고암스님의 율맥, 계율사상과 계율의 응용〉《대각사상》20, 2013.

자운
慈雲

자운은 어떤 스님인가

자운(慈雲, 1911~1992)은 율풍, 율장의 정신 및 문화를 연구, 진작, 중흥시킨 율사로 유명하다. 한국현대불교, 조계종단 내에서 자운처럼 계율 중흥을 위해 헌신한 스님은 없다. 그는 계율이 혼미한 일본강점기 말부터 계율의 중요성을 자각하고, 자료를 수집했다. 그리고 해방 이후에는 수많은 계율 서적인 율장(律藏)을 천화율원(千華律院)의 이름으로 발간, 보급했다. 또한 각처를 순방하면서 보살계를 치열하게 설했다. 조계종단은 1981년 단일계단의 출범, 이부승제를 실시했는데 이는 자운 스님의 계율 사상에 힘입은 것이다.

자운은 근대의 대표적인 고승 용성에게서 1938년 망월사에서 법을 받은 건당제자이다. 용성의 수법제자로 용성 문중의 일원이다. 그리고 1934년 범어사 금강계단에서 일봉에게 비구계를 받았다. 범어사 율맥은 만하(통도사) – 성월 – 일봉 – 운봉 – 영명 – 동산 – 석암 – 고암으로 이어졌다. 자운은 범어사 계단에서 수계를 받은 율맥의 전승을 강조하였는데, 문도들은 여기에서 한 발 더 나가 자운의 독자적인 계맥(만하 – 일봉 – 자운)을 강조했다. 자운에게서 계맥을 받은 스님들은 종수, 일타, 지관, 성우, 철우, 인홍, 명성, 묘엄 등이다. 요컨대 한국 현대불교, 소세종난 내에서 자운은 가장 대표적인 율사였다.

자운은 한편으로 율사의 정체성을 표방하면서도 계정혜 삼학을 강조했다. 그리고 일상 수행에서는 염불수행을 하였다. 정토신앙 선양을 위해 정토 관련 책 10여 부 이상을 유포시켰다. 그러면서 참법 수행도 강조하고, 이타행 실천에 앞장섰다.

자운은 율풍 진작, 계단(戒壇) 정비, 지계청정을 통한 정법불교의 중흥, 조계종단의 정화 및 재건을 위해 헌신한 고승이다.

행적과 수행

자운은 1911년 3월 3일, 강원도 평창군 진부면에서 태어났다. 8남매 중 다섯째였는데, 유년 시절에는 서당에서 한학을 수학했다. 16세(1926년)에 정초기도를 하는 모친을 따라 오대산 상원사에 갔다가 발심했다. 그의 발심 계기를 만들어 준 혜운(慧雲)이 해인사로 돌아가자, 그를 뒤따라 해인사로 갔다. 해인사에서 혜운을 은사로, 성우(盛祐)라는 법명을 받고 정식으로 출가했다.

해인사 강원에서 수학하고, 이후에는 범어사·선암사·해인사·표훈사 등지에서 참선, 정진했다. 1934년 범어사 금강계단에서 비구계를 수지하고, 1935년부터 3년간 불영사에서 결사 수행을 했다. 1938년 망월사에서 용성에게 오도를 인정받고 입실 건당하면서 전법게와 자운이라는 당호를 받았다. 1939년 4월, 오대산 적멸보궁에서 하루 20시간씩 100일간 문수기도를 봉행했다. 기도 중에 문수보살로부터 "선재(善哉)라 성우(盛祐)여 이 나라 불교의 승강(僧綱)을 회복토록 정진하라."는 당부를 받았고,

계척(戒尺)도 받았다고 한다. 이때 "견지금계(堅持禁戒)하면 불법재흥(佛法再興) 하리라"는 감응을 받았다고 한다.

1939년 마하연 선원에서 정진 후, 1940~1941년 대각사에 머물면서 국립중앙도서관에 가서 율장을 열람, 필사하였다. 이때부터 율장 연구에 매진했다. 대각사에 머물 무렵, 1941년 3월 선학원에 열린 유교법회에 참가했다. 8·15 해방 직전에는 대승사 선원에서 성철, 청담 등과 영산회상에 근거한 불교정화를 모색했다. 그리고 1947년 가을, 봉암사 결사가 시작되자 성철, 우봉, 보문과 함께 입주했다. 봉암사에서 율장 연구를 지속하면서 《범망경》을 익혀 보살계 수계법회를 가졌다. 1949년 천화율원(千華律院)을 설립하고, 대각사에서 율장의 지형(紙型)을 완성했다. 그러나 6·25로 전부 소실됐고, 부산으로 피난을 갔다. 대각사의 자료를 어렵게 구해, 율장 5종을 간행하여 배포하였다. 이는 최초의 율서(律書) 보급이었다.

1953년 통도사의 금강계단에서 첫 비구계 수계법회를 가져 석암, 종수, 일타, 지관에게 계를 주었다. 통도사에서 율인(律人)에게 율장 연구를 지도했다. 1955년 불교정화 운동이 일단락되면서, 그는 해인사 주지가 되었다. 1956년, 해인사에 금강계단을 설립하고 전계화상에 추대되어 비구, 비구니에게 수계했다. 이로부터 자운에게 수계한 스님은 비구 1,650명, 비구니 1,536명이었다. 우바이, 우바새까지 포함하면 10만여 명에 달한다. 1957년까지 율장의 한글본, 《무량수경》과 《정토법요》를 포함하여 14만 권을 배포했다. 1958년 표충사 주지, 1960년 해인사 주지, 1967년 범어사 주지를 역임했고, 1975년 조계종 규정원장, 1976년 총무원장, 1977년 대각회 이사장에 취임했다. 1981년에는 조계종 단일계단 전계대화상, 1987년에는 동국역경원장과 동국역경사업진흥회 이사장직을 맡았다.

1992년 1월 4일(음력), 해인사 홍제암에서 입적했다. 해인사, 감로사, 경국사에 그의 사리가 나누어 봉안되었다. 1997년 해인사에 탑과 비석이 세워졌다.

일화와 어록

오대산 적멸보궁에서 세운 서원

자운은 29세 때인 1939년 4월, 100일간 하루 20시간씩 오대산 적멸보궁에서 기도 정진하였다. 그는 한국불교에 계율 정신이 진작되어 청정불교가 구현되고, 참다운 승단이 나타나기를 발원했다. 이때 자운은 문수보살로부터 계시를 받고, 스스로도 주체할 수 없는 영감을 받았다. 이런 역사에서 시작된 자운의 율풍 진작 일생을 그의 상좌인 지관은 다음과 같이 읊었다.

> 내 조국 독립 위해 이 한 몸 던지리라
> 오대산 중대에서 99일 지심발원
> 사자 탄 문수보살 계척(戒尺)을 전해줬고
> 홍율(弘律)로 불법재홍 스님은 감응했네
> 오부율(五部律) 정통한 후 전계한 대소승계(大小僧戒)
> 교화한 선남선녀 백팔 회 십만여 명
> 계정(戒定)은 선의 근본 경율(經律)은 교의 본원
> 계율이 기본 되어 선교가 일치된다

이렇게 읊은 지관은 자운사상을 계승하여 동국대에서 율학을 전공해 박사가 되었고, 율장을 연구하여 《韓國佛教所依經典研究》(1969)와 같은 전문서적을 출간했으며, 선율(禪律)을 가르치는 교수와 학자가 되었다.

율사도 공부해야

자운이 대율사, 전계대화상이 된 것은 우연이 아니었다. 자운은 율풍 진작을 통해 한국불교를 재건하겠다는 굳은 서원을 하고 이를 실행에 옮겼다. 우선적으로 율장의 중요성을 깨달아 연구하여 사부대중에게 널리 알리고 율풍 정신을 교단에서 실행하고자 하였다. 그래서 그의 법사인 용성이 주석하였던 사찰인 대각사에 머물렀다. 그런데 용성은 1940년 봄 입적하였기에 모든 것을 자신이 개척해야만 했다. 서울 종로구 봉익동의 대각사에 머물면서 2년간을 국립중앙도서관에 가서 《속대장경(續大藏經)》에 있는 5부 율장과 그 주소(註疏)를 모두 필사하였다. 한여름에도 두꺼운 장삼을 입은 채 필사를 계속했다. 이런 부단한 노력과 정성이 있어 그는 율장의 전문가, 율사가 되었다. 아무리 큰스님, 대율사라 해도 자료 수집을 하고, 공부를 하지 않으면 안 된다.

자운은 대각사에 머물 때인 1941년 3월, 선학원에서 열린 유교법회(遺敎法會)에 참가했다. 그는 청정승단, 청정비구의 상징으로 입을 보조 장삼을 법회 직전에 만들었다. 이렇게 자운이 율장 전문가가 되어가자, 일제 말기 대승사 시절에도 성철은, 좋은 시절이 도래하여 이상적인 수행도량인 총림을 해인사에 만들게 되면 율원은 마땅히 자운이 책임자가 되어야 한다고 말했다. 이런 연고가 있었기에 자운은 이른바 봉암사 결사 시절(1947~1950)에도 율장 연구에 여념이 없었고, 보조 장삼을 만들기 위해 송광사에 다녀 왔다고 성철과 묘엄(봉녕사 비구니 스님)은 증언했다. 봉암사에서 자운은 천화율원을 미리 만들어 두었다. 계율 정신과 비구니에 대한 배려가 암울했던 봉암사 시절에도 그는 비구니의 이부승제에 뜻을 두었다. 그 정황은 그때 봉암사에 같이 있었던 묘엄이 다음과 같이 증언했다.

자운 스님은 볼일 있으면 서울이나 대구나 해인사나 가셨다가 오시고 했거든. 그래 오셔 가지고 육법(六法)을 설해서 식차마나니계를 받았어. 아마 내가 대한민국에서 식차마나니계를 제일 처음 받았을 거야. 식차마나니가 뭔지도 모를 시대거든. 그 스님들은 경전을 널리 봤기 때문에 부처님 당시처럼 서서히 한다고 비구니 견습생인 식차마나니한테 육법을 설하면서 한 가지 한 가지를 실천에 옮긴 거야.

(묘엄《響聲, 묘엄스님 出家遊行錄》봉녕사 승가대, 2008)

이러한 자운의 행보를 보면 지성이면 감천이라는 말이 실감이 난다. 부단한 노력, 정성으로 대하였던 일 처리, 이런 원력의 노정에서 자운의 진면목을 찾을 수 있다.

종단에 계율의 기강이 서야

자운은 종단을 위해 헌신하였다. 그에 대한 야사, 비사는 많지만 채록하여 출판된 것이 없어 아쉽다. 자운은 총무원장, 규정원장을 역임했다. 규정원장은 감찰원장으로도 불렀다. 1976년 자운은 규정원장에 취임하면서 자신의 소신을 밝혔다.

지난날의 교단정화, 승단정화, 신도정화, 사회정화 등등 각 분야에서 노력했지만 이상의 모든 목표가 뜻과 같이 십분 성취하였다고는 할 수 없는 현 실정입니다. 종래의 감찰원이 그 명칭이 불교에 맞지 않다 하여 규정원으로 개칭되었지만 僧團의 紀綱은 어디까지나 誨諭, 矯導, 豫防에 노력하여야 하고 비위를 적발하여 처벌하는 것만 능사가 아니라고 생각합니다. 그러므로 감찰원이니 규정원이니 하는 것이 곧 과거의 律院을 말하는 것입니다. 율 중에는 수행에 어긋나는 잘못을 저질렀을 경우 羯磨 즉 大衆決議에 의하여 항상 和合을 위주로 해결하였던 것입니다. 불교가 흥왕 발전하는 것은 여러 가지 길이 있지만 무엇보다도 우리 종도들이 자기의 할 일을 충실히 수행하는 데 있다고 하겠습니다. 다시 말하면 불교가 흥왕하려면 불자 본연의 임무인 修行에 철저하여야 하고, 실추된 僧團의 위신을 회복하려면 戒律을 엄수하는 것이 최선이라고 생각됩니다.

이렇듯 자운의 율장에 바탕을 둔 지계 정신은 뚜렷하였다.

자운의 율장 보급에 담긴 정신은

자운은 율장 관련 서적을 발굴, 번역, 출판하여 끊임없이 보급했다. 이 같은 그의 헌신은 눈물겹기까지 했다. 여기에서 1981년 통합계단 정립 직전에 나온 《사분 비구계본》(대각회출판사, 1980)의 머리말을 살펴보자.

필자가 1951년에 한문본 비구계본을 출간하였고 그 뒤 1957년에는 번역본 비구계본을 발행한 바 있으나 이들은 이미 切本된지 오래이다. 오늘날 사부대중 사이에 戒律을 도외시하는 경향이 짙으니 앞날을 내다볼 때, 참으로 걱정하지 않을 수 없다. 부처님은 成道 最初에 이미 보리수 밑에서 보살계를 설하시었으며, 마지막 열반에 드시는 순간에도 "佛子들이여! 마땅히 戒律을 존중하라. 계율을 잘 지니면. 마치 어두운 데서 불빛을 만난 듯, 가난한 이가 보배를 얻은 듯, 환자가 쾌차해진 듯, 갇혔던 죄수가 풀려 나온 듯 하리라."고 말씀하셨다. 이와 같이 末法佛子들에게 계율사상의 고취가 절실히 요청되므로 이번 필자가 초판본의 번역을 대폭 수정하고, 한문본에 토를 달아 合本하여 발간하게 되었기에 몇 字 적어 冊尾에 붙여두는 바이다.

불기 2524년 3월 3일 常懺愧 慈雲 盛祐

여기에서 보듯 자운은 계율사상 고취를 통한 불교정화, 종단 정상화를 고뇌하였다. 그러나 종단은 자운의 노력에도 불구하고 10 · 27법난(1980년)을 당하였다. 당시 법난으로 종단의 과도기 종무기관인 정화중흥회의 기획 분야에 참가한 법혜(동국대 교수)는 단일계단 제정, 출범에 깊숙이 관여하였다. 당시 그는 그 작업을 할 때 자운(부산, 감로사)을 찾아가 그에 대한 지침을 받아 업무를 했다. 이때 자운은 정신을 차려서 일해야 한다고 격려해 주었다.

1981년 1월, 계단 통합은 성사되었다. 자운은 초대 단일계단 전계사로 추대되었고, 제1회 수계산림 법회(1981. 2. 17)는 여법하게 거행되었다. 그는 1991년 10월 30일 범어사에서 개최된 제13회 수계 산림 시까지 전계사 소임을 했다. 이때까지 그는 제2회 수계산림 때만 제외하고 12회나 전계대화상을 역임하였다. 이런 사실은 조계종단 율장, 계율 역사에서 자운 스님을 결코 빼놓을 수 없음을 웅변한다.

자운 스님의 문도

자운문도회의 거점, 본부 성격을 지닌 사찰은 해인사 홍제암이다. 그리고 자운 문도의 연고 사찰은 경국사, 감로사(부산)이다.

자운 문도는 〈자운비문〉에 전하는데 은법제자, 수법제자, 전계제자, 참회제자, 은손상좌 등으로 나누어져 있다. 은법제자는 보경, 지관 등이다. 지관은 자운의 효상좌로 널리 알려졌는데 해인사의 강주 및 주지, 동국대 총장, 대각회 이사장, 총무원장 등을 역임했다. 지관은 가산불교문화연구원을 설립해 불교문화연구 진흥에 헌신했는데《가산불교대사림》의 사전 편찬이 대표적인 업적이다. 그는 금석문의 연구 및 번역에 이바지하여《교감역주 한국역대고승비문》(전 6권)《한국고승비문총집: 조선·근현대편》(2000) 등을 펴냈다. 지관은 경국사에 자운의 사리탑비를 2005년에 세우고, 자운 율풍 진작을 위한 자료수집에 주력하였다. 총무원장 재직 시에는 대중결계(大衆結界)와 포살을 시행하여 종단의 수행 종풍을 진작시켰다. 여기에 자운 계율사상의 계승 의미가 담겨 있다. 또한 자운이 참가한 유교법회의 학술적 조명을 종단 차원에서 시도했다.

전계 제자는 종수, 일타, 지관, 성우, 철우 등의 율사이다. 손상좌는 혜총, 세민, 종성 등이 있다. 혜총은 포교원장을, 세민은 해인사와 조계사의 주지를 역임했다. 세민은 현재 수안사 주지로 조계종 원로의원인데, 자운 계율사상연구원을 설립하여 자운 계율사상의 재흥, 선양에 이바지하고 있다. 그리고 지관의 전계제자인 법혜와 무관도 자운 계율사상 연구에 매진하고 있다.

❖ 참고문헌

지　관《한국불교계율 전통》가산불교문화연구원, 2005.
자운문도회《근대 한국불교 율풍진작과 자운대율사》가산불교문화연구원, 2005.
_____《자운대율사 – 율풍진작사업 1차보고서》가산불교문화연구원, 2005.
자운문도회《자운대율사 탄신 일백주년 기념 학술세미나 자료집》2013.
김광식〈백용성 계율사상의 계승의식 – 동산·고암·자운을 중심으로〉《대각사상》10, 2007.
_____〈조계종단 율원의 역사와 성격〉《불교학보》70, 2015.
목정배〈봉암사결사와 자운 성우대율사〉《봉암사결사와 현대 한국불교》조계종출판사, 2008.

소천
韶天

소천은 어떤 스님인가

소천(韶天, 1897~1978)은 스님, 불교 지식인, 신도 등에게도 생소할 만큼 지금껏 베일에 싸여 있다. 다만 소수의 제자, 교수 등이 그의 자료를 모아 펴낸《소천선사 문집》(1993)이 그의 성격과 수행정신을 짐작게 한다.

소천은 불교사상가, 실천사상가의 측면에서 결코 간과할 수 없는 큰스님이다. 그에 대한 정체성은 몇 가지로 나누어 볼 수 있다. 첫째, 그는 한국 현대불교에서 최고의 불교사상가로 꼽을 수 있다.《금강경》《반야심경》《원각경》등을 풀이한 저서를 펴냈을 뿐만 아니라 불교사상을 역사와 사회에 접목하려는《활공원론》을 비롯한 사상서를 9권이나 발간했다. 그의 저서는 단순하게 불교의 교리 설명에 그친 것이 결코 아니다. 불교로 사회, 국가, 세상을 개조하려는 웅대한 꿈을 피력했다.

둘째, 불교를 관념과 이상에 매몰시키지 않고 자신의 불교사상을 사회에 접목하려는 실천에 나섰다. 소천은 6·25전쟁이 한창이던 때 마산, 부산 등지에서《금강경》독송 구국운동을 전개했다. 24곳에서 130여 회의 강연과 법회를 가져 3만여 부의《금강경》을 보급했다. 그는 속납 70세가 넘었던 1965~1975년에도 인천 보각사를 거점으로 《금강경》 독송 구국운동을 전개했다. 셋째, 그의 사상은 용성 – 소천 – 광덕으로 계보가 이어지고 있다. 소천의 사상은 각(覺) 사상이었는데, 백용성의 대각사상에 영향을 받은 것이다. 그의 사상은 《금강경》 독송운동의 조력자였던 광덕에 의해 계승되어 불광(佛光) 운동으로 이어졌다. 즉 사상은 역사성, 사회성을 지니고 있고, 근대 고승들의 법맥으로 이어지는 정통성도 지니고 있다.

그는 일제하 공간에서 재가자 신분으로 1939년(39세)에 《금강경강의》를 펴내 큰 주목을 받았다. 그리고 56세 때인 1952년, 범어사에서 용성을 위패상좌로 출가했다. 이렇듯 소천은 늦깎이로 출가하였지만, 불교로 세상을 바꾸려 한 사상가였다.

행적과 수행

소천은 1879년 2월 1일, 서울 종로구 적선동에서 태어났다. 평산 신씨 가문, 신태운의 둘째 아들이었는데 속명은 신세순(申世淳)이었다.

청소년 시절에는 망국의 비운과 구국의 울분으로 격정의 나날을 보냈다. 14세 무렵, 기독교청년회에 나가 국권회복을 기도하였으나 1910년 한국이 일제에게 망하자, 기도의 감응이 없음에 아쉬움을 느꼈다. 그는 "주님, 저는 주님 곁을 떠납니다. 나라 찾는 길을 찾지 못하였을 때 다시 돌아오겠습니다."라고 한 후 교회를 떠나 종교, 학문, 신비술 등을 섭렵했다.

1911년 15세 때에 《금강경》을 서점 주인에게 받아 불교 씨앗을 심었다. 중학교 졸업 후 1919년(23세)에 3·1운동이 일어나자 만세운동에 참가했다. 독립군에 가담하기 위해 중국 만주로 가서 김좌진 장군 휘하의 서로군정서 부대에 들어갔다. 그곳에서 사관 훈육부, 사관학교를 수료하고 청산리 전투를 비롯한 무장투쟁의 일선에 나섰다. 그러나 독립군 지도자들

간에 반목과 대립이 심한 것에 회의를 품었다. 만주를 떠나 북경으로 갔다가, 사관생도 후보생을 모집하기 위해 국내에 잠입했다. 사정이 여의치 못해 농촌에서 교원 생활과 웅변연구회를 조직하면서 독립운동 지원 활동을 했다.

그러던 중 일본 경찰의 추적을 피하기 위해 산중 사찰에 피신하게 되었다. 이를 계기로 불교를 연구하면서 동시에 정치·군사학, 참선 등의 연구를 통해 구국구세(救國救世)의 원리를 모색하였다. 1924년 《금강경》을 읽고 큰 깨달음을 얻게 되었다. 1935년(39세) 소천은 《금강경 강의(金剛經 講義)》를 간행하였다. 그러면서 도력을 구사하여 수많은 사람의 병을 구제했다. 그 시절 세간에서는 그를 '신법사'로 불렀다. 1941년 경기도 파주에 토굴을 짓고 불교 포교와 민족정신 함양을 모색, 궁리했다.

1945년 해방을 맞이하여 민족의 진로에 대해 심각하게 고민했다. 좌우 분열, 민족 분단이라는 현실을 직시했다. 그런 고민의 결과 해방공간에서 《바른 정신》《독립의 넋》《인류업 개조운동》을 저술했으나 출간에는 이르지 못했다. 단 1권 《진리도(眞理刀)》만 출간되었다. 1950년 전쟁으로 부산으로 이주했다. 56세가 된 1952년, 큰 결단을 하였으니 바로 출가였다. 용성을 위패상좌로 범어사에서 스님으로 변신했는데 법명이 소천이었다. 당시 그의 출가를 도운 인물은 용성의 상수제자인 동산이었다.

1952년 겨울부터 마산과 부산에서 국민계몽운동 차원에서 금강경 독송운동을 전개하였다. 이른바 금강경 독송 구국원력대를 조직하고 《금강경》 사상으로 민족과 인류를 구제하겠다는 원력을 실천에 옮겼다. 이것이 구국, 구세운동이었다. 이때 《한글 금강경》《독송용 금강경》을 포켓본으로 만들어 운동의 교과서로 이용했다.

1954년 불교정화 운동이 발발하자 적극 참여하였다. 1955년 조계종단의 교무부장, 대각사 주지로 소임을 보면서 종단 정화의 이론적 뒷받침을 모색했다. 그러면서 대각사를 근거로 금강경 독송운동을 재개했다. 운동의 모체로 신행단체인 대각회를 출범시켰으며 《금강경과 각운동》《활공원론》《진리에서 본 구세방략》을 발간했다. 이 무렵 자신의 호를 소소(簫韶)라 했다.

이후 불국사와 화엄사의 주지를 역임했다. 1965년(69세), 인천 보각사에 주석하면서 참선, 교화운동을 하였다. 그리고 보각사에서 위법망구의 정신으로 금강경 독송운동을 다시 추진했다. 1968년에 《반야심경 강의》와 《원각경강의》를, 1970년에는 《전쟁 없는 새 세계 건설의 원리와 방법》을 펴냈다.

1978년 82세로 범어사에서 입적했다. 범어사 부도전에 부도가 있다.

일화와 어록

《금강경》을 국역하여 하는 말(1952. 12. 8)

한데 생각하니 世界는 어지럽고 나라는 危殆로우며 民族은 피를 흘리는 이때에 眞理王 금강경이 한글로 얼굴을 드러내는 것은 意味 크다 한다. 진리인 글로 진리를 表現시키는 것도 그렇지마는 금강경은 우리 손을 통하여 나라와 세계를 구해낼 수 있는 까닭이다. 왜 그러냐? 금강경은 三千大千世界와 乃至 眞法界와 虛空界를 내놓은 곳이니 나온 곳에서 다시 새로 올 수 있음이요 또 三千萬은 過去에 남을 侵略해 보지 않든 處女의 眞理民族으로서 그 글과 더불어 이 任務를 當할 수 있는 까닭이다. 진리나라를 建設하자면 먼저 民族을 깨우쳐주어야 하겠고 민족을 깨우쳐주자면 금강경 진리로 민족 마음을 沐浴시켜 주어야 하겠다. 나는 이 의미에서 금강경 佛事를 하려는 것이니 불사라는 의미는 "깨우쳐주는 일"이라는 뜻이다. 나는 이를 現代用語로 覺運動이라 한다. 나는 이 각운동에서 三萬卷의 금강경 出版과 一千名의 깨닫는 이를 目標하고 願力을 세우는 바이다. 이것은 즉 금강 救國運動인 것이며 금강 救世運動인 것이니 이 운동을 活功思想 운동으로 더불어 두 다리를 삼아 각운동을 完遂시킬 수 있는 것이다. 한 배의 子孫인 三千萬은 金剛經을 읽어서 나라를 구하여야 할 것이다. 금강경 功德으로 나라를 구하여야 할 것이다. 금강경 威力으로 나라를 구하여야 할 것이다. 금강경 진리가 이 나라에 臨하게 하므로 나라를 구해내고 다시 세계를 구해낼 것을 約束하여야 할 것이다. 금강경은 모든 道理의 바르신 어머님이시다. 즉 正道의 주인님이시다. 이 주인님의 바르신 命令을 받들어서 覺運動을 완수시킴으로 正道令의 出世를 삼자! 迷惑한 民族이 되어서는 아니 될 것을 알아야 하겠다.

구국원력대의 외침 (1953. 5)

우리는 나라를 구하기 위한 금강경을 독송하자! 나라를 구하는 것은 곧 내 집을 구하는 것이며 곧 내 몸을 구하는 것이며 곧 세계를 구하는 것이며 곧 내 마음을 구하는 것(즉 도를 닦는 것)이 된다. 왜 그러냐? 나라가 망하면 곧 도(道)가 폐하는 것이니 인심이 혼란해지는 탓이요. 곧 가정경제가 파멸되는 것이니 재산보호토대(財産保護土臺)가 없어지는 탓이요. 곧 일신이 천해지는 것이니 나라를 지키지 못한 망국민 대우를 받는 탓이요. 또 세계는 어지러워지는 것이니 한 나라도 망국민이 있으면 세계는 벌써 난세이어서 언제든지 이 망국 때문에 오늘 같은 불행의 세계를 가져오는 탓이다. 그러므로 나라를 바로 사랑하는 도(道)만이 위없는 바른 도덕이요, 내 집 내 마음을 구하는 것이요. 세계를 구하는 정도(正道)인 것을 새로이 깨닫자! 그는 그렇지만 왜 금강경을 독송하기로서니 나라가 구해질까? 금강경은 모든 유위물(법질) 무위법(진리)이 나온 곳이며 모든 종교가 생긴 곳인 까닭이다. 일체 이치와 일체 신이며 일체 물질의 어머

니인 금강경은 그 쐬어 주는 훈기와 그 비추어 주는 광명은 능히 병든 나라와 지저분한 정신을 부승부승하게 깨끗이 할 수 있는 까닭이다. 한배의 자손인 백의민족은 금강경을 읽어서 나라를 구하고 다시 세계를 구하자! 불교인도 읽고 예수교인도 읽고 유교인도 읽고 무종교인도 읽자. 만일 유교나 예수교가 이 경을 내 종교의 경전이 아니라 하면 이는 잘못 믿는 예수교요 유교인 것이다. 금강경은 불교의 경전이 아니요 일체 종교 일체 유위법 무위법의 경전인 것이다. 이렇게 알아야만 바른 지견의 종교가요 바른 지견의 인류인 것을 알아야 한다. 백인족은 적어도 이렇게 초탈한 민족이 돼야 각기 각기가 인류 구출자를 자부하는 구세주로서 금강독송 원력운동에 총동원하며 총협력하여 각세 구국운동 연맹에까지 나아갈 것을 서약하자!

광덕의《금강경》독송운동 회고

　(소천)스님께서 그 경을 번역하실 때 제가 가까이에서 원고도 쓰고 인쇄도 하고 스님 모시고 다니면서 법문을 듣고 했는데도《금강경》을 읽으라고 노사님이 저한테 서약서를 받으시더군요. 그때 저는 이런 생각을 했습니다. 나라를 구하기 위해서《금강경》을 읽자. 이 세상의 전쟁은 물질적인 것, 육체적인 것, 감각적인 것에 집착해서 견해를 일으키고 대립하는 데서부터 수많은 파괴와 죽음과 불행이 양산되는 것이다. 이 중생의 대립감정 미혹한 감정을 깨뜨려서 모두가 참으로 평화롭고 진리로써 하나가 되고 진리가 가지고 있는 공덕을 한결같게 누리자면, 육체에 물질에 감각에 타성에 매달린 관념들을 다 깨버려야 한다. 그것은 반야(般若), 반야사상 밖에 없다. 반야의 진리가 능히 일체 대립, 일체 고난, 일체 투쟁, 일체 악의 요소를 뿌리부터 무(無)로 돌려서 모두를 소멸시켜 버린다. 그래서 이 땅에는 전쟁의 불이 꺼지고 평화가 오고 세계평화로 이어진다.

이렇게 해서《금강경》독송을 시작하고 절에 찾아다니면서 법문을 하고 《금강경》을 읽게 하였는데 마산에서 처음 시작하여 부산, 진주, 대구, 울산 등은 물론 서울에서도 대각사 등 여러 군데를 다녔습니다. 1955년 불교정화 불사가 일어나기 전이었습니다. (중략) 제가 이 불광 법회를 시작하기 전입니다. 소천 큰스님이 인천 보각사에 계실 때 제가 한두 달에 한 번씩 가서 뵙는데, 한번은 저에게 종이를 한 장 주면서 "여기에 서명을 해라." 하셨습니다. 무엇인가 보니 서약서입니다. "부처님 전에 서약합니다. 나라와 세계평화를 위해 한글《금강경》을 백 일간 백독(百讀)하겠습니다."라는 내용이었습니다. 서약서에 서명을 했더니 새로 베낀《금강경》한 권을 주고 읽으라고 하셨습니다. 제가 대각사에 있을 때였는데 아마 건강이 매우 안 좋았던 것 같습니다. 새로 주신《금강경》을 가지고 와서 얼마를 읽든지 간에 하여간 백 일 동안 작정하고 봉독했습니다. 마지막 21일간은 서울을 떠나 창원 성주사에서《금강경》을 독송하며 기도했습니다. 그래서 100일을 마쳤습니다. 지금 돌이켜 보면 그때 기도를 마치고 나서 바로 월간《불광》을 내기 시작했습니다.

〈한글 금강경이 나오기까지〉《호법총람》1990. 9. 5)

소천의 일상생활

소천은 만성 위장병에 시달렸다. 때로는 아주 탈진한 몸으로 밤을 새워가며《금강경》《반야심경》《원각경》등의 역강에 몰두하고 계신 모습, 탈고하실 때 자금난에 시달리던 그때 상황들을 지금 생각해보면 불교포교에 선구자적인 역할을 하신 분이라고 확신이 간다. 늘 하시는 말씀이 "覺운동을 해야 된다. 나라와 민족 중생을 건지는 데는 覺운동만이 제일 절실하다"고 외치시며 실천하셨다. 언제든지 나라와 민족이 먼저였다.

《소천선사 문집》에서, 정화스님 회고)

승단정화 원칙

불법으로 말하면 석가불이 가르친 대로 수행하는 자만이 스님 자격이 있고 그 외 파계 스님은 모두 숙청하여 신도 자격으로 건공(建功)케 하여야 할 것이다.

《활공원론》 1947)

비구승의 자격

비구(比丘)는 애국자나 정치가보다도 일보 진(進)하여 애국자와 정치가를 만들어 내놓는 자격이라야 한다. 지금으로부터는 한국의 비구로서 먼저 공좌타수(空座打睡)의 불교, 구유행무(口有行無)의 불교, 언시심비(言是心非)의 불교, 내세작불(來世作佛)의 불교, 성불도중생(成佛度衆生)의 불교 등 공상불교(空想佛敎)를 일시에 청산하고 실제의 애국 애족과 구세(救世) 구인류(救人類) 그것으로써 각기 직책에서 일체 선법(善法)을 실물(實物)로 해서 수행하는 실현(實現) 그것으로 불교를 삼아야 하고 해행(解行)을 가져와야 하고 성불작조(成佛作祖)인 훈련을 실천하여야 할 것이다. 이것에서 치심(治心), 치신(治身)도 오는 것이다.

《금강경과 각운동》 1956)

소천 스님의 문도

소천의 문도는 미약하다. 《소천선사 문집》에 전하는 은법 제자는 창봉, 법종, 일파, 정영, 정우, 지철, 고봉, 고담, 고원으로 나온다. 재가제자는 신범래, 신영래, 신여래, 신웅래이다.

03

문도 대표 격인 스님은 만상좌 창봉이다. 그는 지금 호주에서 포교당인 금강사를 세워 전법 활동을 하며 소천사상을 실천하고 있다. 시철은 효림 스님으로 조계종단 실천승가회를 이끌며 종단개혁 활동에 적극적으로 나서고 있다.

소천사상을 계승한 인물은 광덕이다. 광덕은 《불광》을 발간한 불광 법회의 주역으로서 불광 운동을 견인했다. 그는 《소천선사 문집》이 발간되도록 추동하였고, 불광 운동의 연원이 소천임을 여러 차례 밝혔다. 소천이 주석하였던 인천 보각사는 문도 사찰의 성격을 상실했다. 이런 연고로 소천 문도는 정상적인 움직임이 부재하다.

소천은 서울대 불교학생회 초청으로 법문을 자주 했다. 그래서 그의 영향을 받은 사람들이 적지 않다. 그 대표적인 인물이 출가한 성경섭(기기암 휴암 스님)과 불교방송 사장을 역임하고 대한불교진흥원 이사장을 맡고 있는 김규칠, 창원기능대 교수를 역임한 권경술, 성신여대 명예교수인 방영준 등이다.

❖ 참고문헌

소천선사문집 간행위원회 《소천선사문집》(2권), 불광출판사, 1993.
광　덕 〈신소천스님의 구세호국 사상〉 《불광》 45호, 1978.
_____ 〈護國佛敎운동의 선구자 – 소천스님의 사상과 생애〉 〈불교신문〉
　　　　1978. 4. 23.
석　주 〈一陣淸風이 온 天地의 빛을 – 韶天스님의 入寂을 애도함〉 〈불교신
　　　　문〉 1978. 4. 23.
효　림 〈시대를 앞서간 선사: 소천스님〉 《봉은》 1992년 3월호.
_____ 〈나의 은사, 소천스님〉 《월간 해인》 1994년 11월호.
권경술 〈삶의 의미와 필생의 사업을 일깨워 주신 소천 선사〉 《불광》 2001년
　　　　9월호.

김광식〈소천의《금강경》독송구국운동과 광덕의 반야바라밀운동〉《전법학
　　연구》7, 2014.
_____〈광덕 연구: 출가, 수행, 종단재건〉《광덕스님 시봉일기 6》도피안사,
　　2003.
_____〈광덕스님의 구도행·보살행〉《광덕스님 전집, 1》불광출판사, 2009.
_____〈광덕사상, 그 연원의 시론적 소묘〉《불교근대화의 이상과 현실》선
　　인, 2014.
김재영〈불광운동과 광덕스님의 반야바라밀사상〉《광덕스님 전집》1, 불광
　　출판사, 2009,
_____〈광덕스님의 삶과 불광사상〉《전법학연구》창간호, 2012, pp.65~70.
방영준〈소천스님과의 만남〉《소천선사문집》(권2), 불광출판사, 1993.
김호성〈공에 입각한 실천: ‘금강경강의’와 신소천 역해〉《책안의 불교, 책밖
　　의 불교》시공사, 1996.
"金剛經 救國독송運動"〈대한불교〉1970. 3. 22.
"금강경 독송구국 원력대 모집, 광고문"〈대한불교〉1970. 4. 12.
"신소천 大宗師 입적 － 17일 범어사에서 다비식 봉행"〈대한불교〉1978.
　　4. 23.

광덕은 어떤 스님인가

광덕(光德, 1927~1999)은 불교 현대화의 주역이다. 그는 도심지 불교의 개척자였다. 근현대 공간에서 불교는 기존 산중불교에서 벗어나 도회지 불교로 전환해서 대중불교로 나아가야 한다는 입론하에 다양한 행보를 펼쳤다. 광덕의 그런 행보는 근대화를 통한 불교의 생존이라는 그의 평소 지론 일맥이 닿은 것이었다. 그는 스스로 모범을 보여 불교 현대화, 대중화의 가능성을 입증하였다. 《불광》발간, 불광 법회의 활성화를 통해 자신이 구상하는 불법의 발현을 성공시켰던 것이다. 불광 운동으로 명명되는 그의 활동은 대각사(서울 종로)에서 시작했지만 1980년대 초에는 독자적 활동의 근거지인 불광사(서울 잠실)를 건립했다. 사찰 건립에 머물지 않고, 불교사상 운동의 홀로 서기를 단행할 정도로 광덕은 불교사상을 현실에 접목했던 불교실천가였다.

광덕의 불광 법회, 불광 운동은 불교사상을 막연하게 구현한 것이 아니었다. 광덕은 자신이 추구하는 운동의 이념과 이론 체계 정비에 주력했다. 자신의 좌표를 '순수불교'로 선언하면서, 사상적으로는 두 가지 입론으로 설명했다. 그것은 반야바라밀다와 반야대행이었다. 그의 사상 및 운동의 초점은 부처의 가르침, 불교의 사상을 '반야사상'으로 단순화·특성화를 꾀한 데 있었다. 그리고 반야사상을 널리 구현하는 반야바라밀운동을 보현행원으로 개념화했는데, 《화엄경》의 보현행원사상에 근거하면서도 실천이념으로 재정비하여 부각시킨 것이다. 그래서 이 두 가지 이론의 실천을 통해 순수불교(인간의 신뢰, 불성 자각)에 도달할 수 있다고 믿고, 이를 홍포하면서 실천 활동을 전개했다.

이런 그의 불광 운동은 40년간 계속해서 지속되고 있는데, 생명력 있는 사상을 펼친 불교사상가로 광덕 스님을 특징지을 수 있다.

행적과 수행

광덕은 1929년 경기도 오산에서 태어났다. 제주 고씨인 고준학의 2남 3녀 중 넷째 아들이었는데 속명은 고병완(高秉完)이었다. 소농을 하였던 평범한 집안이었는데, 초등학교를 다닐 때는 탐구열이 왕성하여 독서에 탐닉했다. 그러나 가정형편이 나빠 중학교 진학을 하지 못했다. 그래서 통신강좌를 통해 중학교 과정을 이수했다. 그 무렵 아버지와 형의 죽음을 겪는 등 시련이 많았다.

그의 모친은 정신적 방황을 해소하려고 천주교회에 나갔는데, 그도 모친을 따라 종교 경험을 하였다. 3년간의 통신강좌로 5년제 중학과정을 이수한 그는 서울에 있는 일본인 경영의 광업사무소에 취직했다. 회사 독서실에서 다양한 책을 읽었는데 《생명의 실상》이라는 책을 통해 종교의 본질을 알게 되었다. 그리고 민족, 식민지, 제국주의 등에 대한 인식도 새롭게 했다.

이런 와중에 해방을 맞았다. 그러나 해방공간은 그에게 새로운 시련을 안겨주었는데 모친과 누이의 별세였다. 그는 한국대학(야간)에 다니면서 학구열로 20대 초반의 고난을 극복했다. 당시 그는 철학자인 박종홍에게 영향을 받아 민족주의에 관심을 가졌다. 그러나 폐병에 걸려 몸이 자주 아팠다. 이럴 때 1950년 6·25전쟁이 터졌다. 1950년 겨울 박종홍은 범어사에 가서 휴식을 취하도록 권유했다. 권유를 받은 광덕은 범어사로 가서 고승인 동산을 만나고 선원에서 수행을 시작했는데, 3개월의 휴식이 입산 출가로 이어졌다. 거사 신분으로 선원수행을 하다가, 동산으로부터 광덕이라는 법명을 받았다. 그러나 건강 문제로 비구계 받기를 사양해서 고처사로 불렸다.

그때, 범어사에서 불교사상가이자 운동가인 소천과 운명적인 만남을 가졌다. 소천은 마산과 부산 일대에서 《금강경》독송 구국운동을 추진했는데, 광덕은 조력자로 그에 동참(1953~1954)했다. 이때의 활동이 후일 불광 운동을 하는 계기, 사상적 동기로 작용했다. 이때 《금강경》의 원고도 쓰고 등사판 인쇄도 하고, 소천을 시봉하면서 법문도 들었다. 이런 현장 경험이 《금강경》사상을 통해 반야운동과 불광 운동을 전개하는 사상적 토대가 되었다.

1956년 9월부터 서울 대각사에 머물렀는데, 소천이 불교정화 운동이 마무리되자 종단 교무부장, 대각사 주지에 취임하면서 대각사에서 《금강경》독송 운동을 시작했기 때문이었다. 운동을 주도한 단체의 이름이 대각회였는데, 그가 회장 역할을 했다. 법문은 소천이 주로 하였지만, 대각회의 전반적인 운영은 광덕이 담당했다. 불교권 밖의 전문가와 교수들을 초청하는 등 개방적인 활동을 했다. 그러나 3년간의 치열한 활동으로 건강에 무리가 오자 1959년에는 기장포교당으로 퇴진했다. 이때 범어사 수좌들과 함께 설봉의 《선문촬요》 강의를 들었는데, 그것이 불국사에서의 《벽암록》강설, 현대선학연구회의 결성으로 이어졌다. 그러다가 1960년 봄, 비구계를 받았다.

4·19의거가 일어난 당시 불교계는 대처승이 득세하고 있었다. 범어사 총무 소임을 보면서, 은사인 동산을 도우던 광덕은 종단정화의 일선에 나섰다. 총무원의 서무국장, 기획국장, 전문위원, 감찰위원 등으로 종단의 행정 및 입법 분야에서 다양한 개혁 활동을 했다. 1965년에는 봉은사 주지를 하면서 대학생불교연합회의 지도법사를 했다. 그리고 봉은사에 대학생수도원을 입주시켰다. 1960년대 중반 종단 재정화의 기운이 등장하자 그는 영축회, 선림회에 가담했다. 그러나 재정화를 통한 혁신은 쉽지 않았다. 이 무렵 그는《선관책진》(1967)과《보현행원품》(1968)을 출간했다. 또한 1967년 도반들과 함께 탁마모임인 청맥회를 결성했는데 간사로 활동했다. 1969년에 출범한 용성사상을 선양하는 재단법인체인 대각회 등록에도 관여했다.

1970년 조계종단의 종회의원, 총무부장으로 종단의 안정에 헌신했다. 그러나 종단의 분열에 환멸을 느끼고 종단에서 물러났다. 그리고 1974년, 자신이 꿈꾸던 불교사상 운동을 선언, 실천에 옮겼다. 자신의 순수불교선언을 구현할 월간지《불광》을 창간한 것이다. 이를 기반으로 불광 법회를 출범시켰다. 그리고 불광 출판부를 설립해서 문서포교에도 주력했다. 그는 불광 이념(반야바라밀, 반야대행)을 통해 불교 현대화에 기여한 다양한 업적을 남기고 1999년에 입적했다.

일화와 어록

순수불교선언(純粹佛教宣言)

순수불교선언은 광덕과 불광 운동 이념의 정수이다. 이 선언은《불광》창간호(1974년 11월호)에 수록되었다. 여기에 그 전문을 소개한다.

부처님 보신 바에는 인간은 어느 누구의 被造物이거나 相關的 존재가
아니다. 사람의 참모습은 절대의 自存者며 무한자며 창조자다. 일체 신성
과 존엄과 가치와 권위는 그로부터 因由한다. 그것은 인간이란 구극의 진
리인 佛性의 실현이기 때문이다. 그러므로 사람에게는 모든 德性과 능력
이 본래로 구족하다. 지혜와 자비는 그의 생리며 체온이다. 희망과 환희,
자신과 성취가 그의 맥박 이전부터 함께 있다. 사람은 본래로부터 축복된
자며 영원의 자재인 것이다. 그러므로 참된 인간세계에는 찬란한 光明이
가득하고 청정하고 싱그러운 기운은 大地 구석구석에 물결친다. 그러니
어디 메에 어둠이나 不安의 겁약이나 좌절이 깃들 것인가! 이것은 본래의
것이다. 빼앗길 수도 없고, 迷하였다 하여 變할 수도 없다. 이것이 영원
히 변할 수 없는 인간의 모습이며 現實인 것이다. 헌데, 오늘날 우리의 世
態는 그렇지만은 않다. 원래로 이같이도 밝고 따사로운 햇빛인데, 인류의
앞길에는 첩첩이 不安의 구름이 가려 보이는 것이다. 자원고갈, 환경파
괴, 인구폭발, 異常氣象, 기아만연, 전쟁위기……. 게다가 극도로 거칠어
진 無道德의 물결은 우리 주변 어느 구석도 안전지대로 남겨두지 않는다.
우리는 이러한 세계적 소용돌이 속에서 이제 새 역사를 이룩하기 위하여
꿋꿋하게 일어서서 벅찬 노력을 계속하고 있다. 그 중에 우리의 주위에는
感覺과 物質爲主 - 유물주의의 亡靈이 폭풍처럼 우리의 視界를 흐리게
하고 知性에 혼란을 일으키고 있는 것이다. 이것은 가치의 겁탈이며, 행
복의 포기며, 人間의 自己否定과 통한다.

우리는 참으로 般若(지혜)의 눈을 크게 떠야 한다. 물질과 감각으로 착
색된 迷惑에서 벗어나 人間實相을 바로 보고 人間福地를 회복하여야 하
겠다. 그리고 거기서 넘치는 힘과 충만한 功德을 보고 무한의 지혜와 勇
力을 발현하여 이 땅 위에 평화 번영의 굳건한 터전을 이룩하여야겠다.
이것은 인간본연의 영광을 이 땅 위에 구현하는 일인 것이다. 이에 本誌
「佛光」은 감히 우리의 역사와 생활 속에 부처님의 威光을 전달하는 使命

을 自擔하고 나선다. 이로써 조국의 발전이 기초할 정신적 基盤과 動力을 공여하기를 기도하며, 前進하는 민족사의 方向과 底力을 부여함에 보탬이 되기를 기약한다. 오늘을 사는 佛子로서 祖國과 형제 앞에서 진실을 바치고자 함에서이다.

三寶諸聖이며, 證明하여지이다. 兄弟들이여 微忠을 살펴지이다. '나무 마하반야바라밀'

소천의 금강경 독송 구국운동의 경험이 불광 운동의 이념으로

6·25가 일어난 지 3년 뒤 53년 무렵에 신소천(申韶天) 큰스님을 모시고 《금강경》을 번역해서 널리 퍼트리고 독송하는 불사를 했습니다. 그때만 하드라도 번역된 《금강경》이 없었습니다. 경을 번역한다고 하면 경도 번역하느냐고 반문하던가, 또는 번역하면 경의 존엄성이 깨진다든가 뜻이 바뀐다든가 하면서 이해하지 않던 시절입니다. 그러나 그때 제가 모시고 배운 소천 큰스님께서는 '나라와 세계 평화를 위해서 《금강경》을 독송하자.'라는 구호를 내걸고 이렇게 말씀하셨습니다. (중략) 지금의 선덕암입니다만, 그 당시에 마산 추산동에 있는 선도장이라 하던 곳에서 일주일 동안 번역을 하여 한글 《금강경》 5만 권을 만들었습니다. 그 후 목욕탕집 2층의 넓은 공간에 모여서 금강경 법문을 설하고, 금강경 독송운동을 시작했습니다. 금강경을 독송해서 나라를 구하자는 원을 세워 금강경을 읽고 배우고 가르침을 행하는 모임을 만들었습니다. 그 독송회의 이름이 '금강경 독송 구국 원력대'였습니다. 금강경의 진리를 굴리는 대불사를 하자. 이 땅에 평화가 오고 전쟁이 종식되도록 기도하자. 정말 번영된 국토를 만들자는 원을 세웠던 것입니다. 스님께서 그 경을 번역하실 때 제가 가까이에서 원고도 쓰고 인쇄도 하고 스님 모시고 다니면서 법문을 듣고 했는데도 금강경을 읽으라고 노사님이 저한데 서약서를 받으시

더군요. 그때 저는 이런 생각을 했습니다. '나라를 구하기 위해서 금강경을 읽자. 이 세상의 전쟁은 물질적인 것, 육체적인 것, 감각적인 것에 집착해서 견해를 일으키고 대립하는 데서부터 수많은 파괴와 죽음과 불행이 양산되는 것이다. 이 중생의 대립감정 미혹한 감정을 깨뜨려서 모두가 참으로 평화롭고 진리로써 하나가 되고 진리가 가지고 있는 공덕을 한 결같이 누리자면, 육체에 물질에 감각에 타성에 매달린 관념들을 다 깨버려야 한다. 그것은 반야(般若), 반야사상밖에 없다. 반야의 진리가 능히 일체 대립, 일체 고난, 일체 투쟁, 일체 악의 요소를 뿌리부터 무(無)로 돌려서 모두를 소멸시켜 버린다. 그래서 이 땅에는 전쟁의 불이 꺼지고 평화가 오고 세계평화로 이어진다.' 이렇게 해서 금강경 독송을 시작하고 절에 찾아다니면서 법문을 하고 금강경을 읽게 하였는데 마산에서 처음 시작하여 부산, 진주, 대구, 울산 등은 물론 서울에서도 대각사 등 여러 군데를 다녔습니다. 1955년 불교정화불사가 일어나기 전이었습니다. (중략) 저는 오늘 법당에 들어오면서, 형제들이 이같이 모여서 호법발원을 하신다고 하는 것은, 53년도에 시작했던 금강경 독송운동, 금강경의 반야사상을 가지고 세계평화를 이루고자 하는 그 당시 큰스님의 원이 끊어지지 않고 지금 여기에 이어져서 피어나고 움직이고 있는 것이 아니냐는 그런 생각을 하면서 마음속에서 흐뭇하고 여러분에게 새삼 감사한 생각이 들었습니다. (1990. 9. 5)

반야바라밀 사상은

부처님 법은 세계의 영원한 광명이며 일체중생의 생명의 근원입니다. 부처님 법이 능히 일체중생을 고뇌에서 해방하여 자유와 원만을 성취시키고 일체 세계 위에 진리에 의한 질서와 번영을 성취시킵니다. 그러므로 부처님 법을 태양으로 비유하고 혹은 감로묘약이라 하는 바입니다. 부처님 법의 핵심은 반야바라밀입니다. 이 법문에서 삼세제불이 출현하시며, 일체 중생이 성불하며, 일체 국토가 불국장엄을 성취하는 것입니다. 이 최상법문이 능히 국가를 진호하며 세계를 평화 위에 확정시키는 것입니다. 불광 법회는 마하반야바라밀의 법문을 받들어 이 법문을 행하고 펴는 것이 본의입니다. 이러한 불광의 신앙이 능히 오늘의 우리 국가와 사회에 안녕의 토대를 붙들어 가고 조국의 영원한 번영을 형성하는 것을 확신합니다.

(《불광법당 건립 모연문》1981.10)

광덕 스님의 문도

광덕의 문도는 지정, 지암, 지환, 지상(혜담), 지흥, 지원(송암) 등이다. 문도들은 2001년 10월, 범어사에 행적비를 세웠다. 광덕이 생전에 사리를 수습하지 말고 사리탑을 세우지 말라고 당부했기 때문이다.

광덕 문도의 본부 격 사찰은 불광사이다. 이곳이 불광 운동, 불광 법회의 거점인 도량이다. 2014년 10월, 불광 운동 40년을 기해 재중창 불사를 단행하고, 기념법회를 개최했다. 기념 세미나와《불광 운동 40년사》(사진집)를 발간했다. 불광사 회주로 운동을 추동하고 있는 스님은 지흥이다. 그는 종회에서 다년간 포교 분야 종단 활동을 했고, 선우도량에서 종단개혁에 참여했으며, 금강정사(광명)와 조계사 주지를 역임했다. 지흥은《광덕스님 전집》(전 10권)을 2009년에 펴냈다. 그가 이렇게 전집을 펴낼 수 있었던 것은 불광출판부가 광덕의 자료를 수집, 정리, 입력한 기반이 있었기 때문이었다. 2010년 7월, 불광학술연구원을 창립해서 광덕 사상, 불광 사상의 조명에 주력하고 있다. 광덕이 선구적으로 행하였던 전법을 특화하고 브랜드화해서《전법학 연구》를 발간하고, 전법 학술상도 시상하고 있다. 불광사의 선양작업은 자체적으로 모금하는 연구기금과 보덕학회에서 후원한 기금에 의해서 실행되고 있다.

광덕사상의 계승, 선양은 안성 도피안사에 주석하고 있는 송암에 의해서도 진행되었다. 그는 《광덕스님 시봉일기》(전 11권)를 2008년에 펴냈다. 그는 이를 위해 10년간 두문불출하며 광덕과 인연이 있는 수많은 스님, 사람들로부터 인연담을 수집하고 새로운 자료를 발굴하였다.

❖ 참고문헌

광덕스님 편찬위원회《광덕스님 전집》(전 10권), 불광출판부, 2009.
김재영《광덕스님의 생애와 불광운동》불광출판부, 2000.
김영태《불광운동의 사상과 실천 – 그 총괄적 조명》불광출판부, 2001.
송암지원《광덕스님 시봉일기》(전 11권), 도피안사, 2008.
김광식〈광덕스님의 구도행 · 보살행〉《광덕스님 전집》(1권), 불광출판부, 2009.
_____《새불교운동의 전개》도피안사, 2002.
_____《불교 근대화의 이상과 현실》선인, 2014.
김재영〈불광운동과 광덕스님의 반야바라밀사상〉《광덕스님 전집》(1권), 불광출판부, 2009.
불광연구원《전법학연구》1~7권.

성철
性撤

성철은 어떤 스님인가

성철(性撤, 1912~1993)은 현대 한국불교와 조계종단을 대표하는 고승으로 널리 알려졌다. 심지어는 1,700년 한국불교를 대변하는 큰스님으로도 선정되기도 했다. 그렇다면 성철에 대한 그 같은 평가는 어떻게 이루어진 것인가?

다각도로 접근, 분석할 수 있겠지만 몇 가지로 나누어 볼 수 있다. 첫째 성철은 당시 불교의 시대정신을 인식하고 실천에 옮겼다는 점이다. 성철은 수행을 중심으로 하는 불교정화 및 불교개혁의 방향을 제시하고 실천하였다. 언행일치로 불교 지성의 면모를 확실하게 내보였다. 물론 다른 큰스님들도 추구한 바이지만 성철은 한층 더 강한 수행정신으로 불교계에 깊은 인상을 남겼다. 봉암사 결사, 수행 및 신앙 위주의 불교정화, 교육을 통한 수행 등이 그 예중이다.

둘째, 성철은 불교에 대한 해박한 식견을 자랑했다. 계정혜 삼학에 대한 경전, 교리에 대한 이해가 깊었고 선사이면서도 수만 권의 책을 읽었다. 심지어는 일본에서 나온 불교 서적, 〈타임(Time)〉과 물리학 서적도

03

즐겨 읽었다. 참선만 하고 깨달음만 강조하는 선사가 주류였던 불교계 현실에서 성철의 경전에 대한 이해는 놀라움 그 자체였다. 그래서 그의 학식에 스님, 재가의 지식인, 교수 등 모두가 입을 모아 한국불교를 대표하는 큰스님으로 일컫게 된 것이다.

셋째, 성철이 명성을 얻은 원인 가운데 하나로 신비롭기까지 했던 그의 행적과 언론의 센세이셔널리즘을 들 수 있다. 성철은 명리배척, 수행 위주의 생활을 강조하면서 총무원에 일체 출입하지 않았다. 파계사 성전암, 해인사 백련암 등에 칩거하면서 은둔적인 수행을 하던 그는 심지어는 대통령과의 만남도 거절했다. 이런 철저한 자기 자리 지키기는 그를 더욱 신비로운 스님으로 만들었다. 이런 신비성과 언론이 포장한 그의 걸출한 위상이 결합되면서 더욱더 세간의 이목을 집중시켰다.

이상과 같은 요인이 중첩되면서 성철은 해인총림의 방장(1967), 조계종단의 종정(1981~1993)으로서 한국불교를 대표하였다. 여기에 성철의 돈오돈수론, 독특한 깨달음의 점검, 3천 배 강조, 친견의 어려움 등이 보태지면서 그의 위상은 하늘을 찌를 것 같았다.

행적과 수행

성철은 1912년 4월 6일(음력), 경남 산천군 단성면 합천 이씨 집안에서 태어났다. 7남매의 장남이었는데, 속가명은 이영주(李英柱)였다. 유년 시절에는 신동 소리를 들으면서 서당에서 한학을 공부했다. 9세에 단성공립보통학교에 입학했고, 진주중학교에 우수한 성적으로 합격했으나 몸이 허약하여 진학하지 못했다. 청소년기에는 주로 독학으로 공부했는데, 그의 〈서적기〉를 보면 독서량이 상당했다. 동양 고전, 서양철학, 문학, 성경 등 독서의 폭도 넓었다. 그러던 차에 우연히 《증도가》와 《채근담 강의》

(한용운)를 보고 불교에 이끌렸다. 대원사로 가서 재가 청년으로 화두 참선을 시작했다. 20세에는 결혼을 했고, 21세(1932년경)에는 일본에 건너가 견문을 넓히며 책을 구해 탐구했다. 대원사에서 참선하면서《서장》《불교》(잡지) 등을 보았는데, 해인사 주지인 임환경의 제자 최범술의 권유로 해인사로 갈 것을 결심했다.

　1936년(25세) 3월, 해인사에서 동산을 은사로 하여 출가했는데, 법명이 성철이었다. 동산을 따라 범어사 금어선원에 가서 수행하였는데 이때 용성을 만났다. 이후 통도사, 은해사, 마하연에서 안거정진 했다. 1940년 동화사 금당선원에서 깨치고 오도송을 읊었다. 그 무렵부터 장좌불와(長座不臥)를 했다. 송광사 삼일암, 정혜사, 간월암 등 각처를 다니며 보림정진 했다. 1943년 속리산 복천암에서 도우와 생식을 하면서 수행을 했다. 1944년 대승사 쌍련선원에서 청담, 자운, 홍경, 종수, 정영, 우봉, 도우 등과 정진했다. 이곳에서 영산도(靈山圖)에 의거한 총림 구상을 하면서 종단개혁을 구상했다.

　해방을 맞아 송광사에 갔으나 거절당해, 성전암에서 수행했다. 1946년 종단이 주관하는 가야총림이 등장해 해인사로 갔으나, 운영에 대한 이견으로 통도사 내원암으로 갔다. 1947년 가을, 봉암사 결사의 단행을 위해 보문, 자운, 도우와 함께 봉암사에 입주했다. 이때부터 3년간 수행규칙인 공주규약을 제정하고 '부처님법대로 살자'는 목표를 정하고 결사를 추동했다. 백장청규와 율장 실행, 참선수행, 가사개혁 등 개혁적 구상을 실행에 옮기기 시작했다. 1949년 가을, 성철은 문수암, 묘관음사, 안정사를 거쳐, 토굴인 천제굴을 지어 머물렀다. 이 무렵 대중들에게 3천 배와 아비라 기도를 시켰다. 1954년 불교정화 운동이 일어났으나, 그는 참여하지 않고 1955년에는 파계사 성전암으로 가서 철조망을 치고 10년간 동구불출했다.

　성철은 동구불출하면서 경전, 어록, 남방 대장경, 영문 잡지, 기타 서적

03

등을 섭렵했다. 1964년 도선사에 머물면서 청담과 미래지향적 교육시설인 실달학원을 개설했다. 1965년 김용사 조실로 머물다가 1966년에는 찾아온 대불련 구도부 학생들을 50일간 지도했고, 가을에 해인사 백련암으로 이전했다. 1967년 해인총림이 출범하자, 방장으로 추대되었다. 이때 그는 중도사상에 입각하여 백일법문(특별법문 청법대법회)을 하였다. 법문 내용은 조계종지, 근본교리 해설, 현대사상과 불교 진리 등이었다. 이 무렵, 돈오돈수론과 태고보우국사의 종조론을 피력했다. 그리고 해인총림 계획안과 승가대학 설치계획안을 종단에 건의했다. 1976년《한국불교의 법맥》을 출간했다. 1980년 12월에는 〈불교신문〉의 〈한국불교의 전통과 전망 – 불교중흥을 위한 제언〉(2회)에 그의 소신이 보도되었다.

1981년 1월 10일, 조계종 종정에 추대되었다. 종정 취임식(서울 조계종 총무원)에 나가지 않고 법어 "산은 산이요 물은 물이로다"를 전했다. 비상종단(1983~1984)이 종단개혁(교화승 제도 등)을 추진하자 종정 사의를 발표하면서까지 반대하였다. 1990년 무렵 성철은 종정 사퇴 및 취임 불가의 의사를 4회나 피력했으나, 1991년 8월 22일 종정으로 재추대되었다. 1981년 10월《선문정로》가, 1992년 4월《백일법문》(2권)이, 1993년 9월에는《선림고경총서》(37권)가 출간되었다. 1993년 10월 7일 〈선종사에서 돈오돈수 사상의 위상과 의미〉라는 주제의 국제학술회의가 열렸다.

1993년 11월 4일, 해인사 퇴설당에서 입적했다. 한국기자협회가 제정한 올해의 인물로 선정되었다.

일화와 어록

공주규약(共住規約)에 나타난 성철사상

1947년부터 3년간 봉암사에서 성철, 자운, 청담, 보문 등의 주도에 의해서 40여 명의 스님들이 치열하게 수행한 것을 봉암사 결사라 한다. 이 결사는 백장청규, 선농불교, 율장, 참선수행 등을 철저하게 지켰다. 부처님 법대로 실천하자는 결사의 사상은 불교정화 운동, 수행가풍 진작의 토대가 되었다. 규약은 성철의 제안에 의해서 모든 대중이 지키기로 한 약속이었다. 이 규약에 나타난 사상이 곧 성철사상이다. 원본을 소개한다(괄호 안은 필자의 뜻풀이).

一. 森嚴한 佛戒와 崇高한 祖訓을 勤修力行하야 究竟大果의 圓滿速成을 期함(엄중한 부처님의 계율과 숭고한 조사들의 가르침을, 온 힘을 다하여 수행하여 우리가 바라는 궁극의 목적을 빨리 이룰 수 있기 바란다.)

一. 如何한 思想과 制度를 莫論하고 佛祖敎勅 以外의 各自 私見을 絶對 排除함(어떠한 사상과 제도를 막론하고 부처님과 조사의 가르침 이외의 개인적은 의견은 절대 배제한다.)

一. 日常需供은 自主自治의 標幟下에서 運水 搬柴 種田 托鉢 等 如何한 苦役도 不辭함(일상에 필요한 물품은 스스로 해결한다는 목표 아래 물 긷고 나무하고 밭일하고 탁발하는 등 어떠한 힘든 일도 마다하지 않는다.)

一. 作人의 稅租와 檀徒의 特施에 依한 生計는 此를 斷然淸算함(소작인의 세금과 신도의 보시에 의존하는 생활은 완전히 청산한다.)

一. 檀信의 佛前獻供은 齋來의 現品과 至誠의 拜禮에 止함(신도가 불전에 공양하는 일은 재를 지낼 때의 현물과 지성으로 드리는 예배에 그친다.)

一. 大小二便普請及就寢時를 除하고는 恒常 五條直綴을 着用함(용변 볼 때와 잠잘 때를 제외하고는 늘 오조가사를 입는다.)

一. 出院遊方의 際는 戴笠振錫하고 必히 同伴을 要함(사찰을 벗어날 때는 삿갓을 쓰고 죽장을 짚으며 반드시 함께 다닌다.)

一. 袈裟는 麻綿에 限하고 此를 壞色함(가사는 마나 면으로 한정하고 색은 괴색(갈색의 한 종류)으로 한정한다.)

一. 鉢盂는 瓦鉢 以外의 使用을 禁함(발우는 와발우 이외의 사용을 금한다.)

一. 日一次楞嚴大呪를 讀誦함(매일 한 번 능엄대주를 독송한다.)

一. 每日 二時間 以上의 勞務에 就함(매일 두 시간 이상의 노동을 한다.)

一. 黑月白月 菩薩大戒를 講誦함(초하루와 보름에 보살대계를 읽고 외운다.)

一. 佛前進供은 過午를 不得하며 朝食은 粥으로 定함(공양은 정오가 넘으면 할 수 없으며 아침은 죽으로 한다.)

一. 坐次는 戒臘에 依함(앉는 순서는 법랍에 따른다.)

一. 堂內에는 坐必面壁하여 互相雜談을 嚴禁함(방사 안에서는 반드시 벽을 보고 앉으며 서로 잡담은 절대 금한다.)

一. 定刻以外의 睡臥는 不許함(정해진 시각 이외에 누워 자는 일은 허용되지 않는다.)

一. 諸般物資所需는 各自辦備함(필요한 모든 물건은 스스로 해결한다.)

一. 餘外의 各則은 淸規及大小律制에 準함(그 밖의 규칙은 선원의 청규와 대소승의 계율 체제에 의거한다.)

右記條章의 實踐躬行을 拒否하는 者는 함께 사는 일을 不得함(이상과 같은 일의 실천궁행을 거부하는 사람은 함께 살 수 없다.)

수도자에게 주는 글(修道八戒)

억천만겁토록 생사고해를 헤매다가, 어려운 일 가운데도 어려운 사람

몸을 받고 부처님 법을 만났으니 '이 몸을 금생에 제도하지 못하면 다시 어느 생을 기다려 제도할꼬.' 철석같은 의지, 서릿발 같은 결심으로, 혼자서 만 사람이나 되는 적을 상대하듯, 차라리 목숨을 버릴지언정 마침내 물러나지 않는다는 각오가 서야만 한다. 오직 영원한 해탈, 즉 '성불(成佛)을 위하여 일체를 희생 한다'는 굳은 결의로써 정진하면 결정코 영원한 생명을 얻을 것이다.

1. 절속(絶俗)

세속은 윤회의 길이요, 출가는 해탈의 길이니, 해탈을 위하여 세속을 단연히 끊어버려야 한다. 부모의 깊은 은혜는 출가수도로써 보답한다. 만약 부모의 은혜에 끌리게 되면 이는 부모를 지옥으로 인도하는 것이니, 부모를 길 위의 행인과 같이 대하여야 한다.

황벽희운 선사가 수천 명의 대중을 거느리고 황벽산(黃檗山)에 주석하였다. 그때 노모가 의지할 곳이 없어서 아들을 찾아갔다. 희운선사가 그 말을 듣고는 대중들에게 명령을 내려 물 한 모금도 주지 못하게 하였다. 노모는 하도 기가 막혀 아무 말 못 하고 돌아가다가, 대의강(大義江) 가에 가서 배가 고파 엎어져 죽었다. 그리고 그날 밤 희운선사에게 현몽하여 "내가 너에게서 물 한 모금이라도 얻어먹었던들, 다생(多生)으로 내려오던 모자의 정을 끊지 못해서 지옥에 떨어졌을 것이다. 그러나 너에게 쫓겨나올 때 모자의 깊은 애정이 다 끊어져서, 그 공덕으로 죽어 천상으로 가게 되니, 너의 은혜는 말할 수 없다"고 말하며 절하고 갔다 한다.

부처님은 사해군왕(四海郡王)의 높은 지위도 헌신짝같이 벗어 던져버렸으니, 이는 수도인의 만세모범(萬世模範)이다. 그러므로 한때의 환몽(幻夢)인 부모 처자와 부귀영화 등 일체를 희생하여, 전연 돌보지 아니하고 오직 수도에만 전력하여야 한다. 또 수도에는 인정이 원수다. 인정이 두터우면 애욕이 아니더라도 그 인정에 끄달리어 공부를 못하게 된다. 아무리 동성끼리라도 서로 인정이 많으면 공부에는 원수인 줄 알아야 한다. 서로 돕고 서로 생각하는 것이 좋은 것 같지만, 이것이 생사윤회의 출발이니 '공부하는 사람은 서로 싸운 사람같이 지내라'고 고인도 말씀하였다.

일체의 선인악업(善因惡業)을 다 버리고, 영원의 자유와 더불어 독행독보(獨行獨步)해야 한다. 일반에 있어서 일대 낙오자가 되어 참으로 고독한 사람이 되지 않고는 무상대도(無上大道)는 성취하지 못한다. 그러니 일반인과는 삼팔선을 그어놓고 살아야 한다. 삼팔선을 터놓고 일반인과 더불어 타협할 때 벌써 엄벙덤벙 허송세월하다가 아주 죽어버리는 때를 보내는 것을 각오해야 한다.

2. 금욕(禁慾)

욕심 가운데 제일 무서운 것이 색욕(色慾)이다. 색욕 때문에 나라도 망치고 집안도 망치고 자기도 망친다. 이 색욕 때문에 나라를 다 망쳐도 뉘우칠 줄 모르는 것이 중생이다. 그러므로 수도하는 데도 이것이 제일 방해된다.

부처님께서 말씀하셨다. "이런 것이 하나뿐이기 다행이지, 만약 색욕 같은 것이 둘만 되었던들 천하에 수도할 사람이 하나도 없을 것이다." 이처럼 색욕이란 무서운 것이니, 이 색욕에 끄달리게 되면 수도는 그만두고라도 지옥도 피하려야 피할 수 없으니, 도를 성취하고 실패하는 것은 색욕을 이기느냐 지느냐 하는 데 달렸다 하더라도 지나친 말이 아니다. 이 무서운 색욕을 근본적으로 끊으려면 도를 성취하기 전에는 안 된다.

그러므로 부처님도 "도를 성취하기 전에는 네 마음도 믿지 말라"고 하셨다. 만약 "색욕을 끊지 않아도 수도하는 데 관계없다"고 하는 사람이 있다면, 이는 자기가 색욕에 끄달리어 남까지 지옥으로 끌고 가는 큰 악마인 줄 깊이 알고 그 말에 절대로 속지 않아야 한다.

영가(永嘉) 스님 같은 큰 도인도 항상 경계하였으니 "차라리 독사에게 물려 죽을지언정 색(色)은 가까이하지 마라. 독사에게 물리면 한 번 죽고 말지마는 색에 끄달리면 세세생생 천만겁토록 애욕의 쇠사슬에 얽매여 말할 수 없는 고통을 받게 되니 피하고 또 멀리하라." 하였다. 이 얼마나 지당한 말씀인가? 만약 이것을 끊지 못하면 항상 애욕만 머리에 가득 차서 도는 절대로 들어가지 않는다. 그리하여 무한한 고의 세계가 벌어지는 것이다. "색욕을 끊지 못하고 도를 닦으려 한다는 것은 모래를 삶아 밥을 지으려는 것이다"고 부처님께서 항상 말씀하셨다.

예부터 참으로 수도하는 사람은 자기의 생명을 버릴지언정 색을 범하지 않는 것은 이 때문이니, 남자는 여자를, 여자는 남자를 서로서로 멀리하여야 한다. 만약 가깝게 하면 결국은 서로 죽고 마는 것이니, 서로서로 범과 같이 무서워하고 독사같이 피하여야 한다. 어떠한 인격자라도 이성(異性)을 믿지 말고 친근하지 말지니, 성과(聖果)를 증득하기 전에는 자신으로서는 어떻게 할 수 없는 것이다. 이성들의 호의는 어떠한 형태의 것이든지 사절하여야 한다. 오직 영원한 자유를 위하여 일시적인 쾌락을 끊지 못하면, 이는 인간이 아니요, 금수보다도 못한 것이다. 생사윤회의 근본은 애욕에 있으니 애욕을 끊지 않으면 해탈할 수 없다. 그러므로 남녀가 서로서로 멀리하는 것이 성도(成道)하는 근본이니, 절대로 쉽게 생각해서는 안 된다.

3. 천대(賤待)

천하에 가장 용맹스러운 사람은 남에게 질 줄 아는 사람이다. 무슨 일에든지 남에게 지고 밟히고 하는 사람보다 더 높은 사람은 없다.

천대받고 모욕받는 즐거움이여,
나를 무한한 행복의 길을 이끄는도다.

남에게 대접받을 때가 나 망하는 때이다. 나를 칭찬하고 숭배하고 따르는 사람들은 모두 나의 수도를 제일 방해하는 마구니이며 도적이다. 중상과 모략 등의 온갖 수단으로 나를 괴롭히고 헐뜯고 욕하고 해치고 괄시하는 사람보다 더 큰 은인은 없으니, 뼈를 갈아 가루를 만들어 그 은혜를 갚으려 해도 다 갚기 어렵거늘 하물며 원한을 품는단 말인가? 나의 공부를 방해하는 모든 사람들을 제거해 주고 참는 힘을 많이 북돋워 주어 도를 일취월장(日就月將)케 하여 주니, 그보다 더 큰 은혜가 어디 있을까? 칭찬과 숭배는 나를 타락의 구렁으로 떨어뜨리나니 어찌 무서워하지 않으며, 천대와 모욕처럼 나를 굳세게 하고 채찍질하는 것이 없으니 어찌 은혜가 아니랴. 그러므로 속담에도 말하지 않았던가. "미운 자식 밥 많이 주고, 고운 자식 매 많이 때린다."고 하니, 참으로 금옥(金玉) 같은 말이다. 항상 남이 나를 해치고 욕할수록 그 은혜를 깊이 깨닫고, 나는 그 사람을 더욱더 존경하며 도와야 한다. 한산과 습득 스님이 천태산 국청사에 있으면서 거짓 미친 행동으로써, 모든 사람들의 모욕과 천대를 받고 있었다. 그 주의 지사가 성인인 줄 알고 의복과 음식을 올리며 절하니 한산과 습득스님이 크게 놀라 외쳤다. "이 도적놈아, 이 도적놈아!" 그리고는 도망쳐 달아나서는 다시 세상에 보이지 않았다. 그리고 나옹 스님은 남에게 대접받지 않고 미움과 괄시를 받기 위해서 일부러 도적질을 다하였다. 이것이 공부인(工夫人)의 진실방편(眞實方便)이다.

최잔고목(摧殘枯木)! 부러지고 이지러진 마른 나무 막대기를 말함이다. 이렇게 쓸데없는 나무 막대기는 나무꾼도 돌아보지 않는다. 땔나무도 되지 않기 때문이다. 불 땔 물건도 못 되는 나무 막대기는 천지간에 어디한 곳 쓸 곳이 없는, 아주 못 쓰는 물건이니, 이러한 물건이 되지 않으면 공부인이 되지 못한다. 결국은 제 잘난 싸움마당에서 춤추는 미친 사람이 되고 말아서, 공부 길은 영영 멀어지고 마는 것이다. 그러므로 공부인은 세상에서 아무 쓸 곳이 없는 대낙오자가 되지 않으면 안 된다.

오직 영원을 위하여 모든 것을 다 희생해서 버리고, 세상을 아주 등진 사람이 되어야 한다. 누구에게나 버림받는 사람, 어느 곳에서나 멸시당하는 사람, 살아나가는 길이란 공부 길밖에 없는 사람이 되어야 한다. 세상에서뿐만 아니라 불법 가운데서도 버림받은 사람, 쓸데없는 사람이 되지 않고는 영원한 자유를 성취할 수 없는 것이다. 천태 지자대사 같은 최고의 고승도 죽을 때 탄식하였다. '내가 만일 대중을 거느리지 않았던들, 육근청정(六根淸淨)의 성위(聖位)에 들었을 것이다. 그러나 대중의 어른 노릇 하느라고 오품범위(五品凡位)를 벗어나지 못하였다.' 지자대사 같은 분도 이렇게 말씀하였거늘, 하물며 그 외 사람들이랴.

4. 하심(下心)

좋고 영광스러운 것은 항상 남에게 미루고, 남부끄럽고 욕되는 것은 남모르게 내가 뒤집어쓰는 것이 수도인의 행동이다. 육조대사가 말씀하셨다. "항상 자기의 허물만 보고 남의 시비, 선악은 보지 못한다." 이 말씀이야말로 공부하는 사람의 눈이다. 내 옳음이 추호라도 있을 때에는 내 허물이 태산보다 크다. 나의 옳음을 찾아보려야 찾아볼 수 없는 사람이라야 조금 철이 난 사람이다. 그렇게 되면 무슨 일에든지 전혀 내 허물만 보이고, 남의 허물은 보려야 볼 수 없는 것이다.

세상 모두가 내 옳고 네 그른 싸움이니, 내 그르고 네 옳은 줄만 알면 싸움이 영원히 그치게 될 것이다. 그러니 깊이 깨달아 '내 옳고 네 그름'을 버리고 항상 나의 허물, 나의 잘못만 보아야 한다. 법연(法演) 선사가 말씀하였다. "20년 동안 죽을힘을 다해서 공부하니, 이제 겨우 내 부끄러운 줄 알겠다." 내 잘났다고 천지를 모르고 어깨춤을 추는 어리석음에서 조금 정신을 차린 말씀이다.

뉴턴은 천고(千古)의 큰 물리학자다. 세상 사람들이 자기를 '훌륭하다'고 많이 존경하였으나 뉴턴 자신은 그것을 이해하지 못하였다. 자기가 생각해 볼 때는 자신은 대학자는 고사하고 아무것도 모르는 사람인데, 왜 자기를 대학자로 취급하는지 의심했었다. 그래서 그는 항상 말하였다. "우주의 진리는 대해(大海)같이 넓고 깊다. 그러나 나는 바닷가에서 조개 껍질이나 줍고 노는 어린아이에 불과하여, 진리의 바다에는 발 한번 적셔보지 못했다." 이 말도 자기의 어리석음을 조금 짐작하는 말이다. 서양의 제일 가는 철학자 소크라테스는 항상 크게 외쳤다. "나는 단지 한 가지만 안다. 그것은 아무것도 모른다는 것이다." 그러나 참으로 아무것도 모르는 사람이 볼 때, 세상 사람들은 참으로 제 못난 줄 아는 사람들이 아니요, 다 제 잘나 자랑하는 사람들이다.

임제종의 중흥조인 법연선사의 말씀을 잊지 말자. 누가 법문을 물으면 항상 말씀하였다. "나는 아무것도 모른다. 나는 아무것도 모른다." 천하의 어리석은 사람들이여, 무엇을 안다고 그렇게도 떠드는지 이해할 수 없는 일이다. 지상에서도 가장 존경을 받는 위대한 인물은, 오로지 모든 사람을 가장 존경하는 사람이다. 왜냐하면 자기의 잘나지 못함을 자각하는 정도로 그 사람의 인격이 높아지기 때문이다. 내가 나 잘나지 못함을 철저히 깨달아 일체를 부처님과 같이 섬기게 되면, 일체가 나를 부처님과 같이 섬기지 않을 수 없을 것이다. 가장 낮고 낮은 곳이 자연히 바다가 되나니, 이것은 일부러 남에게 존경을 받으려는 데서 오는 것이 아니다. 만약 조금이라도 남에게 존경을 받을 생각이 있으면, 남이 존경을 하지 않는다.

어떤 사람이 말하였다. "내 몸을 낮추고 또 낮추어 밑 없는 곳까지 내려가니, 나도 모르는 사이에 몸이 가장 높은 곳에 서 있더라." 공자(孔子)가 노자(老子)를 보러 가니, 노자가 말했다. "그대를 보니 살과 뼈는 다 썩고 오직 입만 살았구나! 큰 부자는 재산을 깊이 감추어 없는 것같이 하고 어진 사람은 얼굴을 아무것도 모르는 어리석은 사람과 같이 하나니, 그대의 교만한 행동과 도도한 생각을 버려라. 무엇을 알기에 그렇게 잘난 척하는

가?" 공자가 듣고 크게 탄복하며, 노자를 "용과 같다"고 하였다. 노자가 또 공자에게 말하였다. "내 부탁하노니 누구든지 총명한 사람이 그 몸을 망치는 것은 다 남의 허물을 잘 말하기 때문이다. 부디부디 조심해서 남의 나쁜 것과 그른 것을 입 밖에 내지 마라." 이 두 분은 지상에서 큰 성인이라 존경하는 바이다. 서로 처음 만났을 적에 이런 말로써 경계하니, 누구든지 일생 동안 지켜도 남을 말들이다. 하심(下心)의 덕목을 몇 가지 적어 본다.

一. 도가 높을수록 마음은 더욱 낮추어야 하니, 모든 사람을 부처님과 같이 존경하며 원수를 부모와 같이 섬긴다.

一. 어린이나 걸인이나 어떠한 악인이라도 차별하지 말고 극히 존경한다.

一. 낮은 자리에 앉고 서며 끝에서 수행하여 남보다 앞서지 않는다.

一. 음식을 먹을 때나 물건을 나눌 때 좋은 것은 남에게 미루고 나쁜 것만 가진다.

一. 언제든지 고되고 천한 일은 자기가 한다.

5. 정진(精進)

모든 육도만행(六度萬行)은 그 목적이 생사해탈(生死解脫), 즉 성불(成佛)에 있으니, 성불의 바른길인 참선에 정진하지 않으면 이는 고행외도(苦行外道)에 불과하다. 정진은 일상(日常)과 몽중(夢中)과 숙면(熟眠)에 일여(一如)가 되어야 조금 상응함이 있으니, 잠시라도 화두에 간단(間斷)이 있으면 아니 된다. 정진은 필사의 노력이 필수조건이니, 둔한·방일하면 미래겁이 다하여도 대도(大道)를 성취하지 못하나니, 다음의 조항을 엄수하여야 한다.

一. 네 시간 이상 자지 않는다.

一. 벙어리같이 지내며 잡담하지 않는다.

一. 문맹같이 일체 문자를 보지 않는다.

一. 포식·간식하지 않는다.

一. 적당한 노동을 한다.

6. 고행(苦行)

병 가운데 제일 큰 병은 게으름 병이다. 모든 죄악과 타락과 실패는 게으름에서 온다. 게으름은 편해지려는 것을 의미하니, 그것은 죄악의 근본이다. 결국은 없어지고 마는 이 살덩어리 하나 편하게 해주려고 온갖 죄악을 다 짓는 것이다. 노력 없는 성공이 어디 있는가? 그러므로 대성공자는 대노력가 아님이 없다. 그리고 이 육체를 이겨내는 그 정도만큼, 성공이 커지는 것이다.

발명왕 에디슨이 항상 말했다. "나의 발명은 모두 노력에 있다. 나는 날마다 20시간 노력하여 연구했다. 그렇게 30년간 계속하였으나 한 번도 괴로운 생각을 해 본 일이 없다." 그러므로 여래의 정법이 두타제일(頭陀第一)인 가섭존자에게로 오지 않았는가. 총림을 창설해서 만고에 규범을 세운 백장 스님은 "하루 일하지 않으면 하루 먹지 않는다.(一日不作 一日不食)"고 하지 않았는가!

손끝 하나 까딱이지 않고 편히만 지내려는 생각, 이러한 썩은 생각으로써는 절대로 대도는 성취하지 못한다. 땀 흘리면서 먹고살아야 한다. 남의 밥 먹고 내 일 하려는 썩은 정신으로서는 만사불성(萬事不成)이다. 예로부터 차라리 뜨거운 쇠로 몸을 감을지언정 신심 있는 신도의 의복을 받지 말며, 뜨거운 쇳물을 마실지언정 신심인의 음식을 얻어먹지 말라고 경계하였다.

이러한 철저한 결심 없이는 대도는 성취하지 못하나니 그러므로 잊지 말고 잊지 마라. 일일부작일일불식(一日不作一日不食)의 만고철칙을! 오직 영원한 대자유를 위해, 모든 고로(苦勞)를 참고 이겨야 한다.

7. 예참(禮懺)

일체중생의 죄과는 곧 자기의 죄과니, 일체중생을 위하여 매일 백팔참회(百八懺悔)를 여섯 번 하되 평생토록 하루도 빠지지 않고 시행한다. 그리고 건강과 기타 수도에 지장이 생길 때에는 모두 자기 업과이니, 1일 3천 배를 일주일 이상씩 특별 기도를 한다. 또 자기의 과오만 항상 반성하여 고쳐 나가고, 다른 사람의 시비는 절대로 말하지 않는다.

8. 이타(利他)

수도의 목적은 이타에 있으니 이타심이 없으면 이는 소승외도(小乘外道)이니 심리적, 물질적으로 항상 남에게 봉사한다. 자기 수도를 위하여 힘이 미치는 대로 남에게 봉사하되, 추호의 보수도 받아서는 아니 된다. 노인이나, 어린아이나, 환자나, 빈궁한 사람을 보거든 특별히 도와야 한다. 부처님의 아들 라홀라는 10대 제자 가운데서도 밀행제일(密行第一)이라 한다. 아무리 착하고 좋은 일이라도 귀신도 모르게 한다. 오직 대도를 성취하기 위해서 자성(自性) 가운데 쌓아둘 따름, 그 자취를 드러내지 않는다. 한 푼어치 착한 일에 만 냥어치 악을 범하면 결국 어떻게 되겠는가? 자기만 손해 볼 뿐이다.

예수도 말씀하지 않았는가. "오른손으로 남에게 물건을 주면서 왼손도 모르게 하라." 세교(世敎)도 그렇거늘, 하물며 우리 부처님 제자들은 어떻게 하여야 할지 생각해 보면 알 것이다. 천 마디 말보다 한 가지 실행(實行). 실행 없는 헛소리는 천 번, 만 번 해도 소용이 없다. 아는 것이 천하를 덮더라도 실천이 없는 사람은 한 털끝의 가치도 없는 쓸데없는 물건이 되는 것이다. 참으로 아는 사람은 말이 없는 법이다.

그러므로 고인은 말하였다. "아는 사람은 말하지 않나니, 말하는 사람은 모르는 사람이다." 또 말했다. "옳은 말 천 마디 하는 것이 아무 말 없는 것만 못하다." 그러니 오직 실행만 있을 뿐 말은 없어야 한다.

위의 8가지 내용을 좌우명으로 삼아 수행하면 성불의 길은 멀지 않다고 성철은 웅변하였다. 그리고 성철은 평소 만나는 참선 수행자들에게 수칙 다섯 가지를 강조했다. 즉 "잠 많이 자지 마라, 말 많이 하지 마라, 간식하지 마라, 책 보지 마라, 함부로 돌아다니지 마라."이다.

성철 스님의 문도

성철 문도는 천제, 원택, 원영, 원소, 원정, 원충 등을 비롯 20여 명의 상좌가 있다. 성철의 사리탑은 현대적인 디자인으로 설계하여 1998년 해인사에 세워졌다. 생가에는 사찰인 겁외사와 기념관이 건립되었다.

성철사상을 기리는 백련불교문화재단이 1987년에 설립되었고, 학술지 《백련불교》가 간행되었다. 성철사상연구원이 세워져 성철사상을 학문적으로 계승하고 선양하는 일을 하고 있다. 성철에 대한 법회, 사업, 전시, 자료 및 어록의 출간 등은 백련불교문화재단 이사장을 맡고 있는 원택에 의해 진행되었다. 천제는 해월정사(부산, 청사포)에 봉훈기념관을 건립하여 자료를 중심으로 성철사상을 기리고 있다.

그리고 성철의 법은 해인사 방장과 조계종 종정을 역임한 법전이 받았다고 한다. 여타의 스님에게도 법이 전하여졌는지는 알 수 없다. 성철의 기일 법회는 해인사 백련암에서 개최되고 있다.

❖ 참고문헌

원　택《성철스님 시봉이야기》김영사, 2001.

_____《성철스님 행장》글씨미디어, 2012.

_____《성철스님이 들려준 이야기》글씨미디어, 2012.

김형효, 한승원 외《참선 잘 하그래이 – 성철스님 열반 20주기 추모에세이》
　　　김영사, 2013.

성철스님 문도회《나 홀로 만고의 진리를 향해》장경각, 2013.

조성택《퇴옹성철의 깨달음과 수행: 성철의 선사상과 불교사적 위치》예문
　　　서원, 2006.

서재영〈퇴옹성철의 백일법문에 대한 고찰〉《한국불교학》42, 2005.

김광식〈이성철의 불교개혁론〉《한국현대불교사연구》불교시대사, 2006.

_____〈동산의 법맥과 전법〉《불교유학생회 세미나 자료집》2014.

김종인〈한국불교 근대화의 두 얼굴, 만해와 성철 – 전근대성과 근대성 간의
　　　긴장과 갈등〉《불교평론》22, 2006.

신규탁〈성철선사의 개혁적 요소 고찰〉《한국불교학》49, 2007.

불학연구소《봉암사결사와 현대 한국불교》조계종출판사, 2008.

법　전《누구 없는가》김영사, 2009.

이　청《우리 옆에 왔던 부처 – 성철 큰스님 전기소설》문화문고, 2012.

서명원《가야산 호랑이의 체취를 맡았다》서강대출판부, 2013.

박태원〈돈점논쟁, 진리담론[法談]인가 권력담론인가 – 서명원의 '성철 읽기'
　　　에 대한 비판적 검토〉《불교평론》68, 2014.

제4부

교학(敎學)의 당간을 높이 세우다

학명

만암

한영

운허

청담

학명
鶴鳴

학명은 어떤 스님인가

학명(鶴鳴, 1867~1929)은 그간 불교계에 전혀 알려지지 않은 고승이다. 그의 행적과 사상은 연구자들에 의해 몇 편의 논고가 발표되었을 뿐, 아직까지 그의 행적과 지성은 근대불교사에 편입되지 못했다. 그의 존재 자체가 소실됨을 안타까워하던 수행자들의 헌신적 노력으로 자료집인《학명집》이 2006년에 발간되었음을 다행으로 여길 정도이다.

학명의 정체성은 무엇인가. 그는 깨달은 도인, 수행자였는데 1920년대 최고의 선사로 지칭되었으며 선농일치(禪農一致), 선농불교의 구현자였다. 그는 수좌, 선원이 피폐해진 1920년대의 현실을 개혁하기 위한 강력한 개혁방안을 제안, 실천하였다. 그 자신이 직접 선농불교(禪農佛敎)를 행하며, 후학들을 이끌었다. 이는 결사(結社)와 같은 행보였다.

학명은 고루한, 수구적인 선사가 결코 아니었다. 1910년대에 중국과 일본을 견학하여 한국불교 개혁의 모델을 탐구한 지식인이었다. 그리고 불교 사상을 널리 전하기 위해 수십 편의 가사(歌詞)를 만들어 대중에게 제공하고 함께 노래를 불렀다.

이런 귀한 행적을 남겼음에도 왜 그의 존재 자체가 잊혔던가. 근현대 불교에 불어닥친 내우외환의 거센 광풍을 우선 지적할 수 있다. 그리고 그의 후학과 후손들이 한국불교계에서 이탈되었던 저간의 사정이 있었다. 그러나 무엇보다도 학명의 위대함을 알아보지 못한 후학, 불교학자들의 책임이 크다고 하지 않을 수 없다.

행적과 수행

학명은 1867년 전남 영광군 불갑면에서 태어났다. 평범한 농군인 백중수의 4형제의 첫째 아들이었는데, 15세까지는 향리에서 유학을 공부했다. 16세에는 부친의 병고로 가세가 기울자, 각처를 돌아다니며 붓 장사에 나섰다. 붓 장사로 돈을 벌어 집안에 땅을 사주기도 했다.

19세에 부친이 돌아가신 후, 명산대찰을 구경하다가 순창 구암사에 들렀다. 구암사에서 백파의 4대손인 설두(雪竇)화상의 회상에서 40여 명의 학인들이 공부하는 것을 보고 충격을 받았다. 즉시 고향 사찰인 불갑사에서 출가하였다. 환송(幻松)을 은사로 금화(錦華)를 계사로 삼고 득도하니 법명이 계종(啓宗)이었다. 구암사 강원으로 가서 강학을 배우고, 비구계를 받았다. 10여 년간 학명은 영원사, 선암사, 송광사 등지에서 경율론 삼장을 두루 배웠다. 34세(1901)에 금화에게 건당하고 법통을 계승하니, 받은 당호가 학명이었다. 이후 구암사 강원과 백양사 운문암 강원에서 강회(講會)를 열었다.

학명은 강사 2년 만에 참선의 길로 접어들었다. 10여 년간 선에 주력하다가, 46세(1912) 때 부안 월명암에서 《선문염송》을 보다가 오도하였다. 48세에는 백양사 선원의 조실로 이주하였는데, 이때 〈백양산가(白羊山歌)〉라는 깨달음의 노래를 지었다. 그리고 백양사 주지인 송만암의 중창

불사를 지원하였다. 이 무렵 그는 당시 불교의 제반 현실을 직시하고 개신할 방책을 얻기 위하여 1914년에 중국과 일본을 탐방했다. 선지(禪旨)를 떨치면서 제도, 청규, 포교 등에 대한 정보를 얻고 1915년 귀국했다. 귀국한 그는 선문(禪門) 개산이 쉽지 않음을 간파하고, 자신부터 불교계 구석에서 10년간 고민, 실천하겠다고 다짐했다. 그때 월명암 선원 조실로 추대되었고, 이 무렵 원불교의 교주가 된 박중빈을 지도했다.

56세(1922) 때 선학원이 창건되고 수좌들의 수행 조직체인 선우공제회(禪友共濟會)가 설립될 때에 발기위원, 평의원으로 참가했다. 그 무렵 만해 한용운이 월명암을 찾아와 불교 개혁을 위해 일선에 나올 것을 당부했다. 내장사 주지에 취임하면서 1923년부터 본격적인 선농불교 실천, 선원의 개신, 수좌들의 교육에 주력하였다.

구체적으로는 청규 제정, 스님의 노동 실행, 반농반선, 농토개간, 학문과 노동의 병행, 파계·나태의 엄금 등을 기치로 내걸고, 사부대중이 함께 하는 공동체를 운영하며 스스로 선농(禪農)을 실천하였다. 기존의 구태의연한 염불을 벗어나서 시세에 적합한 범패를 한글 창가로 만들어서 사부대중이 함께 부르도록 권유했다.

그의 명성이 널리 알려지자 1925년 도봉산 망월사의 용성이 주도했던 만일참선결사회의 조실로 초빙되었고, 1926년 각황사(현 조계사) 선원의 조실로 추대되었다. 상경하여 서울에서는 《법화경》을 법문하였으니, 61세 무렵이었다. 그러나 병을 얻어 백양산 물외암으로 내려왔다.

1929년 3월, 입적했다. 1935년에 사리탑비가 세워졌다. 그의 저서로 《백농집》이 있었으나 유실되었다. 학명은 달마도에도 능했는데, 작품이 통도사 성보박물관에 몇 점 보관되어 있다.

일화와 어록

해탈곡

해탈이네 해탈이다 우리마음 자유롭다
세간영락 다버리고 운수생애 걸림없네
육체구속 받지말고 정신수양 다져두소
시간따라 사용하고 처소따라 유희하니
시간처소 나의자유 자유부터 해탈이다
孃生袴子 훨씬벗고 灑灑落落 뛰어보세
뛰다마다 나의자유 자유해탈 그끝없네
그끝없이 해탈인가 해탈까지 해탈이다

양진암을 떠나며 학명선사에게 주다
(만해 한용운 지음)

이 세상에 천당은 없고
인간에게는 지옥도 있는 것
백척간두에 서 있는 그뿐
왜 한 걸음을 내딛지 않는가

일에는 어려움이 많고
사람을 만나면 헤어져야 하는 것
본래 세상은 이와 같거니
남아(男兒)라면 얽매임 없이 뜻대로 살리라

독(獨)살림하는 법려(法侶)에게 권함

근일에 우리 조선의 승려 되는 자로 말하면 승려라는 것이 어떤 것인지도 모르고, 부처와 조사의 본의가 어떠한 것인지도 알지 못하고, 거의 대부분이 출가 입산하는 날부터 몸만 한적한 운림(雲林)에 집어 던지고 눈은 재물과 이익의 주선에 혈안이 되어 일출일입(一出一入)이라도 공(公)을 빙자하여 사(私)를 영위하거나 남에게는 손해를 입히면서 자기만 이롭게 하여 오직 이런 일만 종사한다. 그중에도 심한 자는 사찰의 상주물을 남용도식(濫用盜食)하여 절과 자신이 패망하는 지경에 이르게 되니, 이런 행동이 있고 이런 지견이 있으면 어느 때에 옛날의 현철(賢哲)과 같은 높은 명예가 그 몸에 돌아가리요. 어렸을 때부터 늙을 때까지 스님으로 있더라도 다만 모갑(某甲)이라는 승려 명색(名色)만이 있을 뿐이로다. (중략)

불법의 성쇠와 사찰의 존망과 승려의 진퇴가 대개는 근본을 버리고 지말(枝末)을 따르는 것과 공을 빙자하여 사를 영위하는 것과 정(正)에서 나와 사(邪)로 들어가는 악풍과 폐습과 마행(魔行)에 그 원인이 있습니다. 풍조니 해방이니 개량이니 통속(通俗)을 다 그만두고 자가(自家)의 본래면목, 불조의 바른 지견, 사찰의 근본 청규(淸規), 스님의 올바른 율의(律儀)를 절마다 올바르게 되돌리고 개개인마다 여법(如法)히 하면 만천하 인생이 모두 승화(僧化), 사화(寺化), 불화(佛化)가 될 줄로 생각하나이다.

회석(會席)에 불참하게 되어 관견(管見)으로 몇 가지 조항을 적어 드리는 바입니다.

1, 계정혜 삼학은 불법 주지의 본원이며 승려 수학의 의무라, 이것밖에는 다른 길이 없으니 삼학에서 탈퇴한 자는 스님으로 간주하기 어렵다.

삼학을 장려하려면 첫째 사찰의 명칭과 스님의 명의를 하루빨리 변경하되 어느 절은 율원(律院), 어느 절은 선원(禪院), 어느 절은 강원(講院)이라는 간판을 붙이며, 어떤 스님은 율사(律師), 어떤 스님은 선사(禪師), 어떤 스님은 강사(講師), 어떤 스님은 교사(敎師)라는 명칭을 뚜렷이 표하도록 하며, 전진(前進)·후진(後進)이 이 삼학에 들어오지 않는 자는 기어이 권하여 들어오게 하며, 퇴석(退席)하는 자는 여하(如何)히 간주한다는 규정을 정하라.

2. 사부중은 삼세제불의 본구(本具) 대중이라. 그 외에 다른 대중은 없으니 부인이 있거나 자식이 있는 자는 어떤 부류의 대중에 속하는지 명백히 나누라.

3. 주지(住持)는 불법(佛法)에 주지(住持)함이라. 자기의 정법에 주지하여 자기의 정법안으로 타인에게 불법을 널리 베풀어 전하며, 조사의 도를 밝게 드러냄이 원래 주지의 목적이며 주지의 의무이거늘, 현금의 주지들은 하나의 절을 점령하면 그날부터 자기의 마굴(魔窟)로 변화시켜 첫째로 재권(財權)을 농락하고 인권(人權)을 자기 마음대로 하며, 기타 크고 작은 일을 임의로 처단하고 공(公)을 빙자하며 사(私)를 경영하다가 얼마 못 가 종적(蹤迹)이 현로(現露)되어 밀접(密接) 사용하던 하우(下愚)의 공견(公見)과 재외(在外) 상지(上智)의 바른 안목으로부터 무수한 타격을 감수하여 쥐구멍도 찾지 못하니, 이것이야말로 불법주지가 아니라 사찰주지이며, 사찰주지가 아니라 개인의 주지이며, 개인의 주지일 뿐만 아니라 재권, 인권, 마행을 마음대로 좌주우지(左住右持)하고 있으니 이러한 스님을 가위 주지라고 하고 있다.

4. 유명(幽明) 간(間)의 죄악은 대개 재산으로부터 발생하나니, 주지는 불법에만 주지하고 재산이나 기타 사무는 인근 사찰의 공동사무원을 설치하고 돌아가면서 근무하도록 하는 것이 마땅할 것이다.

5. 우리들이 머리를 깎고 먹물 옷을 입은 본의(本意)는 번뇌를 끊고 생

사를 여의며 불법을 배우고 중생을 제도하는 일로서 그 책임이 매우 중대하거늘, 이 문 안에 들어와 본분사는 망연(茫然)히 알지 못하고 이름만 스님이고 마음은 속인(俗人)으로 영리추구의 목적 하에 땅을 사고 자기만 살찌우면 된다는 주의와 잡스런 행동주의로 두출두몰(頭出頭沒)하니, 과연 이런 것들이 우리들의 면목(面目)인가. 한 걸음 나아가서 법안(法眼)을 씻으며 텅 빈 마음을 기울여서 자타를 교환하여 대세를 시찰하라. 한 명이나 두 명 세 명 네 명 다섯 명의 승려와, 내지 천만(千萬) 스님이 이와 같이 보고 이와 같은 행으로 이와 같이 실천한다면, 우리 집의 무상대도(無上大道)와 평등정로(平等正路)는 어디에서 구하며 어떤 사람이 행할까. 스스로 생각하고 스스로 헤아려서, 이기(利己)는 버리고 이타(利他)는 힘쓰며 토지에만 종사하지 말고 불법에 헌신하여 일체를 작은 것은 돌이켜서 큰 것으로 향하게 해라.

6. 선령(先靈)의 위토(位土)와 전법의 법답(法畓)은 권한을 가지고 있는 자의 악견(惡見)으로 말미암아 근래 당사(當寺)에서 이동 문제가 있었던 바이니, 금번은 집행하라.

7. 대부분 승려의 박쥐같은 행동이 모두 외양(外樣)으로부터 발생하니 반드시 장삼을 피착(被着)하고 출입하도록 하라.

《불교》 71호, 1930. 5)

학명이 주관한 내장사 선원 규칙

·선원의 목표는 반농반선(半農半禪)으로 변경함.
·선회(禪會)의 주의는 자선자수(自禪自修)하며 자력자식(自力自食)하기로 함. 단, 구참납자(久參衲子)라도 근성(勤性)이 유(有)한 이는 선입(選入)함.
·총림의 정규(正規)에 의하여 의식을 원융(圓融)하게 함.

·일용(日用)은 오전 학문, 오후 노동, 야간 좌선 3단으로 완정(完定)함.
·동안거는 좌선 위주, 하안거는 학문과 노동 위주로 함. 단, 안거증은 3
년 후에 수여함.
·범음(梵音)은 시세(時勢)에 적합한 청아한 범패(梵唄)를 학습하며, 또
찬불, 자찬, 회심, 환향곡 등을 신작하여 창(唱)하기로 함.
·파계, 사행(邪行), 나습(懶習), 기타 폐습(廢習)은 일체 엄금함.

이상적인 선원, 내장사 선원

(학명은) 내장선원을 내장승계(內藏勝界)에 세우고 순진한 소년을 모
아 선리(禪理)를 보이고 교학을 가르치며 농업을 힘쓰게 하되 가무(歌舞)
까지 있어 일하면서 글월을 읽으면서 선을 연구하면서 몸과 마음이 쾌활
하게 되었으니 실로 이 세계에 가장 새로운 방법을 시도하는 일인 동시에
이상적 선원이라 하겠다.

《불교》46·47합호, 1928. 5: 강유문의 〈내장선원 일별(一瞥)〉

비문에 나타난 학명의 소박, 실천성

하늘에 해와 달이, 별이 없으면 족히 하늘이 되지 못하고, 부처님에게
계정혜(戒定慧)가 없으면 부처님이라 할 만한 가치가 없도다. 요즈음 부
처님 제자들이 함부로 "계율은 지킬만한 가치가 없고, 정혜(定慧)는 닦을
필요가 없다"고 하면서 아무렇지도 않게 방종하고 놀면서 부질없이 입을
놀려 스스로 도(道)를 깨달았다 하며 어리석은 부녀자들에게 공양 바치기
를 꾀하고 있으니, 이것을 선사(禪師)라 한다면 부처님을 크게 속이는 자
들이다.
학명선사가 세상에 계실 적에 늘 우리들과 이 일에 대해 이야기가 미치

면 주장자를 땅에 떨어뜨리면서 크게 탄식하고 여러 날 동안 말을 하지 않았다. 선사께서는 계율로써 몸을 단속하여 말을 적게 하고 욕심이 없었으며, 대중들을 모아 농사가 곧 선(禪)이라는 공부법을 제창하였다. 그리하여 몸소 호미를 잡고, 조사(祖師)를 단련하였고, 골짜기 어귀를 경작하며 물소(牛)를 깃들였으니, 만년의 가풍이 소박하고 진솔하기가 이와 같았다.

(박한영이 지은 학명 비문, 1935)

학명 스님의 문도

학명의 도제(徒弟)로 그의 비석에는 일규, 계륜, 봉화, 혜순, 도오, 마강, 묵당 등이 나온다. 그런데 이들의 행적은 구체적으로 전하지 않는다. 만암, 금해, 매곡, 해안 등이 학명의 행적과 관련된 스님들이다. 이들은 백양사, 구암사, 선운사, 내장사의 스님이었기에 백파문중의 일원으로서 학명과 같은 계열이다.

학명은 일제하 불교에서는 이능화, 권상로, 김태흡 등의 기록에서 훌륭한 선사로 나온다. 이는 학명이 일제하 불교에서는 고승, 큰스님으로 명성이 자자하였음을 반영한다. 그러나 8·15해방 이후 그의 이름은 역사에서 사라졌다. 이는 문손들이 대처승이 되었던 것과 백양사가 조계종단에 늦게 합류하였던 불교정화 운동의 여파에서 기인한 것이다. 그래서 그의 존재는 역사의 뒤안길로 방치되었다.

부연할 것은 학명의 손상좌인 세진(世震)이 제주도에 건너가서 선농불교의 정신으로 기와공장을 세워 승속(僧俗) 공동체를 운영한 역사가 있다. 세진은 내장사 주지인 한고벽의 상좌로, 학명 비석에 손상좌로 나온다. 그는 개운사 강원에서 수학한 이후에는 내장사 강원에서 후학을 양성하다, 제주로 건너와서 제주불교연맹의 주역으로 관음사 포교당(대각사)의 강원에서 교육을 통한 혁신운동을 전개하였고, 서관음사를 창건하였지만 제주 4·3사건 당시 주역으로 활동하다가 우익에 의한 저격으로 입적했다.

2005년에 발간된《학명집》은 그의 문손이 아닌 타 문중 스님에 의해서 발간되었음이 이채롭다.《학명집》을 발간한 스님은 불화의 대가 석정이었다. 석정은 금강산 신계사 출신으로 유년 시절부터 탱화, 불화에 재주가 많아 그 방면으로 많은 공부를 이루어 대가 반열에 올랐다. 그는 금강산에 온 선객들에게서 내장사에 백학명이라는 도인이 달마도를 잘 그린다는 말을 들었다. 그러다가 해방공간, 가야총림(해인사)의 습의살림에 참여했다. 이때 그는 곽보봉이라는 스님이 학명의 달마도를 놓고 조석예불을 하는 장면을 목격했다. 그 후 곽보봉은 입적했는데, 달마도의 행방이 묘연했다. 그래서 석정은 학명과 달마도에 지대한 관심을 기울였다. 그러다가 우연히 김광업(부산의 의사, 서예가)으로부터 그 달마도를 인수했다. 이런 인연으로 석정은 학명의 달마도를 자신의 토굴에 걸어 놓고 애지중지했다. 그 후 석정이 입수한 학명의 달마도는 통도사 성보박물관에 기증되었다. 이런 인연으로 석정은 학명의 자료를 모아 자료집을 내자고 발의하였고, 그 발의를 받은 범하(통도사 성보박물관장 역임)의 주선과 범하의 도반이었던 연관(실상사)의 실무 작업을 거쳐《학명집》이 나왔다. 연관 스님은 학명과 인연이 있는 각처의 스님과 불자들을 만나, 자료와 증언을 수집하여 정리하고 편집해서《학명집》을 펴냈다.

❖ 참고문헌

연　관《鶴鳴集》성보문화재연구원, 2006. (학명에 대한 자료를 모두 모아서 편집한 책이다.)

최영희〈학명선사의 불교문학 연구〉《국어국문학》129, 2000.

김종진〈鶴鳴의 가사〈禪園曲〉에 대하여〉《동악어문논집》33, 1998.

한금실〈1940년대 이세진의 제주불교혁신운동〉《역사민속학》24, 2007.

김광식〈학명선사의 선농불교〉《鶴鳴集》성보문화재연구원, 2006.

_____〈백학명의 불교개혁과 선농불교〉《한국 현대선의 지성사 탐구》도피
      안사, 2010.

박영학〈일제하 한국 선 중흥 운동과 소통에 관한 연구 – 백학명 선사를 중심
      으로〉《원불교사상과 종교문화》38, 2007.

김순석〈白鶴鳴의 禪農一致와 근대 불교개혁론〉《한국선학》23, 2009.

김호성〈鶴鳴의 禪農佛教에 보이는 結社的 性格〉《한국선학》27, 2010.

_____〈근대 한국의 禪農佛教에 대한 재조명 – 鶴鳴과 龍城을 중심으로〉
      《불교학보》55, 2010.

동 명《7일 안에 깨쳐라 – 해안선사의 견성과 사자후》비움과 소통, 2010.

만암
蔓庵

만암은 어떤 스님인가

만암(蔓庵, 1876～1957)은 근현대 불교사에 뚜렷한 족적을 남긴 고승이다. 그러나 남긴 족적에 비해 그에 대한 이해와 평가는 박약하다. 여러 이유가 있지만 만암의 후반기 행보가 비주류의 길을 걸었고, 만암의 지성적 행보를 이해하지 못 하는 스님들의 정서에서 기인한다.

만암이 걸어간 비주류의 길은 그가 불교정화 운동은 찬성하면서도 일부 노선에 반발하여 결과적으로는 반조계종단 노선을 표방했음을 뜻한다. 그는 정화운동이 시작되던 당시의 종정이었다. 정화 초창기에는 정화를 지지했으나 비구승 측이 지눌을 종조로 내걸자, 그를 환부역조론(換夫易祖論)이라고 비판했다. 그리고 정화 이전부터 비구승(수행승, 정법중)과 대처승(교화승, 호법중)이 공존하면서 정화를 추진해야 한다고 강조해 강경 일변도인 정화노선과는 다른 입장에 서 있었다. 온건한 정화를 주장한 그는 비구승 측과 결별하였지만, 대처승 측 종정은 유지했다.

만암의 지성적 행보에는 불교교육, 선농불교, 사찰재건의 헌신이 있었다. 그러나 최근 승가의 세속화, 명리화가 가속화되면서 타락한 승풍은 만암의 가풍을 거들떠보지 않았다. 그는 일제하 불교에서 백양사 주지로 27년간 재임하면서 백양사를 수행도량, 생산도량으로 변신시켰다. 백양사가 근대공간에서 청정성, 수행성에서 일등 도량이라는 별칭을 듣게 된 것은 만암의 덕분이다. 해방공간의 백양사는 고불총림이라는 수행공동체를 운영했는데, 이것은 만암이 추진한 자생적 불교정화의 산물이었다. 이런 연고로 그는 전라도 지역을 대표하는 고승이었다.

그는 일제하에서는 중앙불교전수학교의 교장을 역임했고, 해방공간에서는 전라도 지역 사찰들과 함께 정광중고등학교를 설립하였다. 그가 사회의식, 민족의식이 투철하였음을 말해준다.

행적과 수행

만암은 1876년 고창군 고창읍의 중거리에서 태어났다. 송의환의 4남이었는데, 부친은 만암이 4세 때에 사망하였다. 만암은 유년 시절에는 사숙(私塾)에 나아가 한학을 수학하다가, 11세(1886)에 이르러 백양사로 입산 득도하였다. 법명은 종헌(宗憲)이었고 은사는 취운도진(翠雲道珍)이었다. 사미계를 받은 후 즉시 백양사 강원에서 환응(幻應) 강백에게 강학을 이수하였다. 16세(1891)에 접어들면서 구암사(龜岩寺)의 전문강원으로 가서 교학을 더욱 연찬했다. 그 후에는 해인사와 선암사 강원에서 강학을 이수하였다.

만암은 23세(1898) 때 백양사 운문암에서 환응 강백의 뒤를 이어 강사가 되었다. 국운이 위태롭게 되었음에도 불구하고 학인들을 이끌고 청류암, 백련암, 천진암 등지를 옮겨 다니며 후학을 양성하였다. 1907년(43세) 해인사 강원 강사로 취임했다. 그는 교학에 주력하면서도 1901~1907년경에는 선 수행을 하였다. 본격적인 참선 정진은 아니었다. 이렇듯 만

04

암은 청년 시절에는 강원에서 교학을 수학했고, 그 이후 중년에는 강사로 근무하였다.

1910년, 국권을 일제에 강탈당하자 만암은 청류암으로 돌아왔다. 그는 인근 사찰들과 함께 신구교육을 원융적으로 절충한 광성의숙(廣成義塾)을 설립하여 학감으로 실무를 담당하였다. 당시 광성의숙은 백양사 관할 30여 사암으로부터 많은 호응을 받았다. 그 직후인 1911~12년에는 전라도 지역에서 임제종 운동에 적극 가담했다. 만암은 임제종 운동을 통해 신구교학의 쇄신을 추동했는데, 이는 김종래와 박한영이 광성의숙의 발기인이었던 것과 연관이 있다. 그의 이런 행보에서 조선불교의 전통을 수호하려는 민족의식이 투철했음을 알 수 있다.

만암은 1916년에 백양사 주지로 취임했다. 이로부터 7차례에 걸쳐 27년간 백양사 주지로 근무하면서 사세를 크게 신장시키는 불사를 단행하였다. 그러면서 그는 대중들과 화합일치, 공동심력으로 불사를 추진해 수행 가풍 및 선풍 진작에 성공했다. 그에 따라 백양사 사격은 크게 신장되었고, 모범사찰로 인정받았다. 만암은 백양사 본말사의 스님 대중들에게 선농불교를 권유하며 승풍 진작에도 유의하여 당시 불교 언론에서도 높은 평가를 받았다. 백양사에서 활동하면서도 불교전수학교 교장(1928), 교무원 교학부장(1929), 전남5본산연합회 이사(1937), 총본산 건설의 고문(1937), 조선불교 조계종의 고문(1941) 등을 역임했다.

8·15해방 이후에는 고불총림을 결성하여(1947) 백양사를 근간으로 하는 전라도 지역 수십 개에 달하는 사찰의 자생적인 정화를 이끌었다. 정광중고교를 설립하여(1947) 포교 및 불교의 사회운동에 이바지하는 한편, 자주적인 불교정화, 역사의식이 있는 종단 활동을 촉구했다. 1951년 조계종 종정에 취임하여 온건적인 정화를 촉구했으며, 1954년에는 조계종 청명을 단행하였고, 불교정화 운동이 발발하자 초창기에는 적극 지지했다. 그러나 보조지눌과 태고보우 국사의 종조를 둘러싼 갈등으로 비구

측과 결별하고 종정을 사임했다. 하지만 대처 측 종단의 종정은 유지했다. 그는 자생적 정화, 선농불교, 승단 이원화, 점진적 정화를 주장하였다.

1956년 12월 16일, 입적했다. 1957년 사리탑이 건립되었고, 1967년에는 《만암문집》이 발간되었다.

일화와 어록

대중화합으로 이룬 백양사 가풍

거년(去年) 동간(冬間)에 나는 전라남도 장성군에 있는 선교양종대본산 백양사(白羊寺)를 순례(巡禮)하여 본 일이 있다. 당사(當寺)의 청중(清衆)은 주지 송만암(宋蔓庵) 화상(和尚)의 솔도(導率)하에 재(在)하야 화합일치 되어 공동심력(公同心力)으로써 일대(一大) 가람, 법당, 요사 기타를 일신 건축하여 놓고 그 청규(清規)를 지킴에는 조석예불(朝夕禮佛)・일당회식(一堂會食) 뿐만 아니라 비록 소사미(小沙彌)일지라도 법의(法衣)를 입지 않고는 조석공양(朝夕供養)에 참여를 블허(不許)하며 공과(工課)를 함에는 주참야참(晝參夜參)의 선풍(禪風)과 사교(四教) 대교(大教)의 청규(清規)를 엄격으로 행함을 보고 나는 심중(心中)에 실지 소견(所見)이 표면소문(表面所聞)과 상이(相異)함을 느꼈다. 그리고 조선 각사(各寺)가 이와 같은 풍규(風規)를 지키는 줄을 알겠다. 불교의 주인인 조선 스님의 현하 상태는 상술(上述)과 여(如)하니 이것으로 보아서 불교 전도(前途)의 발전되어가는 것을 확신한다.

(이능화〈조선불교의 三時代〉《불교》31호, 1927.1)

모든 대중은 수행해야 하는 것이 만암의 가풍

　(백양사) 사규(寺規)가 엄숙하고 승풍(僧風)이 정연(整然)하다. 회승당
(會僧堂) 선원(禪院)에는 삼십 여 명의 선객(禪客)이 주장가부(拄杖跏趺)
하야 선삼매(禪三昧)에 들어 있고 향적전(香積殿) 강원(講院)에는 십여명
의 학인(學人)이 의학(義學)을 캐고 있다. 그리고 사내(寺內)에서는 어떠
한 승려라도 법의(法衣)가 아니고는 출입을 부득(不得)케 한지라 사무원
까지라도 법의(法衣)를 상착(常着)하고 있는 모양이며 송만암(宋蔓庵) 선
사의 주의(主義)가 주경야선(晝經夜禪) 혹은 주경야선(晝耕夜禪)의 주의
라 어떠한 사람을 물론하고 주간에는 무슨 일을 하든지 간에 백양산(白
羊山)에 거주한 스님으로는 조모분수(朝暮 焚修)시에 한 시간 혹은 두 시
간씩 꼭 입정(入定) 좌선(坐禪)케 한다며 그대로 꼭 실현한다. 그리고 송
(宋) 선사께서도 일발(一髮)만한 차이도 없이 낮이나 밤이나 선정(禪定)
에 들어 있으며 초학(初學)으로 하여금 지성으로 참선을 권한다고 한다.
그리고 사내(寺內)의 어떤 선덕(禪德)은 송 선사(禪師)를 가리켜 개심도
인(開心道人)이라 하며 목양도인(牧羊道人)이라고 한다. (중략) 백양사는
승속(僧俗) 간에 누가 와서 보든지 환희심이 날 만한 삼보(三寶) 주지(住
持)의 대가람(大伽藍)이며 선지식(善知識)이 주(住)할 만한 대도량(大道
場)이다. 조선 사찰을 다 보지 못한지라 경경(輕輕)히 말할 수는 없으나
나의 본 범위 내에서는 확실히 백양사가 전 조선의 모범사찰(模範寺刹)이
라고 추천하기를 주저치 아니한다.

(김소하〈南遊求道禮讚〉《불교》63호, 1929.9)

선농불교, 불교정화의 지름길

　금후(今後)로는 이 자경농(自耕農)으로 인하여 반농반선(半農半禪)의

생활과 주경야독의 고풍(古風)을 준수하여 자급자족(自給自足)의 미풍(美風)을 발휘하고 또 옛 선사의 「一日不作이면 一日不食」의 가풍을 실천하게 되는지라, 이도 우리 교단의 근로생활을 권발(勸發)하는 취지에 새로운 면목이라 이르겠다.

(종단 간부에게 당부한 교시)

금번(今番)에 비구중(比丘衆)의 돌기(突起)가 우연한 사(事)가 아님을 철저히 각오하고, 그에 대한 방책을 강구함에 있어 본인의 의견으로는 사찰의 정화(淨化)는 물론이거니와 우리 스님이 자숙(自肅)의 정신으로 반농반선주의(半農半禪主義)를 실천하여, 세론(世論)에 기생충의 비난을 퇴치하는 동시에 오교(吾敎) 신생(新生)의 노선을 정함에 재(在)하다.

(입적하기 직전, 최후의 당부)

온건정화, 현실 인정을 하면서 추진해야

만암은 비구승을 정법중(正法衆), 대처승을 호법중(護法衆)으로 불렀다. 정법중을 사찰의 주체로, 호법중은 포교 및 행정의 주체로 보았다. 이는 조선 후기 이래 이판(理判), 사판(事判)의 제도를 변용한 것이다. 다만 호법중은 당대에서만 스님 자격을 인정하고, 상좌는 두지 않는 것으로 했다. 만암의 주장은 백양사에서만 통용되었을 뿐, 정화운동을 추진한 주류들은 중요하게 간주하지 않았다. 그러나 이것을 정화불사의 심각한 후유증이자, 역사적 산물로 인식하면 만암의 대안은 재평가된다. 만암의 대안을 살펴보면 다음과 같다.

법중조직(法衆組織)

오교(吾敎)는 원래 사부중(四部衆: 스님, 尼僧, 信士, 信女)이 유(有)한 바 현 교문(敎門)의 사정으로 인하여 스님 중에 계체(戒體)가 완전한 인

(人)은 정법중(正法衆), 계체가 불완전한 인(人)은 호법중(護法衆)이라 칭하고 오부중(五部衆)을 조직할 사(차는 종래에 理事判制가 있는 것에서 준함)

관중추대(管衆推戴)

조선사찰에 원래 삼보사찰(통도사, 해인사, 송광사)이 유(有)한 바 차로 시(始)하여 계덕(戒德)이 완전한 인(人)을 추대하여 모범을 작(作)한 후, 차로 제산회중(諸山會衆) 사찰에 기회를 따라 옛날의 면목(面目)을 회복케 할 사

직무분장(職務分掌)

내무(內務)에 선백(禪伯), 강사, 지전(持殿), 감원(監院) 등은 정법중(正法衆), 외무(外務)에 포교사, 교직원, 서무, 재무, 회계, 서사(書史), 지객(知客), 산감(山監) 등은 호법중(護法衆)이 분장할 사

만암 스님의 문도

만암의 문중, 문도 스님은 백양사를 거점으로 수행하고 있다. 만암은 1947년 백양사를 거점으로 자생적인 불교정화를 전라도 지역에서 추진했다. 이때 표방한 것이 고불총림(古佛叢林)이었다. 50년 후인 1996년, 조계종 18교구 본사인 백양사는 한국불교 5대총림의 하나인 고불총림으로 공식 지정되었다. 이 총림은 조계종단의 종합적인 수행도량의 의미를 갖지만 만암의 사상을 계승한다는 의미도 함께 지니고 있다.

만암의 상좌, 법손은 신종원, 최태종, 서옹, 석산, 수산 등으로 전한다. 신종원은 1967년《만암문집》을 펴낸 주역이다. 신종원과 최태종은 정광중고등학교 교장을 역임했다. 서옹은 동국대 대학선원장을 1960년대 중반에, 조계종단의 종정을 1974~79년에 역임한 고승이다. 그는 상순으로

도 알려졌는데 양정고보와 중앙불전을 졸업하였고, 오대산 한암 회상에서 수행했다. 그리고 일본으로 건너가 임제대학에서 선학을 공부했다. 여러 곳의 선원에서 정진했고, 말년에는 《임제록연의》를 펴내고 무차대회와 참사랑운동을 전개하였다. 석산은 백양사 주지를 역임한 시몽과 지선의 은사이다. 수산은 백양사 방장을 역임하였는데, 불갑사에 오랫동안 머물며 중창불사를 했다.

만암의 사상과 가풍은 백양사의 역사와 문화 그 자체라고 볼 수 있다. 그리고 백양사에서는 우화, 묵담, 인곡, 해안, 법전, 혜암 등 많은 도인이 나왔다. 이런 도인의 가풍과 만암의 사상을 접목하여 백양사의 가풍을 진작하는 것이 만암 문손들이 해야 할 과제일 것이다.

❖ 참고문헌

백양사 《만암문집》 대성출판사, 1967.

백양사 《고불총림 백양사》 1996.

만암대종사 문집 간행위원회 《만암문집》 백양사 고불총림, 1997. (문도들이 만암에 대한 일체의 자료를 모아서 주제별로 배열한 책이다.)

김광식 〈고불총림과 불교정화〉 《한국현대불교사연구》 불교시대사, 2006.

_____ 〈대한불교조계종의 성립과 성격〉 《한국선학》 34, 2013.

_____ 〈만암의 불교정화관〉 《선문화연구》 14, 2013.

_____ 〈만암의 선농일치 사상〉 《불교근대화의 이상과 현실》 선인, 2014.

김상영 〈만암 종헌의 생애와 활동〉 《대각사상》 19, 2013.

_____ 〈정화운동 시대의 종조 갈등 문제와 그 역사적 의의〉 《불교정화 운동의 재조명》 조계종출판사, 2008.

김순석 〈해방공간 불교계의 과제와 만암 송종헌의 불교계 정화인식〉 《태동고전연구》 27, 2011.

고영섭 〈불교 조계종 종합수도장 오대총림 연구〉 《조계종 총림의 역사와 문화》 조계종출판사, 2009.

한영
漢永

한영은 어떤 스님인가

한영(漢永, 1870~1948)의 정체성은 다양하지만, 그중에서도 별칭인 대
강백을 제일 먼저 꼽을 수 있다. 그는 전라도 구암사, 백양사, 선암사, 화
엄사 등지에서 교학을 철저하게 배웠다. 그래서 조선 후기 호남권 강학을
계승한 대종장으로 불리고 있다. 그는 교학에 머물지 않고, 경율론 삼장
에 골고루 해박하였으며, 계정혜 삼학일치를 일관되게 주장했다. 또한 그
는 금강산 신계사에도 가서 수행하면서 금강산 학승으로 유명한 서진하
에게 배웠다. 이런 연고로 그는 근대기 최고의 강백이라고 지칭되었다.

그는 구학(舊學)의 스님들에게 수학하였지만, 자신은 구학인 강원에 머
물지 않고 도회지로 나와 후학을 양성하였다. 중앙학림의 강사, 중앙불전
의 교수 등이 그를 예증한다. 그러면서 개운사(대원암) 강원에서는 스님
뿐만 아니라 일반 사회인에게도 불교와 동양사상 등 인문학을 가르쳤다.
불교를 통해 인문학을 교육한 것이다. 이런 점에서 그는 근대 불교지성인
을 대표한다. 더욱이 그의 유불선, 동양학, 한학 등 다방면의 인문적, 박람
적(博覽的)인 지식은 당대의 지식인들도 최고임을 인정했다.

한편 그는 대강백, 교육가에 머물지 않고 불교개혁, 불교개신, 민족운동, 종단활동에도 관여했다. 새로운 시대에 적응할 수 있는 불교를 만들어야 한다는 소신으로 언론 기고, 저술, 잡지 발간 등 다양한 활동을 펼쳤다. 그리고 임제종 운동의 주역으로 한성 임시정부 수립 시 불교 대표, 중앙불전 교장, 조계종단 교정 등을 역임하였다.

다양한 행보를 통해 알 수 있듯 한영 스님의 행적과 사상, 가르침은 뛰어났지만 그에 대한 이해와 연구는 명성에 걸맞게 심화되지 못한 측면이 있다. 최근에야 그의 출신 본사인 선운사를 중심으로 그의 대한 재조명 작업이 본격적으로 전개되고 있다.

행적과 수행

한영은 1870년 8월 28일(음력) 전북 완주군 초포면 오사리(현 삼례읍 하리)에서 태어났다. 밀양 박씨인 박성용의 장남이었는데, 유년 시절에는 서당에서 한문과 유학을 배웠다. 한학이 뛰어나서 서당 훈장도 역임했다.

17세가 되던 해, 그는 전주 위봉사 태조암에서 발심을 했다. 19세가 되던 해에 금강산 신계사에서 금산(錦山)화상을 은사로 출가하고, 유점사에서 비구계를 받았다. 이때 받은 법명이 정호(鼎鎬)이다. 그의 별칭인 석전은 아호(雅號)이고, 한영은 본명이다. 그는 백양사 강원으로 가서 환응에게 수학하였다. 이후 선암사의 경운에게도 배웠다. 그리고 석왕사, 신계사, 건봉사, 명주사 등지에서 경학을 연찬하고, 틈틈이 참선 정진을 했다. 그 후에는 조선 후기 선교(禪敎)를 부흥시킨 백파긍선(白坡亘璇)의 법맥을 계승한 설유처명(雪乳處明)의 법을 이었다. 이때 받은 당호가 영호(暎湖)이다. 한영이 배운 환응, 경운, 설유는 당대 최고의 강백이었고, 환응과 경운은 1929년에 석전과 함께 교정에 추대된 고승이었다. 선암사, 백양사에서 중덕, 대덕 품계를 받은 그는 구암사에서《선문염송》《화엄경》등을 다시 배우고 개강하여, 본격적으로 후학 양성에 나섰다. 대원사, 대흥사, 법주사, 화엄사, 석왕사, 범어사 등지에서 가르쳤다.

그러나 한영은 근대문명으로 급속하게 변화하는 세계를 직시하고, 불교개신을 위해 1908년에 상경했다. 이때 한용운, 금봉(장기림)과 불교의 진로를 함께 고민했다. 1910년 한국이 일제에 패망하자, 백양사 청류암에 신·구학을 겸비케 하는 광성의숙이 만암에 의해 설립되어 민족의 인재를 양성할 때 그가 책임자를 맡았다. 1911년 송광사를 거점으로 전개된 항일 불교인 임제종 운동을 한용운, 김종래, 진진응 등과 주도하였다. 그리고 1913년에는《조선불교월보》를 인수하여 불교계몽을 위한《해동불보》를 펴냈다. 잡지에 불교교육, 개신, 포교를 위한 기고 활동을 활발하게 했다. 근대불교의 최초 학교인 명진학교의 전통을 이은 불교고등강숙이 설립되자 책임자가 되었다. 이후 중앙학림의 강사, 학장을 맡았다.

1919년, 3·1운동이 일어나자 한성임시정부의 발기인이 되어, 인천 만국공원에서 열린 국민대회에 불교대표로 참가하였다. 그리고 그 무렵 본격화된 불교개신 운동으로 등장한 조선불교유신회의 의장으로 활동했다. 유신회에서는 종단개혁, 사찰령 철폐운동, 종단기관 설립운동을 본격화했다.《불일》편집인, 조선불서간행회의 책임자, 민립대학 기성회 발기인 등을 1920년대 중반에 맡았다. 금강산과 호남지방의 명찰을 순례하면서 조선 정신의 부활을 모색했는데, 여행기와 한시를 다수 남겼다. 이 무렵 논란이 된 스님의 대처식육(帶妻食肉)에 대하여 그는 강한 비판론을 신문에 기고했다. 그 연장선 위에서 계율에 대한 종합적 정리서인《계학약전(戒學約詮)》을 1926년에 집필했다.

1926년 개운사에 설립된 강원 강주로 취임하여 후학 양성에 다시 나섰다. 개운사에서는 전통불교학을 공부하는 엘리트를 길러내면서 동시에 재가 지식인도 교육했는데, 그는 불교 인문학을 맡았다. 개운사 강원은

1930년대 초반 대학원 과정으로 승격되어, 불교연구원으로 불렸다. 최남선, 정인보, 서정주, 이광수, 신석정, 안재홍, 홍명희 등의 재가 지식인이 한영에게 배운 사람들이었다. 한영은 이들과 함께 지방 사찰 및 명산의 여행을 자주 다녔는데, 이는 조선정신의 탐구 및 현장 교육이었다.

1929년(59세), 스님대회에서 그는 7인 교정의 한 명으로 추대되었다. 조선불교를 대표하는 고승의 반열에 올라선 것이다. 중앙불전의 교수, 교장을 맡아 이는 신, 구학을 오가며 후학을 교육했다. 1941년 3월, 선학원에서 열린 유교법회에 참가하여 청정불교, 계율불교를 강조했다. 《범망경》과 《유교경》을 강의했다. 1945년 초에는 내장사로 내려갔고, 해방이 되자 조선불교 교정에 다시 추대되었다. 내장사에 역경원을 설립, 김포광에게 실무 작업을 맡겼다.

1948년 4월 8일, 내장사 벽련암에서 입적했다. 선암사 부도전에 〈화엄종주 영호당 대종사 부도비〉가 세워져 있다. 성락훈(성균관대 교수, 문생)이 짓고, 손재성이 전(篆)하고, 송성용이 썼다. 개운사에도 한영의 유적비가 있다.

일화와 어록

학인이 회고하는 개운사 강원 시절

대원암 강원은 불교연구원이라고 하였다. 그래서 화엄경을 위주로 하여 전등록(傳燈錄), 염송(拈訟)도 강의하였으며 학인들은 대개 일대시교를 마쳤거나 강사를 지내던 분들이 모였다. 말하자면 연구반인 셈인데 거기에는 두 부류의 학인들이 모였던 것으로 기억한다. 하나는 석전 스님의 높은 학력을 사모하고 그 문하에서 배웠다는 긍지를 갖고 싶었던 사람이며 또 한편에는 고등연구반에서 교학을 탁마하기 위해서 모인 사람들이 었다. 그런 만큼 학인들은 기초 소양이 다양했고 제각기 독특한 전문 분 야를 가진 사람이 많았다. 한학에 깊은 조예가 있다든가 시문에 일가견이 있다든가 현대문학에 소양이 있는가 하면 법률학·정치학·철학 방면에 제각기 주견을 가진 사람들이 모여 있었던 것이다. 그 당시 대원암과 칠 성암으로 나뉘어 거처하면서 한방에 무릎이 서로 닿을 만큼 좁게 모여 앉 아 열렬히 토론하였다. 대개 80~100여 명이 지냈으니 한 방에 10여 명이 함께 지냈던 것이다. 아침 쇳송(鍾誦)하고 예불하면 모두 입선한다. 아침 공양 하고 그리고 조실 스님께 문강한다. 우리 스님에게는 세속의 명사들 이 많이 출입하였고 저들이 스님을 존경하였거니와 스님도 잘 대해 주셨 다. 당시 재주 있기로는 조선 3대 천재라고 일컬었던 정인보(鄭寅普) 씨, 최남선(崔南善) 씨, 이광수(李光洙) 씨 등이 1주일에도 몇 번씩 찾아올 때 도 있었다. 그 밖에도 기억에 남는 분은 안재홍(安在鴻) 씨 홍명희(洪命 熹) 씨 등 당당한 명사들도 있지만 그 밖에 각 분야 사람들이 많이도 찾아 왔다. 언론계, 예술계, 학계는 물론 일본인도 있었다. 일본인 가운데 제일 많이 찾아온 사람은 불교학자 다카하시(高橋亨)와 총독부 고등탐정이었 던 나카무라(中村)가 있다.

(운성〈노사의 學人시절: 우리 스님 石顚 朴漢永스님〉
《불광》88~84호, 1981. 9·10)

위당 정인보가 지켜본 스님

노장(老長) 선지식들이 차례로 열반함에 이르러 스님은 더욱 계행을 엄 정히 하고 만년엔 서울에 계시며 속세에 드나들었지만 그 발자취 또한 청 초(淸楚)하여 세속에 물들지 아니하셨다. 내가 내전을 좋아하기는 하나 깊은 조예가 없음으로 스님의 경지가 어떠한지 알 수 없다. 그러나 스님의 세속에 물들지 아니한 것이 마치 거울에 그림자가 스치는 것과 같은 즉 이는 위에서 말한 바 있다. 이러한 경지에 의하여, 간혹 시를 지음으로 여기에 담겨진 사상이 범상치 않고 홀로 깊은 경지에 이르러, 그 높은 격조는 고인(古人)의 걸작과 맞먹고 문장 또한 선리(禪理)를 잘 표현해 걸린 바가 없다. 이미 많은 서적을 탐독하여 아는 바가 깊기에 사물에 감촉하면 물줄기가 솟구쳐 뿜어내듯하며, 또 그 기억한 바와 평생 섭렵한 것을 낱낱이 들어 말하기 어렵다. 그러므로 스님을 따라 국내 명승지를 순방하며 산천, 풍토, 인물로부터 농업, 공업, 상업과 노래며 소설에 이르기까지 모두 평소에 익힌 바처럼 모르는 것이 없음으로 그 고장 사람들도 명하여 말문을 열지 못한다.

〈〈석전 스님 행략〉《영호대종사 어록》1988)

육당 최남선의 한영 스님 회고

스님은 고사(故事)에 깊은 조예이며 통철한 식견으로 내경(內徑)과 외전(外典)을 꿰뚫어보신 분인데. 외람되게도 나와 같은 사람을 말벗으로 여겨주신 영광을 누리게 되었다. 이 때문에 날이 갈수록 교분(交分)이 두터웠던바, 어지러운 시대를 만나, 불법 또한 쇠퇴하고 심지어는 권력을 배경으로 이익만을 추구하여 종풍(宗風)은 크게 흔들리고 말았다. 이에 스님은 몇몇 동지와 종단을 바로잡고자 하실 적에 나 역시 미비한 힘이나마 도와 조그마한 보탬이 되지 않았나 생각한다. 그러는 중에 나와의 정의(情誼)가 두터워진 것을 그 누구도 짐작할 수 없었던 바였다. 그러나 나의 간직한 뜻을 펴기에는 너무나 많은 어려움이 있었기에 언제나 혈혈단신(孑孑單身)으로 국내를 두루 유람하며 역사를 연구하고픈 생각뿐이었다. 스님은 이러한 나의 마음을 짐작하시고 해마다 늦가을 초가을 사이엔 나와 함께 여행길을 마련하여, 일찍이 동으로는 금강산을 갔다가 바다를 따라서 낙산사에 이르러 경포대에서 뱃놀이를 하였고 남쪽으로는 지리산을 두루 본 후 바다를 건너 한라산 정상에 올라 백록담에서 물을 마시며 노는 말떼를 함께 구경하였고, 위로는 백두산을 순례하며 천지의 기슭에서 수면에 퍼지는 아침 햇살의 현란한 장관에 함께 심취하기도 하였으며 그윽한 경치며 묘향산의 기발한 경관까지도 함께 가지 않은 곳이 없었다.

《영호대종사 어록》발문, 1988)

미당 서정주의 회고

석전영호 박한영 스님은 내 나이 20 전후의 몇 해 동안 나를 누구보다도 더 큰 자비로 이끌쳐 가르쳐 주신 은사(恩師)님으로서, 지금의 내 마음 속에서도 내 육신의 친부(親父) 곁에는 이 분이 같이 늘 자리하고 계시느니만치, 이런 분에 대해서 이런 문장의 언사라는 걸 여기 늘어놓는 것까지가 그저 송구스러운 일로만 느껴진다. 1948년 6월인가 내가 〈동아일보〉 사회부장으로 있을 때 잠시 고향인 전북 고창에 들렀던 길에 형처(荊妻)와 함께 정읍 내장사에 계시던 석전 존사(尊師) 님을 오후에 찾아 뵈오러 갔었더니, 작별 인사 때 마루에 남아 있는 햇빛을 손가락질해 가르치며 "아직도 해가 남았는데……."를 연거푸 몇 번을 되풀이하시던 노스님의 우리를 놓아 보내기를 안타까워하시던 대자비(大慈悲)의 정(情)이 아직 내 뼈끝에 와 닿을 뿐이다. "무얼 더 많이 이 분의 마음에 들게 해드렸어야 했을 텐데……" 하는 미련과 자책만이 앞서 따를 뿐이다.

《영호대종사 어록》발사(跋辭), 1988)

한영 스님의 문도

석전 박한영의 상좌는 지금껏 누구인지 알려지지 않은 채, 그에게 개운사에서 배운 학인들이 한영의 제자로 널리 알려졌다. 그들은 운허, 청담, 운기(배성원), 운성, 고봉, 성능, 명봉, 학봉, 석농, 석문 등이다. 대원사에서 한영에게 배운 채서응도 있다. 이 제자들이 한국 현대기 강백으로 명성을 떨쳤기에 한영의 법맥과 강맥은 불교 강원의 주류가 되었다. 그밖에 양청우, 이춘성, 서경보, 조종현(철운), 서병재, 이세진, 이재복(용봉), 무불, 법공 등도 개운사 강원에서 수학했다.

운허에게 배운 후학들은 법공, 월운, 지관, 홍법, 묘엄 등이다. 이들은 해인사, 통도사, 봉선사, 봉녕사의 강원을 이끈 주역이었다. 운기에게 배운 이는 재선, 혜남, 웅각, 도형, 철웅, 도일 등이다. 운성에게 배운 이는 지운, 일귀, 지오, 정화, 원순 등이다. 고봉에게 배운 이는 우룡, 고산, 명륜, 일현 등이다. 성능에게는 명성, 자민 등이 배웠다. 명봉은 능허를 가르쳤고, 학봉은 종광과 상우를 가르쳤다. 이렇게 한영의 강맥은 범어사, 통도사, 해인사, 법주사, 청암사, 백양사 등의 강원으로 이어졌다. 그리고 비구니 강원인 운문사, 봉녕사, 동학사, 개심사, 선암사에도 이어졌다.

한영에게 배운 이들 중 특이한 이력의 소유자는 청담이다. 청담은 조계종 종정을 역임하였고, 불교정화 운동을 견인한 주체로 서울 도선사를 중창하였다. 양청우는 조계사와 대흥사의 주지를 역임했는데 탄허와 함께 오대산수도원을 개설할 때에 노력하였다.

한편, 개운사 강원에서 한영에게 배운 학인들이 구학 교육의 개혁을 통한 불교정화에 나섰던 사실도 전한다. 당시 학인들은 1928년 3월 각황사에서 조선불교학인대회를 개최하였다. 이를 계기로 강원의 학인 단체의 상설기관으로 조선불교학인연맹이 설립되고, 연맹의 기관지 《회광》이 발간되었다. 학인대회를 주도한 인물이 청담(옥천사), 운허(봉선사) 김태완

(쌍계사), 김형기(옥천사), 배성원(구암사), 정찬종, 박홍권, 정화진 등이다. 최근에는 선운사와 동국대가 협조하여 동국대에서 박한영 축제를 열었다. 선운사는 백파사상연구소를 설립해 한영 연구를 추동하고 있다.

이렇듯 한영의 법맥, 강맥은 근현대 불교 현장에 구현되었다. 지금도 그의 가르침은 살아 있다.

❖ 참고문헌

《영호대종사 어록》동국출판사, 1988.
운　성〈우리스님 석전스님〉《불광》1981. 7~1982. 4
석도수〈석전 박한영의 사상, 생애〉《법회》1985. 10~11.
선운사《석전 정호스님, 행장과 자료집》2009.
김상일〈석전 박한영의 저술 성향과 근대불교학적 의의〉《불교학보》46, 2007.
김효탄〈석전 박한영의 생애와 사상〉《불교평론》44, 2010.
오경후〈석전 박한영의 항일운동〉《보조사상》33, 2010.
노권용〈석전 박한영의 불교사상과 개혁운동〉《선문화연구》8, 2010.
이병주 외《석전 박한영의 생애와 시문학》백파사상연구소, 2012.
고재석〈만해 한용운과 석전 박한영, 그 영혼의 도반〉《만해축전 자료집》2014.
고영섭〈영호 정호와 중앙불교전문학교〉《한국불교학》70, 2014.
정　도〈한국불교와 석전 영호의 위상〉《한국불교학》70, 2014.
신규탁〈석전 박한영 강백의 교학전통〉《한국불교학》70, 2014.
법　상〈석전의 계율관과《계학약전》〉《한국불교학》70, 2014.
김광식〈조선불교학인대회 연구〉《한국 근대불교의 현실인식》민족사,
　　　　1998.
＿＿＿〈1930년대 강원제도 개선문제〉《근현대불교의 재조명》민족사, 2000.
＿＿＿〈석전과 한암의 문제의식〉《불교근대화의 이상과 현실》선인, 2014.
종걸·혜봉《석전 박한영 - 영호정호 대종사 일생록》신아출판사, 2016.

운허
耘虛

운허는 어떤 스님인가

운허(耘虛, 1892~1980)는 스님으로서의 삶에서 다양한 족적과 행보를 남겼다. 그래서 운허 큰스님의 정체성을 어느 한 측면으로만 재단하기는 대단히 어렵다.

그의 활동상을 대별하여 살피면 다음과 같다. 첫째, 그는 독립운동에 헌신한 독립운동가였다. 스님으로 입산하기 이전에 만주 지역에서 독립운동에 매진하다 인연이 되어 불문(佛門)에 들어왔지만, 스님이 된 뒤에도 다시 만주로 가서 독립운동 현장으로 뛰어들기도 했다. 둘째, 개운사 강원의 박한영 회상에서 수학하였다. 한영의 강맥을 이어받아 통도사, 연화사, 해인사 등에서 후학을 가르쳤다. 이때 그에게 배운 학승(지관, 월운, 묘엄 등)들이 강백이 되었기에 그의 강맥(한영－운허)은 현대불교 강학의 기둥이 되었다. 셋째, 학교 교육에 헌신한 교육가였다. 봉선사 본말사 사찰 토지를 매각하여, 그 재정으로 광동중학교를 설립했다. 이를 바탕으로 경기도 북부지역에 봉선사가 경영하는 학교가 4개로 늘어나게 되었다. 넷째, 운허는 역경가였다. 한문 경전을 쉬운 우리말로 번역, 출간하는 역경사업에 헌신하였다. 그가 번역한 경전은 수십 종에 달한다. 특히 동국역경원장 소임을 맡아 《한글대장경》 간행 불사에 전력을 다하였다.

한편, 그가 춘원 이광수와 8촌이었다는 점도 특별하다. 그래서 운허의 출신 사찰인 봉선사에는 이광수의 기념비가 세워져 있는 등, 춘원과의 인연이 각별하다.

행적과 수행

운허는 1892년 2월 25일(음력) 평안북도 정주군 신안면에서 태어났다. 전주 이씨인 이종빈의 아들이었는데, 속명은 이학수(李學洙)였다.

6세 때에 한글을 깨우치고, 7세에는 한문 서당인 회보재(會輔齋)에 들어가서 14세까지 한문을 배웠다. 이때 춘원도 같이 수학했다. 13세에 결혼했으며, 17세에는 유교 서적인 사서(四書) 공부를 마치고, 측량학교에 입학하였다. 18~19세는 임야 측량소에 취직하였다.

19세(1910)에 나라가 망했다는 것에 충격을 받고, 독립운동을 위해 만주로 가려다가 평양 대성중학교에 입학하였다. 1912년, 105인 사건으로 학교를 중퇴하고 고향에 돌아왔던 그는 1913년(22세) 중국 만주 지역의 독립운동에 참가하기 위해 망명했다. 그는 만주 봉천성 환인현의 동창학교 교원으로 근무하면서 비밀단체인 대동청년단에 가입했다. 이 무렵 대종교(大倧敎)에 귀의하고, 이름을 이시열(李時說)로 고쳤다. 그 후 봉천성 신빈현에 흥동학교를 세워서 학생들을 가르쳤다. 1916년에는 가족을 만주로 이사를 시켰다. 1919년 3·1운동이 일어나자, 서로군정서에 가담하고 독립운동 단체인 한족회의의 기관지인 《한족신보》의 발행 책임자가 되어, 순 한글로 민족의 독립정신을 고취시켰다. 1920년(29세), 국내에 침투하여 일본의 행정기관을 습격하였고, 상해에 다녀와서 흥사단에 가

입했다.

1921년(30세) 압록강을 건너 귀국하다가 일본 경찰에 피체되었으나 방면되었다. 이름을 박용하로 바꾸고, 금강산 권내의 봉일사(강원도, 회양군)에 잠입했다. 1921년 5월 1일, 그곳에서 불연(佛緣)을 만나 출가하게 되었다. 은사는 경송(慶松)이었고, 법명은 용하(龍夏)였다. 이후 유점사의 법무계 서기를 보다가 봉선사로 오게 되었다. 봉선사 서기를 보았고, 금강산에서 《법화경》 수행을 하였다. 이후에는 봉선사 법무(1924), 유점사 동국경원에서 경전 수학(1926), 개운사에서 학인대회(1928)의 소집을 주관하면서 강원의 개신에 주력했다.

그러다가 1929년에 다시 만주의 집으로 귀가했다. 이후 보성학교 교장, 조선혁명당 가입, 한흥학교 교사, 조선혁명당 교육부장 등의 이력이 새롭게 추가되었다. 1932년 조선혁명당 대회 중 일경의 습격을 받아 피신, 봉선사로 돌아왔다. 일제의 요시찰 대상이었다. 1933년 가족을 봉선사 인근으로 이사를 시키고, 봉선사 감무로 일했다. 1936년 봉선사에서 홍월초의 유지 및 재정으로 홍법강원이 설립되자 강사를 맡았다.

1945년(54세) 해방이 되자, 경기교무원장에 취임했다. 1946년 봉선사 본말사 사찰과 연합하여 광동중학교를 설립하고 교장에 취임했다. 6·25 전쟁이 일어나자 부역죄로 체포되었다가 방면됐고, 교장 사임 후 안성 청룡사로 내려가 야학을 열어 학생을 가르쳤다. 1953년 애국동지회 후원으로 《한국독립운동사》 편찬을 했으나 발간에는 이르지 못했다. 이후 통도사(1954, 1957), 해인사(1955), 해인대학(1955)에서 후학을 가르쳤다. 그리고 이 무렵부터 《범망경》《수릉엄경》 등 본격적인 경전 번역을 시작하였고 《불교사전》(1961)을 발간했다. 또한 봉선사 주지, 광동학원 이사장을 역임했다.

1962년 속명 학수를 운허로 개명했다. 팔만대장경 번역 책임을 맡았고, 1964년 조계종단과 동국대 협의하에 설립된 동국역경원장과 역경위원장

04

책임을 맡았다. 1965년 용주사로 번역 장소를 옮기고 《한글대장경》 제1
집을 펴냈다. 대장경 간행 사업에 국고지원을 받기 위해 노력하였다. 이
후 봉선사와 봉은사 주지에 취임했으나 이내 사임했다. 1978년 동국대에
서 명예철학박사 학위를 받았다.

1980년 11월 17일, 봉선사에서 입적했다.

일화와 어록

학인의 각성을 촉구함

승려라는 표면적 직업하에 불교인으로서의 행동은 추호도 없으면서도
삼보(三寶)의 상주(常住)를 남취(濫取)하여 속가의 처자들 양육에 충담함
으로써 유일의 능사를 삼는 자 태반이고, 그렇지 아니하면 표면의 이유로
서는 사원의 수호를 운위하면서도 이면으로는 지반(地盤)의 부식, 세력의
확장을 잠모(潛謀)하여 각종의 분쟁을 일으키며, 각양의 추태를 연출하는
것이 그다음이며 간혹 막연한 신심으로 염불도 하고, 주력도 하고, 참선
도 하는 고마운 숙덕(宿德)이 없지 아니하나, 역시 종교의 진(眞) 가치를
발휘하여 만인의 욕구에 응하는 본질적 사명에는 아직도 차이가 너무 크
고, 이에 스님다운 스님은 효성(曉星)같이 드무니, 이 어찌 통탄할 바 아
니랴? 여기에 조선 재단의 2세 교역자인 학인(學人)의 책임의 중대성이
있다. 우리는 결코 현재 승려들이 나아가고 있는 궤도를 답습해서는 안
된다. 반드시 일도양단으로 구비(舊非)를 척결하고 시대에 순응하는 종
교인의 정도를 밟아 나아가야 할 것이다. (중략)

아! 조선 불교인아, 각성하라! 체침(滯沈)을 밀고 궐기하라! 그러면 조
선불교도 특히 학인은 어떠한 각성을 가져야 하며, 어떻게 노력하여야 할

까? 첫째, 종교인으로 책임감이 있어야 한다. 둘째, 종교인으로서의 해(解)와 행(行)을 가져야 한다. 셋째, 사적생활(私的生活)을 자영할 만한 실업적(實業的) 기능이 있어야 한다.

《홍법우》창간호, 1938)

중생이 곧 부처

부처님이 그렇게 우주의 진리를 깨닫고 난 후에 처음으로 말씀하시기를 "모든 중생(一切有情)이 본래부터 부처님과 꼭 같은 지혜와 덕상을 구족하였다"고 하셨습니다. 여기서 지혜는 마음 작용이요, 덕상은 육신의 작용입니다. 그런데 일체중생이 모두 성불할 능력을 갖추고 있으면서 어째서 부처님이 되지 못하는가 하면 그것은 망상과 집착 때문입니다. 우주의 진리를 깨닫지 못하여서 짓게 되는 모든 허망한 생각을 망상이라고 하며, 집착이란 한번 이러하다고 생각하면 다시 고칠 수 없는 고집스러운 생각을 말합니다. 우리의 생각은 모두가 망상이며, 집착은 대단히 큽니다. 이 망상과 집착은 사람뿐만이 아니라 모든 중생에게 통(通)하며 부처와 중생의 경계선을 짓는 것입니다. 우리는 부처의 상(相)을 가지고 있되, 망상집착이 있는 부처, 즉 중생인 부처이며, 그러므로 지금 이 자리도 망상, 집착만 없으면 그대로가 부처인 것입니다.

(연세대 불교학생회 회원들에게 한 설법 중에서, 1978. 4. 9)

내생(來生)에도 역경사업을

평생에 가장 기뻤던 일은 8·15해방이 되었을 때인데, 30이 넘도록 한 것이 독립운동뿐인 사람이어서일 것이다. 내가 중이 된 것은 30세 때였는데 독립운동을 하다가 서울에 왔더니 고향인 평안도 정주에서 형사가 쫓아왔다. 그래서 금강산으로 피신한다고 나섰는데, 그 길목인 강원도 회양 땅에 '봉일사'란 절에 들른 것이 숙연이었던지 그만 참말 중이 되어 40여 년을 절에서 지내오게 되었다. (중략) 중은 본래 참말 발심이 되어서 되어야 하겠는데 예전부터 그런 사람은 그리 많은 것이 아니다. 그저 어쩌다가 중이 되거나 또는 제각기 사정에 의해서 중이 되었다가 나중에 중노릇 잘한 사람이 더러 있다. 예전에도 요즘보다 비교적 좀 더 많았다뿐이지 중 된다고 다 중노릇 잘한 것은 아니고 그것이 그리 쉬운 것이 아니다. 이제는 나도 죽는 일 밖에 남은 게 없어서 올해 죽나 내년에 죽나 하고 있지만, 내생에도 내 마음대로 태어난다면 우선 다시 사람이 되었으면 좋겠다. 그리곤 한국에 나고 남자가 되어서 한 20세까지 글을 배운 뒤에 중이 되어, 역경사업을 또 하고 싶다. 이번 생애의 여러 인연 때문에 결코 다른 나라에는 가서 나지 않을 것이다. 역시 한국에 날 것이다.

《불광》 1978년 1월호)

장엄한 낙조: 운허 스님 임종 수발기

내가 스님을 처음 뵙고 사자(師資)의 연을 맺는 것이 1952년 5월이었으니, 햇수로 29년째 된다. 그동안 범어사, 해인사, 통도사, 봉선사로 옮기셨는데 거의 곁에서 모시고 지내는 청복(淸福)을 누렸다. 평소 과묵하시고 엄격하시기 때문에 오순도순 재미스럽게 보낸 시간은 별로 없었으나 언제 뵈어도 변함없으신 자엄하심은 만균(萬鈞)의 힘을 가진 자력(磁力)과도 같아서 지루함을 느끼지 않았다. 남을 헐뜯거나 비꼬는 등, 예사 사람들이 하는 일을 뵐 수 없었고, 철저히 겸허한 자세를 취하시기 때문에 속 모르는 사람들에겐 도리어 가벼운 대접을 받으시는 경우도 있었다. 남의 잘못을 따지거나 당신의 입장을 내세우시는 일이 없음은 물론, 아이들이 잘못해도 역정을 내시는 일이 없으셨으나 일정 때의 일본인을 말씀하실 땐 꼭 왜놈이라고 하셨다. (중략) 분명히 아시는 일도 단언하시는 일이 없으셨으나 부처님의 공덕만은 분명하다고 하셨고, 평소에 경전을 손에서 떼지 않으셨으나 아침예불 후 공양까지는 꼭 앉아서 경전을 익히시는 것을 엿 뵐 수 있었다. (중략) 나라를 위해선 애국인, 후배를 위해선 교육인, 자신을 위해선 수행인, 고금을 통한 지식인, 실로 우러르면 더욱 높고, 두드리면 더욱 깊으신 그 인품의 임종은 분명 우리에게 무엇인가를 뿌듯이 안겨주는 장엄한 낙조와 같다 하겠다. 이제 곁에서 모시면서 뵙고 느낀 겉모양의 일단을 적어 후일의 좌우명으로 삼고자 하거니와 그분의 속 세계는 다시 알아볼 줄 아는 분을 기다려야 할 것이다.

(월운 〈불교신문〉 1980. 12. 21)

유언에 나타난 가르침

신후(身後)의 일을 아래와 같이 부탁한다.

·문도장으로 봉선사 화장장에서 다비하라

·초종(初終) 범절(凡節)은 극히 검약(儉約)하게 하라

·화환·금만(錦輓)을 사절하라

·습골(拾骨) 시에 사리를 주우려 하지 마라

·대종사(大宗師)로 칭하지 말고 법사(法師)라고 쓰라

·49재도 간소하게 하라

·소장한 고려대장경 한글대장경 화엄경은 봉선사에 납부하라

·마음 속이는 중노릇을 하지 마라

·문도 간에 화목하고 파벌을 짓지 마라

·문집을 간행하지 마라

(입적 8년 전에 남긴 유촉《운허선사어문집》동국역경원, 1989)

운허 스님의 문도

운허의 문도 제자는 봉선사 대중으로 은법 제자인 월운, 인묵을 비롯한 대중들이 있다. 그리고 운허에게 배운 지관, 인환, 홍법 등 다수의 강백이 있다.

봉선사는 홍월초 문손들이 수행하고 있는 본사이다. 봉선사는 교종, 강학 사찰로 유명하다. 그런 중심에 운허가 있다. 월초 문도에는 운허, 태허, 능허, 명허, 만허 등 '허' 자 돌림의 스님들이 있었다. 이 스님들의 문손들이 봉선사 본말사의 대중이다.

이 중에서 태허는 스님 독립운동가로 유명한 김성숙이다. 그는 3·1운동에 참여하여 옥고를 치르고 나와서 중국으로 망명하였다. 북경의 민국대학에 재학하면서 사회주의 계열의 독립운동에 헌신했다. 임시정부의 요인으로 독립운동에 매진하다, 해방 후 귀국하여 중도좌파 정치활동을 하였다. 그는 불교와 민족적인 관점에서 사회운동에 주력하였다. 명허는 수덕사, 범어사, 해인사 등의 선방 수좌로 유명하였는데, 엄한 가르침으로 후학을 양성하였다.

봉선사 계열의 스님들은 문도의 중창주인 홍월초 영향을 받아서 그런지 민족의식에 투철한 스님들이 다수 배출되었다. 홍월초는 개화기 고승으로 불교연구회를 창립하고, 동국대학교 전신인 명진학교를 개교시킨 큰스님이었다. 그는 민족적인 관점으로 교육활동에 업적이 많다. 개운사 강원의 설립에 막대한 재정을 기부한 것은 그 단적인 사례이다. 그는 입적에 즈음하여 전 재산을 강학과 인재양성에 쓰라는 당부를 하였다(1934. 3). 이런 부촉에 의해 봉선사에 홍법강원이 설립되었다. 홍월초의 부촉 문서에는 당신의 문손인 운허와 태허(김성숙)에 대한 지원을 당부한 내용이 나오거니와 여기에서 거듭 인재를 키워내는 안목을 찾을 수 있다. 홍월초의 유촉을 받은 문도들은 즉시 회의를 열어 〈유촉 봉답서〉를 발표하고, 유촉 실현을 위한 홍법사업후원회를 조직하였다. 후학들이 본받아야 할 아름다운 가풍이 아닐 수 없다.

❖ 참고문헌

월　운《운허선사 어문집》동국역경원, 1989. (문도, 봉선사에서 운허 자료를 총집약하고, 그를 주제별로 분류해서 정리한 책이다. 운허는 당신의 책을 내지 말라고 했다. 그러나 문도는 운허의 역사성을 고려해 발간했다.)
신용철《운허스님의 크신 발자취》동국역경원, 2002.
＿＿＿＿〈운허스님, 교육의 큰 발자취〉《대각사상》15, 2011.
＿＿＿＿〈耘虛 李學洙(1892－1980)의 생애와 사상 : 愛國과 求道의 길에서〉《인문학연구》3, 경희대인문학연구소, 1999.
신규탁〈운허의 생애와 불교사상 소고〉《불교학연구》19, 2008.
조준희〈이시열의 민족운동과 대종교〉《숭실사학》28, 2012.
이병욱〈운허사상의 구조적 이해〉《대각사상》21, 2014.
지　환〈운허의 탁상일기를 통해 본 역경사업〉《대각사상》21, 2014.
한동민〈근대 불교계의 변화와 봉선사 주지 홍월초〉《중앙사론》18, 2003.
김광식〈홍월초의 꿈: 그의 교육관에 나타난 민족불교〉《불교와 국가》국학자료원, 2013.
운암 김성숙 기념사업회《운암 김성숙의 생애와 사상》선인, 2013.
정찬주《조선에서 온 붉은 스님》김영사, 2013.

청담
青潭

청담은 어떤 스님인가

청담(青潭, 1902 ~1971)은 조계종단 재건의 주역으로서 한국 현대불교사를 뜨겁게 달군 고승으로 유명하다. 청담은 조계종단의 총무원장, 장로원장, 종정 등을 역임한 큰스님이다. 한국불교 정화운동사, 현대기 조계종단사를 이야기할 때, 그를 결코 제외할 수 없다.

청담의 이런 정체성은 그의 삶 전반에 투영되어 있다. 입산 이전의 3·1운동 참가, 3·1운동 민족대표인 용성 회상으로 출가 시도, 학인 시절 불교개혁 및 정화를 위한 학인대회 주도, 개혁의 대안으로 영산회상 모델 제시, 일제 말기 자생적인 불교정화 시도인 유교법회 주도, 해방 직후 성철·자운과 함께 봉암사 결사 단행, 해인총림 설립촉구 등의 선 굵은 행보가 청담의 이력을 점철하고 있다.

청담은 또 대중 포교에 일생 동안 헌신했다. 그는 법문할 시에 청중 대부분이 피곤하여 잠을 잔다 해도, 그의 법문을 듣는 사람이 단 1명이라도 있다면 몇 시간이든 쉬지 않고 법문을 계속한 것으로 유명하다. 또한 법문이나 강연 시에 '마음법문'을 즐겨 하였다. 그는 부처님 법, 팔만대장경은 마음 심(心) 자로 요약 대변할 수 있다고 강조했다. 마음을 돌리면 그것이 곧 깨달음이라고 했다. 이런 측면에서 그는 진정한 참회를 통한 기도를 신도들에게 권유했다. 이런 까닭에 그가 머물던 도선사는 서울을 대표하는 기도도량, 포교도량이 되었다.

청담을 상징하는 가장 대표적인 단어는 정화운동, 마음법문이었다. 그는 일생 동안 신념을 갖고 추진하였던 조계종단의 정화불사가 자신의 뜻대로 진행되지 않자, 조계종단을 탈종(1969년)까지 하였다. 자신의 성불을 미루더라도 불교정화, 승단정화를 기필코 이루겠다는 옹골찬 결심을 한 청담은 모든 대중에게 민족정신의 근간인 불교를 바르게 정립하자고 호소하였다.

행적과 수행

청담은 1902년 경남 진주시 수정동에서 태어났다. 성산 이씨인 이화식의 1남 3녀 중 장남이었는데 속명은 이찬호(李贊浩)였다. 유년 시절에는 향리 서당인 봉련재에서 한학을 배웠다.

17세에는 진주제일보통학교에 입학했다. 1919년 3·1운동 당시에는 만세운동에 참가하여 1주일간 경찰서에 구금되었다. 1921년(20세), 구식 결혼을 하고 진주공립농업학교에 입학했다. 농업학교 재학 중 학생회 활동을 이끌면서 학우회 회장을 맡았다. 그리고 진주 호국사의 박포명 스님으로부터 마음에 대한 법문을 듣고 발심했다. 1922년 해인사로 출가를 단행하였으나 실패하고, 백양사에 있었던 백용성을 찾아가서 출가하고자 하였으나 여의치 않았다. 1923년 학교를 중퇴하고, 친구(박생광)의 도움으로 일본으로 건너갔다. 1924년 일본의 사찰인 운송사에서 출가하여 2년여를 생활했으나 허식적인 일본불교에 환멸을 느껴 1926년에 귀국했다.

귀국 즉시, 1926년 5월 17일 고성 옥천사로 가서 재출가하였다. 이때 받은 법명이 순호(淳浩)였다. 그해 가을 개운사 강원으로 가서 박한영 회상에서 강학을 배웠다. 1927년 여름 방학에는 만주의 도인 수월선사를 찾아가서 배웠다. 그리고 불교정화, 구학교육 개혁을 위해 전국 강원을 순방했다. 1928년 3월, 각황사에서 열린 조선불교학인대회의 성사를 위해 분투하였다. 대회에서 결의한 학인연맹의 결성을 추동하고, 2차 학인대회의 개최를 주도했다. 그해 봉선사에서 박한영에게 구족계를 받았다.

1930년 개운사 대원강원을 수료하고 수덕사 만공 회상에 가서 참선 정진했다. 1934년 수덕사에서 만공으로부터 견성을 인가받고 올연(兀然)이라는 법호를 받았으며, 묘향산 보현사에서 오도송을 남겼다. 1934년 12월, 선학원 개혁 작업의 일환으로 재단법인 선리참구원의 발족에 일익을 담당했다. 1935년 3월 선학원에서 열린 수좌대회를 주도하고, 조선불교 선종, 선종 종무원 발족에 주력했다. 이후 선학원, 선종을 기반으로 모범총림 설립을 추진했는데, 이는 영산회상의 구도에서 불교정화를 하겠다는 소신의 일환이었다. 1941년 3월, 선학원에서 열린 유교법회의 개최를 주관했는데, 청정불교, 계율수호를 지향한 이 법회는 청담의 신념이 구체화된 대규모 집회였다. 일제 말기에는 대승사에서 성철, 자운을 비롯한 수좌들과 수행하면서 불교정화 방안을 모색하였다.

8·15해방을 맞아 교단에서 세운 해인사의 가야총림에 참여했다. 그러나 여의치 않아 1948년, 봉암사 결사에 합류했다. 성철과 함께 '부처님법대로 살아보자'는 슬로건 아래 자생적인 불교정화를 추진하였다. 1950년 6·25 발발 직전, 문수암으로 이전하여 수행을 지속했다.

1955년 불교정화가 시작되자, 그는 최일선에서 이를 주도했다. 정화추진위원, 도총섭으로 정화운동을 추진하여 비구승대회, 시가행진, 단식 등을 이끌었다. 1955년 8월, 조계종 총무원장에 추대되었다. 해인사 주지, 종회의장, 재건비상 종회의장, 동국학원 이사장 등을 역임하고 1967년에는 조계종 종정에 취임했다. 그러나 종단 운영에 대한 이견으로 사임하고 진정한 정화불사의 지속을 강조하며 종단개혁안을 제출하였다. 자신의 제안이 수용되지 않자 과감히 종단 탈종 선언을 했다. 그의 선언은 불교계 내외에 큰 파장을 야기했다. 이후 장로원장, 종교단체협의회 회장, 한국불교총연합회 이사장, 한국종교협의회 회장 등에 추대되었다.

1960년대 중반, 서울 외곽의 도선사에 주석하면서 호국참회원, 실달학원을 설립했으며, 도선사를 중심으로 참회기도를 통한 신행문화를 정립시켰다.

1970년에는 총무원장에 취임하여 미진한 정화불사, 종단의 재건 및 중흥을 직접 추진하였다. 1971년 11월, 입적하여 열반에 들었다.

일화와 어록

불교정화는 무엇이었는가?

내가 불교에 귀의한 이래 이청담(李靑潭)이라 하면 불교정화(佛敎淨化) 이야기를 빼놓을 수 없다. 불법(佛法)은 청정(淸淨) 본연을 말하는 것이다. 본래 청정도 두지 않는 것이거늘 하물며 어찌 부정(不淨)이 있겠는가. 그러나 정화를 말하지 않을 수 없는 부정(不淨)이 있음을 또한 어찌하랴. 모든 종교사는 종교 본연의 근본을 좀먹는 비본질적(非本質的) 요소와 대결하여 싸우는 투쟁의 역사이다. 비본질적 요소는 교단의 토대인 계율(戒律)에 도전한다. 이 도전을 받고 계율의 순수(純粹)를 고수하려는 정화운동은 일어난다.

(청담 〈나의 편력〉 〈매일경제신문〉 1969.9.3)

04

언제부터 불교정화를 추진했나

　그거야 사실이지. 일제가 우리 민족정신의 구심점인 불교를 왜색화하기 위해 비구들을 취처케 하는 장난질을 보면서 이래선 안 되겠다고 생각했지만 혼자 힘으로 될 일이 아니라서 남몰래 앓고 있었지. 그때(일본강점기 – 필자 주)의 상황은 지금과 달랐어. 경제적인 면이나 수적으로도 비교할 수 없을 만큼 대처승들이 우세한 상황이고, 일제의 정책적 배려도 있었으니, 함부로 정화의 횃불을 올릴 수 없었지. 그렇다고 아예 포기하고 주저앉을 수도 없는 일이라서 곰곰이 생각하다가 대원불교전문강원(개운사)에서 함께 수학하던 젊은 비구들에게 내 뜻을 넌지시 전했더니, 처음엔 반신반의하는 눈치더구먼. 그래서 확고한 내 뜻을 대처 측과 복잡한 인과 관계가 얽힌 몇 사람만 제외한 비구들에게 우선 밝혔지. 모두 합류할 의사를 밝히더군. 의기투합하는 결과를 얻은 셈이지. 아마 50명쯤 됐을 거야. 내가 지금의 우리 불교는 너무 세속화되어 있으므로 우리 젊은 학인스님들이 불교의 정통성 회복에 앞장서야 한다고 역설했으나 뜻을 이루지는 못했어.

　　　　　　〈해동불교의 거봉 청담 큰스님〉《청담대종사전서》권6, p.57)

석주 스님이 회고하는 강인한 정신, 강렬한 불교정화

　스스로 결단을 내려 선택한 일이면 누가 뭐래도 눈 하나 깜짝하지 않는 그 대범성 앞에서는 도전의 깃발을 들고 설치던 상대방도 제풀에 꺾이지 않을 수 없는 일이었다. 그 한 실례로 대동아전쟁 직전인 41년으로 기억되는 고승 초대 법회인 유교법회(遺敎法會)에서의 일이다. 그때 선학원에서는 만공 큰스님을 모시고 그때까지 10년간 말없이 수도 정진한 고승들을 초대하여 불교정화의 기조이념을 다짐하는 법회를 봉행하는 중이었는데, 뜻밖의 행패자들이 출현한 것이었다. 몇몇 알 만한 스님들이 자신의 스승을 그 고승법회에 초대하지 않았다는 이유로 난동을 부린 것이었다. 행패자들의 난동이 워낙 기세등등하여 어지간한 심장이면 주저앉고도 남을 판인데 눈 하나 깜짝하지 않는 대범성에 도리어 난동자들이 혀를 내두르고 말 지경이었다. 이러한 대범성과 끈질긴 추진력이 결국 그분으로 하여금 불교정화 이념을 현실화시켜 성취한 것이라고 할 수 있을 것이다. 물론 그 유교법회가 정화불사의 시초는 아니었다. 오랜 역사와 전통의 뿌리 깊은 한국불교를 말살하려는 일제 식민정책의 잔꾀로 부처님 도량에 대처승의 활약이 허용되고, 그것으로 인하여 부처님 도량과 부처님의 가르침이 부식되어 가는 안타까운 처지에 봉착한 그 시절, 만공 큰스님의 격려 속에서 불교정화를 위한 의기 상통하는 동지를 규합하기 위해 그분은 전국의 심산유곡을 찾아 헤매곤 하신다는 풍문을 나 역시 들은 바였다. (중략) 어떠한 외부의 압력이나 방해공작에도 결코 굴함이 없이 전진을 거듭한 그 추진력은 결과를 향해 한발 두발 전진을 하기 시작한 것이다.

(석주 〈그때 그 기억〉 《여성불교》 30호(1981. 11), pp. 9~21)

불교정화 구상

애당초 16년 전 1954년 8월에 고고의 함성으로 불교정화를 외쳤을 때 그 목표는 비단 불교정화에만 그치는 것은 아니고 민족정화로 인류정화에까지 뻗칠 것을 염원하였든 것입니다. 이 정화운동이 순조로이 추진된다 하더라도 과도기적 현실에서 최소한 약 30년은 잡았던 것입니다.

一, 승단정화(육식, 대처자 정리)

二, 비구승단 자체정화(무식 비구 교육 현대화)

三, 신도정화(미신 타파, 기복신앙에서 수복(修福)신앙으로)

四, 민족정화

五, 인류정화로 나설 염원이었음.

이상과 같이 만년대계를 세우고 전 중생계 정화로까지 나섰던 것이 저희 불자 동지들의 서원이었으며 또한 임무라고 자부하고 나섰든 것입니다.

(청담 스님, 종단 탈종 시 배포한 문건〈나의 고백〉)

포교의 원력

몇 년 전 스님을 모시고 어떤 대학에 설법을 나갔는데 30분 예정 시간을 넘겨 무려 7시간이 계속 열변을 토하시자 나중에는 강당에 꽉 찼던 학생들이 모두 나가버리고 빈 의자들만 덩그렇게 남았는데 그래도 말씀을 계속하셨습니다. 보다 못한 시봉 스님은 "큰스님 이제 한 사람도 안 남았습니다."라고 아뢰자 청담 스님께서는 눈에 보이지 않은 대중이 네 눈에는 보이지 않느냐고 호통을 치신 일도 있습니다.

(황산덕〈한국불교의 정신적 지주〉〈서울신문〉)

인욕 보살

청담 스님은 늙고 젊음을 따짐이 없이 상대방이 뭐라든 '응응' 하는 분이었다. 남들이 싫은 소리를 내도 골을 낸다거나 안색을 변하는 일도 없이 상대방의 말이 끝나도록 '응응' 하는 분이었다. 참 지독하다면 지독하게 잘 참아 내고는 했었다. (중략) 선학원이 연락 기지가 되어 불교정화를 할 때 따라다녀 본 바는, 그때 대처 측 신도와 권속인 젊은이들이 막대기를 들고 나와 때려도 안색 한번 변하는 일이 없이 그대로 맞고 참는 것이었다. 그리고 그들이 일단 물러서면 이번에는 청담 스님 차례였다. 어떻게 해서든지 끝까지 물고 늘어져 설득에 설득을 거듭하여 상대방이 손을 들고 타협을 제의하여 해결이 날 때까지 인욕으로 맞서는 것이었다. 아무리 급박한 순간에도 상대방을 비난하는 일이 없이 사람 좋게 대해 놓고는 그들이 끈을 늦추면 평화적 타협을 보고 마는 목적달성형이었다.

(범행스님 〈인욕의 그 거봉〉《청담대종사 전서》6, p.99)

청담이 추구한 것은

스님은 평생을 두고 두 길만을 걸었습니다. 하나는 교단정화의 길이요, 다른 하나는 중생교화의 길이었습니다. 두 가지 길이 모두 끝이 없는 길입니다. 그러나 그 길이 이제는 얼마쯤 자리잡히는가 했더니 스님은 그 길 위에서 문득 떠나신 것입니다. 자나 깨나 교단정화 일을 걱정하고 모색하셨습니다. 그 일을 위해서라면 총무원 수위 자리라도 기꺼이 맡겠다고 피맺힌 호소를 한 적도 있습니다.

(법정 〈부재중〉〈동아일보〉 1971. 11. 18)

청담 스님의 문도

청담의 흔적은 문도들의 노력으로 도선사, 옥천사, 문수암, 선운사에 사리탑으로 조성되어 있다. 도선사, 옥천사, 문수암은 문도들의 거주 사찰이고, 선운사는 청담의 법맥 근원인 박한영의 연고 사찰이다. 특히 도선사에는 그의 석상, 비석, 청담기념관이 세워져 있다.

그리고 그의 출신 학교인 경남과학기술대(진주농업학교 후신)에는 흉상과 시비가 세워져 있고, 그의 생애와 사상을 조명하는 청담사상연구소가 설립되었다. 이 연구소는 청담을 기리는 행사를 매년 개최한다. 청담 저서의 독후감 읽기를 통한 장학금 제공, 학술세미나 주최, 기관지인《마음사상》을 펴내고 있다. 또한 진주 시내에 청담문화기념관 조성을 추진하고 있다. 이런 선양 사업은 문손들이 주축이 된 청담문화재단을 통해 추진된다. 상좌들은 정천, 혜정, 혜성, 현성, 도우, 설산, 상오, 도현, 혜광, 법화, 보인, 혜윤, 동광, 혜자, 광복, 혜덕 등이다. 재가 제자로는 우경배, 이광준, 방남수 등이 있다.

❖ 참고문헌

청　담《마음 – 이청담명상록》도서출판 아카데미, 1977.
이청담《山寺에 심은 뜻은》범우사, 1976.
청담문도회《청담대종사 전서》도선사, 2002. (전 7권으로 된 자료집 총서이다. 그
　　　런데 누락 자료가 있어 새로운 작업이 필요해 보인다.)
청담기념사업회《청담대종사와 현대 한국불교의 전개》청담문화재단, 2002.
혜자·이상균《빈 연못에 바람이 울고 있다: 청담대종사 탄신 100주년기념 평
　　　전》생각의 나무, 2002.
김용환《청담필영》봉녕사승가대, 2004.
김선근〈청담대종사의 정화사상〉《마음사상》2, 2004.
＿＿＿〈청담조사의 정화운동의 역사적 의의〉《마음사상》9, 2011.
김응철〈청담대종사 정화운동의 근본정신〉《마음사상》2, 2004.
김광식《아! 청담》화남, 2003.
＿＿＿〈이청담과 불교정화 운동〉《한국 현대불교사 연구》불교시대사,
　　　2006.
＿＿＿〈이청담의 불교정화 정신과 조선불교학인대회〉《한국 현대불교사 연
　　　구》불교시대사, 2006.
＿＿＿〈청담의 민족불교와 영산도〉《민족불교의 이상과 현실》도피안사,
　　　2007.
＿＿＿〈청담의 불교근대화와 교육문제〉《불교근대화의 이상과 현실》선인,
　　　2014.
방남수《청담순호 선사의 마음사상 연구》동방대학원대 박사논문, 2014.

제5부

대도(大道)를 활짝 열다

구하

경봉

효봉

석우

서암

구하
九河

구하는 어떤 스님인가

　구하(九河, 1872~1965)는 근현대 통도사의 중흥조로 널리 알려진 고승이다. 그래서 지금의 통도사 역사와 문화를 이해할 경우, 구하를 제외하고는 말할 수 없을 만큼 구하가 차지하는 위상은 절대적이다.

　구하의 이력은 몇 가지로 나누어서 살필 수 있다. 첫째, 구하는 근대 통도사의 기반과 위상을 굳건하게 정립하였다. 그는 통도사 주지를 14년간 맡으면서, 통도사와 통도사 산내 암자의 재산을 통일하여 현 통도사의 기반을 확고하게 구축했다. 이 공로는 아무리 높게 평가해도 지나치지 않다. 둘째, 구하는 독립운동에 앞장섰다. 1919년 이른바 승려독립선언서의 서명자였으며, 상해 대한민국 임시정부에 통도사의 재원을 제공했다. 그것이 빌미가 되어 주지 탄핵을 당하자 자신의 개인 재산으로 변제하였다. 이 같은 그의 민족의식은 만해 한용운과도 친근하게 지낸 연유가 되기도 했다. 셋째, 구하는 불교혁신 노선을 지향하여, 막강한 재원으로 통도사를 수행도량으로 만들었다. 일본 유학을 가장 많이 보낸 사찰이 통도사였는데 이는 구하의 수행 개혁 정신에서 나온 것이다.

이처럼, 근현대기 통도사의 역사와 문화의 중심에는 구하가 있었다. 그러나 그에 대한 자료수집, 연구가 미진하여 그의 전모는 아직 베일에 싸여 있다.

행적과 수행

구하는 1872년 경남 울주군 도봉면 봉은리에서 태어났다. 유년 시절에는 신동으로 불렸는데, 13세(1994년)에 천성산 내원사로 출가하였다. 경월도일(慶月道一)을 은사로 하여 천보(天輔)라는 법명을 받고 사미계를 수지하였다. 5년간의 행자 생활을 거친 이후 예천 용문사의 용호해주에게 수학하였고 1890년에 구족계를 받았다. 통도사로 돌아와서 성해(聖海)를 시봉하면서 통도사의 제반 현실을 파악하였다. 그러다가 1900년 성해로부터 전법을 물려받았는데 이때 받은 당호가 구하(九河)였다.

구하는 1906년 통도사에 세워진 신식학교 명신학교(明信學校)의 학감을 1907년부터 담당하였다. 1908년 한국불교 종단인 원종(圓宗)의 인사부장 소임을 맡았고, 1911년에는 통도사 주지에 선출되었다. 이때부터 그는 1925년까지 5회나 연임하여 근 15년 동안 통도사 주지를 역임하며 통도사를 대표하는 중견 스님이 되었다. 주지에 취임한 그는 선원과 강원을 복구시켰다. 선승 경허와 한암이 주석하였던 선원이 일시 문을 닫았으나 구하 스님이 1911년에 다시 문을 연 것이다. 그러자 각처에서 수행자들이 통도사로 몰려오게 되었다. 그 여세를 몰아 구하는 1912년 마산포교당을 개원하고, 1914년 통도사 본말사에 강원 4개소를 개설하였으며, 1915년에는 율원도 개원하여 통도사를 계정혜 삼학 수행이 명실상부하게 구현되는 사찰로 만들었다. 1916년에는 울산, 마산, 통영, 밀양 등지에 포교당을 개설하였다.

주지 재직 시 구하의 가장 큰 공적은 통도사의 재정 기반을 통일하여 원융살림으로 만들었다는 것이다. 그는 통도사의 사무 개선, 재정정리, 포교와 교육 사업에 헌신했다. 스님들의 생산(농업, 누룩 제조 등) 활동을 금지하고, 스님 처우 개선을 시도하였으며, 교육기관(강원, 선원, 율원, 신식학교 등) 개설을 통해 스님들이 수행에 전념할 수 있게 하였다. 그러면서 산내 암자별로 임의로 처분하던 소유 토지의 수입을 통도사에서 중앙 관리케 하여, 통도사 6방과 13 암자의 재산을 통합 관리하였다. 이로써 통도사 재정은 추수 6천 석에 달할 정도로 일신되었다. 이런 과정에서 구하는 수많은 비판, 모함, 중상모략에 시달리기도 했다.

1917년 구하는 30본산 연합사무소 위원장이 되었다. 지금으로 말하면 총무원장이 된 것이다. 구하는 1915년에 연합사무소 이사 신분인 상치원(常置員)을 맡아 1919년까지 위원장을 역임했다. 이런 활동을 하면서 그가 주목한 것은 불교의 강학(講學)과 포교(布敎)였다. 그래서 그는 중앙학림 학인의 교육에 큰 관심을 가졌다. 불교 종단과 스님들의 혁신에 관심을 갖고 1917년 8~9월의 25일 동안 일본불교 시찰에 나서기도 했다.

1919년 3·1운동 이후 구하는 민족운동에 가담하여, 그해 11월 중국 상해에서 발표된 승려독립선언서에 서명했다. 그 무렵 안창호, 백초월 등에게 당시 13,000원이라는 거금을 독립자금으로 제공했다. 1920년 구하는 동아불교회를 조직하였다. 동아불교회는 포교를 내세우면서 은연중 민족운동을 지향한 단체였다. 그러나 이 단체는 항일운동을 하던 스님들이 일제에 체포되면서 무력화되었다. 또한 그는 1920년에 《축산보림》이라는 불교혁신을 추구하는 잡지를 창간하였다. 1920년 1월 창간된 《축산보림》은 통도사에서 운영 자금을 부담했다. 5호까지는 통도사에서 발간했으나, 6호부터는 통도사 불교청년회가 주관했다.

3·1운동 이후 불교계에서는 사찰령 철폐, 종단건설운동이 거세게 일어났다. 이 움직임은 청년 스님들이 주도하였는데 중앙에서 총무원, 교무원

이 각각 설치되었다. 당시 일제 사찰정책의 수용과 비판을 둘러싸고 노선 상의 갈등이 심각했는데, 구하는 일제 불교정책에 비판적인 총무원의 진보적 노선을 지원하였다. 통도사의 황경운, 강신창이 이 노선에서 구하와 함께했다. 당시 구하는 30본산 주지 전체를 청년 스님들로 교체해야 한다고 발언할 정도로 혁신, 진보 노선을 취했다.

구하는 1925년, 뜻하지 않게 통도사 주지 자리에서 물러났다. 주지 퇴임은 구하의 독주와 전권행사에 불만을 품은 통도사 스님들의 강력한 비판, 이의, 투서(치정, 기생 문제) 등 일련의 '구하 죽이기'에서 비롯되었다. 비판 세력은 중앙 불교계, 일반 사회에서 구하의 명예를 훼손시키고 주지 퇴임을 강요했다. 당시 비판 스님들은 불전 조석예배 금지를 주장하고, 구하가 추진한 승풍 확립을 반대했으며, 자신들이 일본 유학생에 선발되지 못한 것 등에 불만을 품었다.

그러나 구하는 통도사를 위한 대승적 차원에서 주지에서 물러나 영남 지역 14개소에 전법도량을 세우겠다는 서원을 하였다. 1군(郡)에 1개 포교당은 있어야 한다는 신념을 갖고 포교당 설립을 추진했다. 언양(화장사), 창원(구룡사), 의령(수월사), 울산(반야사), 부산(연등사) 등지에 포교당이 세워졌다. 1927년 그의 법은사인 성해가 입적하자 통도사를 대변하는 고승으로서 위상이 확고해졌다.

구하는 1930년부터 해방될 때까지는 경남, 부산 지방의 불교계의 주역으로 활동하였다. 해동역경원 도감 및 원장, 통도사 강원 원장 등이 그 실례이다. 선학원의 5대 명산 총림건설의 교섭위원, 총본산 건설운동의 건설위원, 1941년에 등장한 조계종의 고문 등으로 활약했던 사실을 볼 때 그는 종단의 큰 어른 역할을 한 고승이었다.

8·15해방 이후에는 통도사의 안정을 기하면서 자신의 법통을 윤월하에게 넘기고 후학 양성에 주력하였다. 교단혁신위원회와 중앙교무회의 고문, 총무원장(1949~1951)을 역임하면서 종단에 헌신했다. 더욱이 불교정

화 운동을 거치면서 거세게 등장한 내우외환에 즈음해서는 통도사의 기반 재건에 전념하였다. 그러다가 1965년 입적하였는데 속랍 94세, 법랍 82세였다.

일화와 어록

통도사 재산통일, 그 위업

오늘날 통도사는 재정이 튼튼한 총림사찰로 유명하다. 일제 강점기에는 통도사의 가을 추수가 1만 석에 달한다는 말도 있었다. 그에 대한 구체적인 문건 기록은 없다. 6천 석, 8천 석이라는 말들도 간혹 있다.

통도사에 들어서면 수많은 전각, 영축산 골짜기에 자리 잡은 많은 암자들이 품기는 안정감은 구하에 의해 단행된 재산통일에서 나온 것이다. 이렇듯 구한말 통도사의 난맥상, 분열상을 통일시킨 구하의 안목과 행정력, 통솔력은 높은 평가를 받아야 한다.

통도사의 6방(감로당, 원통방, 육자각, 명월방, 금당방, 보광전)과 당시 13개에 달하는 암자의 개별적인 살림을 구하는 통폐합시키고, 통합된 전답, 재정을 통도사 본사로 단일화했다. 이런 기반 구축이 통도사의 기반 공고화, 구하 영도력의 근간이 되었음은 물론이다.

통도사에서 구하의 위상

구하가 지금의 총무원장 격인 30본산연합사무소 위원장이 되었던 시점은 1917년이었다. 그는 통도사 주지를 겸임하면서 위원장직을 수행하였다. 예전에는 도지사보다도 본산 주지 하기를 더 원했다는 저간의 증언이 있다. 그래서 특히 통도사, 해인사, 범어사 주지의 영향력은 막강했다.

한번은 구하가 위원장을 하다가, 본사인 통도사 사무를 처리하기 위해 돌아온다는 소식이 통도사에 전해졌다. 그러자 통도사 대중들은 일주문에서도 멀리 떨어진 물금역까지 마중을 나갔다. 기사를 보도한 〈매일신보〉에 따르면, 300여 명의 대중 스님들과 100여 명의 학생과 교직원, 그리고 수많은 신도가 환영을 나갔다고 한다.

이런 위상과 높은 명성을 시기한 반대파 스님, 학승들의 투서, 명예훼손 등으로 구하는 1925년경에 좌절하고 주지에서 물러났다. 더욱이 2007년에는 친일 스님으로 매도당하기도 했다. 그러나 구하의 법손인 현문, 정우, 남현 등의 노력으로 오명을 벗게 되었다.

구하의 개혁 방법

개혁 방법에는 두 가지 설이 있는데, 첫째는 구래(舊來)의 불교를 완전히 배척하고 그 주의와 형식에 대하여 타(他) 신종교를 설립하는 것, 둘째는 종래의 불교에서 그 장점은 취하고 단점은 버려서 계속적으로 발전시키는 것이다. 그러나 전자는 현재로는 상당한 년 월(年月)을 경과치 아니하면 불가하기에 가히 우원(迂遠)한 이상(理想)인 고로 나는 제이(第二)의 문제에 나아가서 다음과 같은 두 가지 방법을 제출한다. 그 첫째는 종래의 불교는 염세적인 경향이 위주이나 이래(以來)의 불교는 낙천적인 경향의 위주로 변해야 하고 둘째는 종래의 불교가 출세간법의 경향이 유(有)하나 금후의 불교는 세간법으로 발전시켜야 한다. 종래의 불교인들은 단지 진제(眞諦)만을 지중(至重)하다고 알고 속제(俗諦)는 진리가 아니라고 경시하니 그것 또한 편견된 진리이다. (중략) 나는 참선에 전문지식이 없기 때문에 그 진리를 단정하기 어려우나 믿건대는 참선의 본래면목은 실천적이라, 실천적인 고로 육도만행이며, 출세간법이며, 내지 일거수(一擧手) 일투족(一投足)이 선문 활용법이 아닌가. 그러나 금일의 선객(禪客)은 출세간법만 인정하고 세간법을 경시하는 경향은 실로 우리들의 유감이다. 나는 결코 출세간법을 극단으로 배척함이 아니라 금일의 시대는 그 요구에 반(伴)하여 출세간법보다 세간법이 주(主)가 아니면 결코 불교의 포교 확장을 얻지 못할 줄로 생각하노라.

(구하 〈21세기 불교〉《축산보림》 창간호)

구하의 불교사상

연(然)즉, 일상의 생활 외에 별(別)도로 개오(開悟)의 도(途)가 없으며, 매일의 사업 외에 별도의 도덕의 천지가 없다. 왜냐하면 개오(開悟)한 심리도 일상의 규칙과 사회의 제재를 복종치 아니 함이 아니라 자못 상이한 점은 초월주의 즉 현실에 집착하지 않는 소이(所以)라. 연(然)즉 우리는 평상(平常)의 수양(修養)이 중요하고 가치가 있음을 각오(覺悟)하는 동시에 일상의 생활이 곧 불법(佛法)이요, 불법과 세법(世法)이 결코 둘이 아님을 료해(了解)할지로다. 요컨대 초월주의 상(上)에 입(立)하야 현실세계의 활동함이 제일의요, 만약 오인(吾人)이 낙천적 생애를 벗어나고자 할진대 먼저 염세적주의를 경험한 연후에 진정한 낙천의 경계에 대자유 대활보로 진행할지로다.

(구하 〈平常心是道〉《축산보림》 3집)

일제 비밀문서의 구하 스님 평가

김구하는 식견이 높고 통도사 내에서 그보다 뛰어난 사람이 없습니다. 또한 재임 기간 중 능히 사찰을 위해서 성심을 다하여 애썼으며 그 형적이 대단히 현저하여 소수의 청년승 일부를 제외하고는 사내 대다수 스님으로부터 돈독한 신임을 받고 있습니다. (중략) 김구하는 다년간 주지직에 있으면서 경성과 기타 각지에서 지위와 명성이 있는 인사들과 교제하고 통도사를 위해 몸을 바친 일이 적지 않습니다.

(일제 비밀문서 〈애원서 및 고소사건 수사에 관한 건〉(1924)에서)

주지 배척에 대한 구하 진술서

5백여 년을 배척과 멸시 아래 신음하던 조선불교는 명치 44년(1911)에 사찰령이 반포되어 하루아침에 세상 사람들과 평등한 대우를 받게 되었나이다. 그러나 당시 통도사 스님의 수준은 최저급이고, 누룩 제조와 농업 등으로 겨우 끼니를 이어가는 무학(無學) 스님이 많았습니다. 대정 원년(1912) 본사 제1대 주지 선거로 주지직에 임명되어 제일 먼저 사내 스님의 누룩과 농업 종사를 금지하고 선실(禪室) 간경당(看經堂)과 소학교를 설립하여 본말사의 나이 어린 대중을 교육하고 양성하였습니다. 산내 각 암방(庵房)의 소유 토지 수입을 각 암방에서 임의로 처분하던 것을 중앙사무실에 집합하여 재산을 정리하고, 사찰 인근의 농민들이 수십 년을 사유(私有)로 경작하던 밭 192두락과 사찰 소유 토지가 둔답(屯畓)으로 편입된 논 50두락을 사중 재산으로 복구하였습니다. 수백 년 오랜 습관을 고수하던 당시 사내(寺內) 규범 확청(廓淸)에 필사적으로 반대하여 투서, 협박 등의 악랄한 수단으로 본인을 1년 동안 30여 차례 가법(可法) 관청에 출두하게 하였사오나 사실 무근임이 판명되었고, 당시 반대자 수괴인 허몽초가 도첩을 빼앗김으로써 분요는 종국을 고하고, 안정된 평화 속에서 2대, 3대의 주지에 재임하게 되었나이다.

구하의 강단, 만해 한용운과의 인연

구하는 강직한 소신을 쉽게 굽히는 성격이 아니었다. 구하가 학인 시절에 지역 군수가 통도사로 행차하였다. 그 시절만 해도 군수가 행차하면 모든 스님은 무릎을 꿇어 얼굴을 들지 못하고 도열하는 것으로 환영 인사를 했다. 그러나 구하는 그렇게 하는 자신의 모습에 분개하고, 지나가는 군수의 얼굴을 똑바로 들고, 쳐다보았다.

또 의병이 들끓던 시절, 영축산 근처에서 활동하던 의병들이 무기를 통도사 사무실 구석에 숨겼다. 그래서 구하를 비롯한 스님들은 인근 일본 군대에 끌려갔다. 끌려간 구하는 자신은 모르는 일이라고 단호하게 대처했다. 그러자 일본 군인은 구하의 목에 칼을 대고 바른대로 말하라고 위협했지만, 구하는 끝내 그 연관을 말하지 않았다. 구하의 문손인 현문은 구하의 목덜미에 칼 자국이 있음을 증언했다.

구하의 이 같은 강단 있는 민족의식이 있었기에 만해 한용운이 통도사에 머물며 공부하고, 강사로 활동할 수 있었다. 만해와 구하는 1908년에 설립된 원종 종단에 같이 근무했다. 구하는 인사부장이었고, 만해는 원종에서 펴낸 기관지인 《원종》의 편집 책임자였다. 구하는 1910년대에 서울에 활동을 많이 하였기에 만해와 또 다른 인연을 가졌다. 그래서 만해는 1913년 통도사 강원의 강사로 1년간 있었다. 이때 만해는 통도사에 소장된 팔만대장경 판본을 열람하고, 그를 바탕으로 《불교대전》을 집필할 수 있었다.

그 이후에도 만해는 통도사에 와서 시를 쓰고 머물렀다. 그러나 만해가 통도사에 머물 때면 일본 경찰의 감시가 심해졌다. 그래서 만해는 통도사 스님들을 불편하게 한다고 오래 머물지 않았다. 만해와 통도사의 인연은 구하의 민족의식과 무관할 수 없다. 구하는 서울에 가면, 만해의 주석처인 심우장을 방문했다. 만해는 찾아온 구하와 경봉에게 반찬이 시원찮은 것에 대하여 미안하다고 하면서 "내가 한 생각을 고쳐먹으면 후한 대접을 할 수 있는데 미안하다"고 말한 적도 있다고 한다.

1940년, 통도사에서 만해에게 《통도사 사적기》 편찬을 위해 안양암에 주석게 하고, 통도사에서 1년간 쌀 300석을 지원하기로 하였다는 이야기도 있다. 그래서 그런지 통도사 학승으로 일제 말기에 혜화전문을 다니던 김용호는 이따금 구하 심부름으로 심우장을 갔다. 그는 구하가 만해에게 제공하는 '용채(비밀 자금)'를 만해에게 전달했다. 그때, 구하는 용채를 전하는 봉투 안에 아무 내용도 적지 않은 편지지를 넣었다고 한다. 그러면 만해는 종이의 앞뒤를 훑어보면서 싱긋이 웃었다고 한다. 김용호는 후일 부산의 해동고 교장을 역임했다. 그는 이런 비사를 해동고 이사장을 역임한 성파 스님에게 전했다.

법제자 월하에게 보낸 구하의 편지(한문 편지를 한글로 옮김)

─수일 동안 선정에 든 몸은 맑고도 화목한지? 이곳에서는 하루하루를 넘기며 세월을 보낸다네, 너를 생각함이 지극하지 않은 날이 없으니, 이것이 또한 인연이니 어찌하겠느냐. 음력 16일에 비가 오지 않으면 절에 들어갈 계획이니 그렇게 알기를 바란다.

─동안거를 지내면서 큰 힘을 얻었느냐? 오로지 대공(大功)을 이루고야 말겠다는 원(願)으로 모든 일을 참고 또 참으며, 오직 바른 소망을 이루길 바란다. 이번 해제 때 그곳에 가서 참석한 후에 함께 돌아오고자 하였으나, 노병(老病)이 침범하여 약을 복용하고 있네. 그 때문에 나는 물론이요 시봉 또한 약 시중 때문에 보내지 못하게 되었다. 해제를 하면 단 하루도 더 머물지 말고 돌아오기 바란다. 경봉 화상이 상경하여 극락암에 있지 않으므로 14일에는 극락암에 잠시 다녀올 생각이다. 그러나 지장기도가 멀지 않으니 잠깐 동안 쉬고 다시 정진을 시작해야 할까 보다. 단 하루도 지체하지 말고 즉시 돌아오기를 간절히 바라노라.

─너를 생각하고 있을 때 보내 준 상자를 받고 보니 감동적이고 가상하기 그지없구나. 삼가 묻노니 편지를 보낸 뒤의 이 가을날에 선(禪)을 닦는

몸은 한결같이 편안하며, 여러 어른들은 두루 길(吉)하신지? 우러러 안부를 여쭈노라. 모름지기 수행하는 납자(衲子)는 한곳에 머무르지를 않음이 본분이니 오직 다른 이들과 함께 공부하기만을 바랄 뿐이다. 그 밖의 일들은 다 나의 사사로운 정(情)에 관한 것이니, 어찌 번거롭게 그 동안의 일을 다 말할 수가 있겠느냐? 팔순에 가까운 이 늙은이는 모든 생각이 다 고요하여 이 세상일에 다시 바랄 것이 없구나. 일진(一眞)은 가히 기대하기 어려우므로 다만 그냥 지내고 있을 뿐이다. 편지를 가져갈 사람이 재촉하고 있어, 길게 쓸 수가 없구나, 이만 줄인다.

– 들은즉, 근래에 크게 용맹정진하고 있다고 하니 감회가 가득하다. 마(魔)가 강하고 법(法)이 약한 이때 혹여나 병마(病魔)가 생기지는 않았는지 걱정이 되는구나. 여하한 크게 정진한 다음이라야 볼 수 있으리니, 원컨대 공안(公案)을 타파하여 우리 집안의 큰 대들보가 되기를 기대하는 바이다. 이곳은 요즈음 더욱 복이 더하고 있고, 아이가 와서 시봉을 하고 있으나 안심하여라. 이곳이 적막한 것을 아는가? 알면 곧 바다 위의 밝은 달이요, 알지 못하면 구름 덮인 산이 첩첩이로다. 아! 아! 이만 줄이며, 오직 건강하고 편안하기를 바란다.

– 눈 내리는 엄동설한에 정화(淨化) 불사(佛事)를 위해 힘써 노력하니, 가히 필(筆)로써 기록하기 어렵구나. 말엽(末葉) 세상에서 교(敎)를 정화함에 여러 마(魔)가 아울러 움직이니 석가세존께서 성도(成道)할 때의 마(魔)보다 현재의 마가 더 강한 듯하구나. 그러므로 도덕과 법력(法力)이 지극 정성에 이르면 무슨 일을 이루지 못하겠느냐. 지극히 기도하고 또 기도하노라. 이만 줄이며, 여러 어른들께 내가 안부 여쭙는다고 전해 주게나.

유언에 나온 구하의 진면목

환원유훈(還元遺訓)

안광(眼光)은 색(色)을 따라 남음 없이 다하고
의식은 소리 좇아 크게 쉬고 사라지네
환원(還元)은 원래부터 평범한 일이 아니요
옛날이 가고 지금 다시 옴이 또한 하루아침일세

一. 환원한 후에 승문(僧門)과 속가 친족은 곡읍(哭泣)을 하지 마라
一. 외부인에게 부고(訃告)를 띄우지 마라
一. 많든 적든 부의(賻儀)를 받지 마라
一. 영위(靈位)를 별당(別堂)에 설치하고 49일을 엄숙히 보내라
一. 49일 뒤에는 모든 일을 완전히 끊어라

발자취 쓸어 없애고 뿌리를 제거할 새
눈 속의 매화는 어디에나 피어 있네

구하 스님의 문도

구하의 문도는 대부분은 통도사와 통도사 말사, 혹은 경상도 지역의 사찰에서 수행하고 있다. 지금 통도사 문중은 구하 문도와 경봉 문도가 이원적으로 구성되어 있다. 구하와 경봉은 구한말 통도사 고승이었던 성해의 법손들이다.

구하의 전법제자는 월하이다. 월하는 불교정화 운동을 통해 조계종단

을 재건한 주역이다. 그는 조계종 종정을 역임한 고승이다. 본래는 유점사, 심원사 출신이지만 구하의 건당 법제자가 되어 1950년대 이래 40년간 현대기 통도사를 이끌었다. 그는 1994년 종단개혁을 이끌어 종정에 추대되었지만, 종단 내적으로 자율적 정화를 추진하려다 그에 반대한 종단 주류와 갈등을 노정하기도 했다.

구하의 법손들은 영축불교문화재단을 만들어 구하, 월하의 행적, 사상 등을 조명하겠다는 기획을 추진하고 있다. 법손들은 2000년대 초부터 구하, 월하에 대한 학술세미나를 개최하였다. 2007년, 정부의 친일반민족행위 진상규명위원회 및 민족문제연구소의 《친일인명사전》에 구하가 포함되자, 구하의 명예회복을 위해 통도사는 사적편찬실을 만들어 실무 작업에 진력하였다. 통도사와 구하 법손들은 《축산 구하대종사 민족불교운동 사료집》(상, 하권)을 펴내 그에 적극적으로 대응하였다. 그 결과 진상규명위원회에서 구하는 '이의 신청인의 이의를 인용한다'는 결정으로 친일파에서 제외되고, 《친일인명 사전》에서도 제외되었다.

구하의 법손은 월하, 홍법, 초우, 성파, 혜남, 현문, 정우 등이다. 이들은 매년 구하 기일을 기해 추모 다례재를 지내고 있다. 구하의 부도와 비석은 통도사 부도전에 있다.

❖ 참고문헌

《축산문집》 영축총림 통도사, 1998.
《축산구하대종사 민족불교운동 사료집》(상하 권), 영축총림 통도사, 2008.
윤청광 《영축산에 달 뜨거든 – 노천당 월하대종사 일대기》 중도기획, 2013.
김광식 《청백가풍의 표상》 벽안문도회, 2012.
_____〈윤월하의 불교정화 운동〉《한국 현대불교사 연구》 불교시대사, 2006.

한동민〈일제 강점기 통도사주지 김구하와 독립운동 자금 지원〉《대각사상》
    15, 2011.
양 관〈통도사 승가대학의 역사와 문화〉《대각사상》15, 2011.
조용헌《통도유사》알에이치코리아, 2013.

경봉
鏡峰

경봉은 어떤 스님인가

경봉(鏡峰, 1892~1982)은 현대 한국불교의 선사로 명망을 떨쳤다. 그러나 그의 입적 후, 그에 걸맞은 적절한 연구가 미흡하여 그의 역할과 위상, 사상 등은 널리 알려지지 않았다. 그는 통도사 극락암에 머물며, 각처에서 몰려든 수좌를 비롯한 사부대중을 치열하게 지도했다. 1950~70년대 남방의 도인, 큰스님을 거론할 경우 경봉을 결코 제외할 수는 없다. 그의 생활법문, 따뜻하면서 예리한 설법은 수많은 대중의 심금을 울렸다.

그러나 경봉의 진면목은 선사, 참선, 대중들에게 선을 전한 큰스님 등으로만 제한되지 않는다. 그는 선사이면서도 경학에 조예가 깊었다. 그리고 일제하 공간에서 주지를 역임했고, 통도사를 수행공간인 총림으로 만들려고 시도하였고, 강원의 원장도 담당했다. 또한 선학원의 간부도 역임하였다. 이런 다양한 행보는 불교 근대화를 지향한 노선에서 비롯되었다. 다른 스님들과 달리 일본불교의 영향을 덜 받으면서 자생적인 근대화를 추구했다.

한편 그의 정체성을 이해하기 위해서는 근현대 고승들 간에 오고 갔던 수천 통의 편지, 게송 등을 보관한 불교인문학적 지성의 측면을 고려해야한다. 경봉은 수십 년간 자신의 일상, 수행이력 등을 기록한 일지를 남겼다. 그래서 경봉과 극락암이 지닌 인문학적 관점의 특성은 특별하다. 이런 전통을 이어받은 그의 문손은 경봉이 남긴 문헌을 현재까지도 잘 보관하고 있다. 경봉의 유품도 수백 점에 달하고 있다. 이런 제반 특성을 종합해 경봉의 정체성이 그려져야 하거니와 경봉은 수행·교화·불법수호를 원융하게 구현한 고승이었다.

행적과 수행

경봉은 1892년 4월 9일, 경남 밀양군 부내면 계수동에서 태어났다. 그의 부친은 경주 김씨 김영규이고, 모친은 안동 권씨였다. 4대 독자로 태어난 그의 속명은 용국(鏞國)이었다. 유년 시절에는 한문 서당인 죽하재(竹下齋)에서 한문을 공부하였고 13세에 사서삼경을 마쳤다. 그의 나이 15세(1906) 때 모친이 병으로 죽게 되자 충격에 빠졌다. 인간의 생사 문제를 심각하게 고민하던 그는 불교에서 해법을 구하고자 마침내 1907년 6월 9일, 불보사찰인 통도사로 입산하였다. 통도사의 성해(聖海)를 은사로 모시고 출가했다. 정석(靖錫)이 그의 법명이었다. 1908년 3월, 통도사에 설립된 신식학교인 명신학교(明信學校)에 입학해서 신학문을 배웠다. 일본으로 건너가 중학교 및 대학 과정을 배우고 싶었으나 은사로부터 통도사에서 공부하라는 권유를 받아 통도사 강원에서 수학하였다. 1911년 4월 율사인 해담에게 비구계와 보살계를 받고, 1912년 통도사 강원에 입학하였다. 강원에서는 《서장》《능엄경》《기신론》《금강경》《원각경》등을 배웠는데 《화엄경》은 화엄사 강사로 있었던 한용운에게 배웠다. 한용운으로부터 월남 망국사(越南 亡國史)를 들으면서 나라와 민족에 대한 의식을 일깨웠다. 이는 후일 민족, 종단, 중생을 등지지 않는 행보의 원동력이 됐다. 1914년 강원을 수료한 직후에는 통도사에서 행정 소임을 보았다. 그러나 수행에 대한 관심이 치열해서 소임살이에 싫증을 느꼈다.

이후 전국 각처의 선원에서 정진하였다. 통도사 내원암에서 혜월 화상을 참방한 이후 해인사, 마하연, 석왕사 등지의 선원이 그가 거친 곳이었다. 1916년 여름 통도사로 돌아오자 은사인 성해는 안양암에서 수행하도록 했다. 안양암에서 선, 화엄, 계율, 염불, 기도 등 다방면의 수행에 능통한 선사이자 율사인 서해담에게 배웠다. 해담은 1929년 조선불교 선교양종에서 7인의 교정으로 뽑힌 당대의 고승이었다. 이런 인연이 염불만일회를 주관할 수 있는 계기가 되었다.

1917년에는 마산포교당 포교사로 부임했다. 이때 우국지사 장지연과 인연을 맺었다. 그 후에는 양산 내원사 주지로 선방을 외호했다. 2년간 주지 소임을 하면서 수행을 지속했는데, 이런 경험으로 그는 참선수행에만 경도된 수좌의 외골수와는 다른 길을 택할 수 있었다. 이후에는 통도사 보광선원에서 정진했다. 이렇듯 경봉은 구도, 소임, 참선을 별개로 하지 않으면서 구법의 행로를 갔다.

1926년 10월 통도사 극락암 양로염불만일회(養老念佛萬日會) 설립의 주역으로 활동했다. 이 모임의 목적은 도속(道俗)을 일치하게 하여, 빈궁하고 고독한 사람들의 청정심을 염불수심(念佛修心)으로 신앙, 견성성불(見性成佛)에 이르도록 하는, 즉 대중 위주의 수행체였다. 경봉의 대중관은 원효를 도속의 위인으로 평가한 그의 기고문에서도 찾을 수 있다.

한편, 경봉은 선 수행을 하는 도중이나, 깨달음을 얻은 이후에도 경전을 수학했고 조사어록을 열람했다. 1927년부터는 《화엄경》 산림법회를 주관하였다. 여기에서 선교일치적인 수행, 대중에게 헌신한 수행자의 모습을 볼 수 있었다. 그는 법회 도중인 1929년 12월 13일 오도했고, 1932년 1월 통도사 강원 원장으로 취임했다. 수좌, 강백이면서도 산중공의에 의해 총무 소임도 했다. 1935년(44세) 9월 통도사 주지에 추대되었다. 3년간의 수지 소임 시에는 원융의 정신을 발휘하여 일했다.

선사로서 선학원 활동에도 관여했다. 경봉은 1935년 3월 7~8일, 선종 수좌대회에 참석하여, 수좌계를 대표하는 선의원(禪議員)에 선출되었다. 그러나 주지 소임을 맡고 있어서 큰 활동을 하지는 않았다. 1941년 3월 16일, 선학원에서 열린 조선불교 선종 제2회의 모임에서는 의장으로 선회(禪會)를 주관하고, 조선불교 선종의 종무원(宗務院) 부원장으로 선출되었다. 이 무렵 일본불교를 돌아보기도 했다.

8 · 15해방 이후에는 선리참구원 이사장으로 추대되어 혁신 계열의 지도자로 활동했다. 그는 불교혁신총연맹의 대표였다. 그리고 통도사를 총림사찰로 만들기 위해 1949년 통도사 주지에 취임했으나 경봉은 반대파들의 반발로 인해 주지 소임을 도중에 그만두었다. 6 · 25 전쟁 기간에는 통도사를 떠나 밀양 무봉사로 갔다. 1953년 11월 다시 통도사로 와서 극락선원 조실로 추대되었다. 이때부터 그는 입적하는 1982년까지 30년간 통도사 극락암에 주석하면서 사부대중을 지도했다. 극락암에 법은회(法恩會)가 조직되어, 수양법회 개최와 호국선원의 안거 정진 등으로 경봉의 지도력이 입증되었다. 여기에서 한 걸음 더 나아가 그는 극락선원을 호국수도원(護國修道院)으로 확대, 개편하여 전국적인 수행 조직체로 키우려고 했으나 이행되지 못했다. 자신을 찾아오는 수많은 대중에게 매월 첫 번째 일요일의 정기법회를 통해 생활불교를 강조했다.

한편 한용운에게 배운 인연으로 1960년대 중반 한용운기념사업회 회장을 맡았다. 노구를 이끌고 조계종단 중앙종회에 참석하여 한용운 사업을 설명하고, 협조를 요청했다. 그러나 만해가 대처승이어서 그랬던지 실질적인 협조는 별로 없었다. 그러자 그는 자신을 따랐던 서울시장인 김현옥에게 만해의 비석을 서울시 적당한 공간에 세울 것을 당부했다. 그래서 한용운 비석이 서울 탑골공원에 들어설(1970년) 수 있었다. 경봉과 만해

간에 주고받은 편지가 남아 있다.

그는 1982년 7월 17일, 입적했다. 시자가 "스님 가시면 보고 싶습니다."라고 하자, 그는 웃으면서 "야반삼경에 대문 빗장을 만져 보거라."는 말을 남기고 열반에 들었다. 그의 비석은 1985년 6월 26일 통도사 일주문 근처의 부도전에 세워졌다.

일화와 어록

《화엄경》산림법회에 동참을 요청하는 글

예로부터 지금에 이르기까지 성현(聖賢)의 가르침을 잇고 성현의 이치를 밝히고 성현의 실천을 본받아 행하여 성현의 경지에 이르나니 우리의 道는 바로 사람의 마음을 가리켜서 건성하여 성불하는 것이며 자기도 깨닫고 남도 깨우치며 남도 이롭고 나도 이로워 두렷하게 이루는 도(道)이다. 그러나 마음이 곧 부처이니 산은 푸르고 물은 맑으며 마음도 아니요 부처도 아니니 바람은 소슬하고 물은 냉랭하도다. 이러한 시절에 어떠한 것이 그르며 어떠한 것이 옳은가. 입을 열기 어려운 것이다. 비록 언어를 의지하지 않으나 말 없는 곳에도 집착하지 않는다. 그러므로 알라. 문자의 성격을 떠나면 비록 하루 종일 말하더라도 말한 바가 없으니 어찌 입을 다물고 묵묵히 있기만 하겠는가. 세존께서 세상에 출현하여 49년간 설법하신 것이 또한 이와 같은 뜻이니 대방광불화엄경(大方廣佛華嚴經) 법문(法門)은 바닷물로 먹물을 삼아 글을 쓰더라도 다하지 못하고 해인삼매(海印三昧)의 이치는 보살(菩薩)도 오히려 미(迷)하며 성문(聲聞)도 오히려 측량할 수 없나니 오묘한 도(道)의 심오한 이치는 가히 생각하고 헤아릴 수 없는 것이라. 비유하자면 어둠 속에서 등불 없이는 보배를 볼 수 없는 것과 같이 불교를 말하여 줄 사람이 없으면 설사 지혜가 있더라도 능히 알 수가 없는 것이다. 금년 겨울 10월에 본사 극락암에서 큰 법회를 열어 현현하고도 현현한 이치와 오묘하고도 다함이 없는 법을 설할 준비를 하였으니 함께 원력을 세워 동참하기를 바라노니 유루(有漏)를 버리고 무루(無漏)의 일을 증득할지어다. 헤아릴 수 없는 공덕과 이지러지지 않는 복전(福田)은 천추(千秋)에 영험의 자취가 너무 많아서 번거로이 기록하지 않으니 뜻이 같은 여러분께 청하노니 이 글을 읽어 볼지어다.

다만 원하노니 맑은 바람 힘을 같이 해서
일시에 이 문으로 들어올지어다.

《삼소굴 일지》pp. 80~81)

경봉이 말하는 깨달음

선원(禪院)을 한 십 년 다니면서도 견성의 의미를 잘 몰랐어. 중생과 부처란 분화(分化)된 공간 사이를 헤매면서 방황을 했어. 때로는 산과 들을 헤매면서 부처를 찾아다녔어. 그런데 부처는 산과 들에 있는 것이 아니라, 찾아다니는 그 자체가 부처란 것을 깊이 깨달았어. (중략) 부처보다 가난한 중생을 귀하게 여기는 정신이 현대는 없는 것 같다. 모든 것을 버릴 수는 있어도 자기는 버릴 수 없듯이 오늘의 수행인도 중생을 사랑하는 고통 하나쯤은 가지고 있어야지.

《경봉, 해탈과 열반 사이》〈대한불교〉 1980. 7. 20)

경봉의 눈물

오전 11시 반에 경도(일본) 淸平寺에 가서 산천을 관람하다가 조선불교의 부진과 부처님 은혜를 생각하며 비관하여 눈물이 흐르다.

《삼소굴 일지》 1942. 4. 7)

극락암 법회, 수양대법회에 참석한 대중들은

이 법회는 주자(註者, 명정 스님)가 노사(老師)의 집시(執侍)를 처음 시작할 때 동참한 법회라서 근 25년이 지난 지금 생각하니 감회가 새롭다. 낮 10시부터 원각경(圓覺經) 소초(疏抄)에 전거(典據)하여 참회기도를 침향(沈香)을 사루며 1시간 하고 오후에는 노사의 설법이 있었다. 그 외의 시간은 장군죽비로 경책을 하며 용맹정진을 하였다. 벚꽃이 막 피기 시작하던 가절(佳節), 노사(老師)께서 평생을 벼루어서 차린 법회, 노사(老師)의 사자후(獅子吼). 이 법회를 끝내고 돌아가는 대중들이 너무 아쉬웠던지 엉엉 울며 가던 선객(禪客)들의 모습이 눈에 선하다.

《삼소굴 일지》 p. 346)

경봉이 제시한 생활불교의 비법

1. 겸손하고 부드럽고 사양할 줄 알아야 한다.
2. 모든 사물에 순응하고 일을 지낸 뒤에 그 마음이 편안해야 한다.
3. 입으로 고운 말을 쓰고 나쁜 말을 하지 말며 망녕된 생각을 하지 말아야 한다.
4. 너무 슬픔과 기쁨, 즐거운 정에 지나치지 말아야 한다.
5. 이익이 없는 일을 하지 말고, 해로운 일을 멀리 해야 한다.
6. 호흡을 정밀하게 고르고 위생을 여실히 해야 한다.
7. 정밀하게 선정(禪定)을 익혀서 마음을 편안히 하고 망녕이 없어야 한다.

8. 앉고 눕는 데 시간을 지키고 게으른 습관을 들이지 말아야 한다.

9. 착한 공덕을 많이 짓고 남을 위하여 좋은 일을 많이 해야 한다.

10. 고생하는 사람, 재난을 만난 사람을 구하고 곤궁한 사람을 도와주어야 한다.

《경봉스님 말씀》극락선원, 1992, pp. 147~153)

경봉의 생활 법문: 한바탕 멋들어지게 살아 보자

내가 늘 말하기를 이 사바세계에서 우리가 나왔는데 이 사바세계를 무대로 삼고 연극 한바탕 멋들어지게 하고 가자는 말이 그런 까닭이다. 늘 근심 걱정만 하고 살 바에야 무엇하러 어머님으로부터 나오기는 나왔느냐 말이다. 좀 근심스럽고 걱정이 되는 일이 있더라도 더 털어 버리고, 우리 인생이 기껏 살아봐야 백 년을 더 사는 사람이 없다. 그러니 늘 쾌활하고 낙관적이고 활기찬 생활을 해야 한다. 근심 걱정은 물질 아니면 사람에 관한 것 외엔 없는데, 설사 좀 근심되는 일이 있더라도 우리 불교를 신앙하는 사람들은, 불타의 그 초월한 정신에 계합하여 인생의 노선(路線)과 인생관(人生觀)을 확립해야 한다. 여태껏 생활해 온 모든 사고방식과 생활 관념에 잘못이 있으면 영 비워 버리고, 바르고 참되고 활발한 산 정신으로 살아가야 한다.

〈紅日同昇〉《경봉스님 말씀》pp. 18~19)

법문은 우리가 일상생활을 하는 데 다 있으니 일상 생활하는 밖에서 진리를 찾지 말고 불교를 찾지 마라.

("경봉대종사 특별설법, 달이 들물에"〈대한불교〉1978. 4. 30)

정법안장의 도리는 물이나 공기와 같아서 우리가 물을 먹지 않으면 못

살고 나무와 풀들도 물을 먹지 않으면 못 살고 물과 공기가 없으면 일체 생물이 살지 못하는 것과 같은 것이다. 이 도는 물이나 공기와도 같은 우리 무한생명의 원천인 것이다.

이 수행을 하자면 마음을 비워서 오만가지 망상을 버리고 천진난만한 동자시절로 돌아가야 한다. 여기에 무슨 걱정이 있을 손가. 근심 걱정이 물질 아니면 사람인데 물질이나 사람 때문에 머리가 아프고 가슴이 아파서 어쩔 줄을 모르고 산대서야 어디 살아가는 의의가 있겠는가. 짐승도 먹을 것이 있으면 쫓아다니면서 즐겁게 뛰노는데 그렇게 근심 걱정을 할 바에야 무엇하러 사바세계에 나오기는 나왔는가. 어머니 태중에서 나오지 말 일이지.

("庚申 夏安居 結制法語, 경봉조실"〈대한불교〉1980.6.8)

경봉의 선(禪)

선(禪)은 자체가 공(空)하여서 이름과 형상이 없으나 능히 모든 것을 이루는 것이니 이룩된 모든 것이 그대로가 선이다. 그러므로 만법(萬法)의 왕(王)이 되고 만행(萬行)의 으뜸이 되어 만법(萬法), 만행(萬行), 만사(萬事), 만물(萬物) ─ 그대로가 온전히 선의 묘용(妙用)이며 선의 표현인 것이다.

(《야반삼경에 대문 빗장을 만져 보거라: 경봉대선사 법어집》1982, p.1)

똑바로 가거라, 돌부리에 걸리지 말고

학인: 큰스님, 이제 가겠습니다. 안녕히 계세요.
경봉: 알았다. 잘~ 가거라.

학인: (꾸벅 절을 하고) 예

경봉: (얼마 후) 야!! (가라고 손을 흔들면서) 그냥 똑바로 가라!

학인: 예?

경봉: 돌부리에 걸리지 말고, 죽 ~ 똑바로 가란 말이다!

학인: ……

경봉: (세상에는 돌부리가 널려 있어…… 그 돌부리에 걸려도, 일어나서 다시 똑바로 가야 하는데……)

경봉 스님의 문도

경봉의 문중, 문도의 거점 사찰은 통도사이다. 그중에서도 극락암이다. 극락암 전체에 경봉의 삶, 수행, 가풍 등이 진하게 배어 있다. 지금도 경봉의 기일 추모행사는 극락암에서 개최된다.

경봉의 문중에는 다수의 스님이 있다. 대략 200여 명에 달한다고 한다. 그중에서 만상좌인 벽안과 명정이 가장 유명하다. 벽안은 종회의장을 10년이나 역임했으며, 불교정화 운동에 헌신했고, 통도사 주지도 역임했다. 그는 1950~80년대, 통도사가 내우외환으로 어려울 적에 사찰과 문중이 안정을 취할 수도 있도록 갖은 노력을 다하였다. 특히 월하 문도의 스님들과 원융, 화합의 살림을 꾸린 것은 유명하다. 그리고 후학을 매섭게 가르친 것도 전설처럼 전한다.

명정은 극락암에서 수십 년간 머물면서 경봉의 생애와 사상을 널리 보급하는 것에 일생을 바치고 있다. 경봉의 시봉을 수십 년간 했고, 경봉이 입적한 이후에도 경봉에 대한 책을 수백만 권이나 보급한 주역이다. 최근에는 경봉의 사진집, 자료집 등을 새롭게 펴냈다. 현재의 통도사 방장인 원명과 주지인 원산도 경봉의 상좌이다. 경봉에게 건당한 제자들도 상당하다. 그러나 그 전체적인 숫자는 파악하기 힘들다. 그중에는 성수, 법산 등도 있다. 성수는 조계종 원로의원, 전계대화상, 범어사 주지, 총무원장 등을 역임했다. 법산은 보조사상연구원 원장, 동국대학교 교수를 역임했다.

경봉 문도들은 1989년 이래 경봉장학회를 결성해, 수행과 교육에 매진하는 학인들에게 장학금을 매년 지원하고 있다. 통도사의 근현대 고승으로는 구하 스님, 월하 스님 그리고 경봉 스님, 벽안 스님이 손꼽힌다. 이 고승들은 생존 시에 화합, 원융으로 통도사만의 독특한 가풍, 문화를 일궜다. 때문에 경봉의 삶과 수행, 사상 등을 이해하고자 할 경우 통도사의 고승 전반에 대한 탐구와 이해가 병행되어야 한다.

❖ 참고문헌

《경봉대선사 일지》극락선원, 1992.
《삼소굴 소식》극락선원, 1997.
법어집:《法海》《續 法海》
특집 논문〈근현대 통도사의 역사와 고승〉《대각사상》15집, 2011.
김현준《경봉대선사 일대기, 바보가 되거라》효림, 1993.
_____《참 생명을 찾는 경봉스님 가르침》효림, 2012.
정 도〈경봉선사의 선사상 일고〉《보조사상》30, 2008.
_____〈경봉선사의 사상적 고찰〉《보조사상》32, 2009.
_____《경봉선사 연구》민족사, 2013.
김광식〈한용운과 김경봉: 사제이자 동지인 아름다운 인연〉《우리가 만난 한
       용운》참글세상, 2010.
_____《한국 근대불교의 현실인식》민족사, 1998.
_____《한국 현대선의 지성사 탐구》도피안사, 2010.
_____〈경봉, 자생적인 불교 근대화의 전범〉《불교근대화의 이상과 현실》

　선인, 2014.
_____《청백가풍의 표상 ─ 벽안스님의 수행과 가르침》벽안문도회, 2013.
월　암《간화정로》현대북스, 2006.

효봉
曉峰

효봉은 어떤 스님인가

효봉(曉峰, 1888~1966)은 근대 한국불교 수행자의 표상으로 널리 알려진 고승이다. 출가하기 전, 일제 강점기에 재판부의 소임을 보다가 자신의 판결과 관련된 죄인이 사형을 당하는 것에 충격을 받고 발심하여 금강산에서 출가했다. 치열한 수행을 거쳐 오도한 이래 각처 제방의 선원에서 정진을 지속하다가 고려시대 보조국사 지눌의 수행 전통을 계승하겠다는 뜻을 세우고 송광사를 찾았다. 1930년대 후반 송광사에 주석한 이래 송광사를 주된 주석처로 하였다. 해방공간에는 가야총림 조실, 1950년대 중반과 1960년대 초반에는 조계종 종정을 역임하였다.

그는 간화선을 수행의 근간으로 받아들였지만, 지눌의 정혜쌍수(定慧雙修) 사상의 구현을 자신의 과업으로 인식했다. 그래서 그의 문도들은 이 같은 효봉의 사상을 이어받아 오늘날과 같은 조계총림 송광사 중창의 사상적 기반을 구축하였다. 또한 그는 불교정화 운동을 지지하면서도 온건한 정화를 주장했다. 비록 그의 주장이 완벽하게 수용되지는 않았어도, 그는 정화종단과 비구승단의 어른 스님으로 인정받았다.

행적과 수행

효봉은 1888년 5월 28일 평남도 양덕군 쌍룡면에서 태어났다. 그는 수안 이씨 이병억(李炳億)의 5형제 중 셋째 아들로, 속명은 찬형(燦亨)이었다. 5세부터 조부로부터 한문과 사서삼경을 배워 신동으로 불렸고, 14세에는 평양 감영에서 실시한 백일장에서 장원했다. 20세에 결혼, 23세에는 일본 와세다 대학 법학부에 입학했고, 26세에 졸업했다. 귀국해서는 고등고시를 응시해서 합격했다. 28세부터 서울과 함흥 등지의 지방법원, 고등법원에서 법관 생활을 하였다.

36세경 평양 복심법원(고등법원)에서 판사 생활을 하던 이찬형은 처음으로 사형선고를 내리고 난 뒤 충격을 받고 몇 날 며칠을 뜬눈으로 번민하기 시작했다. 어느 날 출근하던 길로 집을 떠난 이찬형은 3년간 전국을 떠돌았다. 엿판을 메고 엿장수도 하고, 독립운동을 하기 위해 만주로 가기도 했다. 자아를 찾아야 하겠다는 발심으로 38세(1925년)에 금강산 신계사 보운암에서 석두(石頭)화상을 은사로 출가했다. 이때 받은 법명은 운봉(雲峰)이었다. 39세에는 선지식을 찾아 만행을 하였는데, 통도사 내원암에 있었던 백용성을 만나 수행을 하고, 수월 도인을 만나기 위해 만주까지 가기도 했다.

금강산으로 돌아온 효봉은 신계사의 미륵암, 보운암 그리고 여여원 선방(온정리)에서 장좌불와와 용맹정진으로 수행을 시작했다. 43세(1930년)에는 금강산 신계사의 법기암 뒤편에서 토굴 수행을 했다. 그는 그곳에서 1년 6개월간 일종식을 하면서 치열한 수행을 한 끝에 오도했다. 이후에는 유점사 선원에서 안거 수행을 하면서 입승 소임을 보았다. 그리고 여여원, 마하연, 신계사 미륵암 등지의 선원에서 정진을 지속했다. 당시 그는 3개월간 대중방 아랫목을 차지하고 앉아 미동도 없이 화두 참구를 해서 '절구통 수좌'라는 별명을 받기도 했다. 그런 수행으로 그의 엉덩이에는 흉터가 있었다.

1935년 48세에 금강산을 떠나 설악산 봉정암 적멸보궁, 오대산 상원사의 한암 회상에서 정진했다. 이후 덕숭산 정혜사에서 만공을 친견했다. 1937년(50세) 송광사로 와서 주석하였는데 이로부터 10년간 머물면서 보조국사의 정혜결사 정신을 이어받아 인재양성, 사찰 재건에 노력했다. 1938년 은사인 석두로부터 효봉이라는 전법 당호를 받았다. 1946년 가을, 송광사를 떠나 해인사 가야총림 조실로 부임했다.

1950년 6·25전쟁이 나자 부산 금정사로 피난을 갔고 그다음 해 경남 통영의 용화사 도솔암에서 정진했다. 이곳에 동방제일선원을 열고, 몰려온 수좌들을 지도했다. 용화사 뒤에 토굴을 짓고 수행하던 그는 상좌 구산이 미래사를 짓자 그곳에 주석했다. 1954년 불교정화 운동이 시작되자 "큰집이 무너졌으니 여럿의 힘으로 붙들어라"고 말하며 상경하여 선학원에 머물면서 종단정화 준비위원으로 활동했다.

이후 정화종단의 종회의장, 총무원장, 종정을 역임하며 불교정화에 힘을 보탰다. 1962년 4월에는 출범한 통합종단의 초대 종정으로 추대되었다. 그 무렵에 그는 동화사, 미래사, 표충사 등지에 주석하였다.

그는 "누가 오늘 일을 묻는가, 달이 일천 강에 비치리."라는 말을 남기고, 1966년 5월 14일 입적하였다. 비석은 1967년 경봉이 쓴 문장과 김충현의 글씨로 송광사에 세워졌다.

일화와 어록

판사에서 엿장수로 변신한 연유

효봉은 26세에 일본 와세다 대학 법과를 마치고 귀국해서 10년 간 (1913~1923) 판사직에 있었다. 그는 함흥, 서울 등지에서 법관 생활을 했다. 그러나 나라를 빼앗긴 현실에서 조선인들이 많은 차별을 받았던 현실을 외면할 수 없어 늘 회의와 한탄이 끊이지 않았다.

36세가 되던 해, 그에게 큰 사건이 일어났다. 한 죄수에게 사형선고를 내린 것이다. 한 인간의 삶을 단절케 한 판결 사형, 비록 그 죄수가 많은 죄를 지었다 하더라도 판사라는 이름으로 사형을 선고한 것에 대해서 이루 말할 수 없는 번민을 하였다. 그래서 그는 "이 세상은 내가 살 곳이 아니다. 내가 갈 길은 따로 있을 것이다."라고 생각하고, 그 길로 집을 박차고 방랑에 나섰다. 직장에 사표를 내거나 부인과 자식에게 어떤 통지도 하지 않은 채, 무작정 방랑 생활을 하였다. 입고 있던 양복을 팔아 엿판과 한복 두 벌을 서울 남대문 거리에서 바꾸고 전국을 떠돌았다.

《친일불교》의 저자인 임혜봉은 일제 강점기의 판사 명부를 조사하였지만 그의 이름을 찾을 수 없다고 하여 논란이 되기도 했다. 설령 판사가 아니고, 법원에 근무하였다 해도 그가 사형 언도에 관련되면서 받은 충격은 사실이었을 것이다.

보조국사의 수행가풍을 계승한 사연

효봉이 송광사에 처음 오게 된 것은 그의 나이 50세 때인 1937년이었다. 송광사는 고려 보조국사 지눌의 수행가풍이 살아 있는 역사적인 도량이었다. 그러나 일제의 침략으로 인한 일본불교 침투, 계율 파괴 등으로 인하여 정혜결사(定慧結社) 정신인 지눌의 가풍은 차츰 쇠퇴하고 있던 상황이었다. 바로 이 무렵, 송광사에 찾아온 효봉은 처음 왔음에도 불구하고 고향인 양 푸근하기만 했다.

그는 우선 삼일암에 머물면서 참선 정진을 했다. 1년이 지난 어느 날 새벽, 결가부좌하고 정진에 들어 삼매에 빠진 그에게 노스님 한 분이 빙그레 웃으면서 방 안으로 들어왔다. 그리고는 비몽사몽 간을 헤매는 효봉에게 "그래 정진은 여일(如一)한가?" 하고 물었다. 처음 보는 스님이었다.

효봉은 얼른 일어나 절을 했다. "스님께서는 누구시온지요, 어디에 계신지요?" 하고 물었다. 그러자 노스님은 "나는 보조국사의 16세 법손인 고봉이라네." 하고 말했다. "고려 보조국사의 마지막 법손인 고봉화상이시라고요?" 효봉이 반문하자, 노스님은 "그렇다네, 내 이제 그대에게 효봉이라는 법호를 내리고 게송을 전할 것이니 잘 지니고 이 도량을 더욱 빛나게 하게." 하였다. 효봉이 노스님이 전한 게송을 기억해서 지필묵에 적고 나서 절을 올리자, 노스님은 갑자기 사라졌다. 그제야 정신을 가다듬은 효봉은 꿈에서 깨어났다.

이런 기연을 기점으로 삼아 효봉은 자신의 승적을 신계사에서 송광사로 옮기고, 정혜쌍수 정신 및 지눌의 가풍을 복원시키는 것을 자신의 원력으로 삼고, 후일 문손들에게 제2의 정혜결사 운동을 추진하는 일을 부촉하였다.

가야총림 조실 부임을 위해, 송광사를 떠나며 남긴 게송

> 내가 송광사에 온 지 이제 십 년이 되었는데
> 국노(國老)의 품 안에서 편히 자고 먹었네
> 무엇 때문에 이 조계산을 떠나는가
> 인천(人天)의 복밭을 갈고저 해서라네

효봉 스님의 법문들

계율과 선정과 지혜의 삼학(三學)으로써 부처가 되고 조사가 되는 요문(要門)을 삼는다. 그러나 그 삼학의 문은 탐욕과 분노와 우치의 삼독(三毒)을 없애기 위해 방편으로 세운 것이다. 본래 삼독의 마음이 없거늘 어찌 삼학의 눈이 있겠는가. 그래서 어떤 조사는 다음과 같은 게송을 읊은 것이다.

　부처님이 말씀한 모든 법은
　온갖 분별심을 없애기 위해서다
　내게는 이미 분별심이 없거니
　그 모든 것이 무슨 소용이 있으리

　또 옛사람은, "비구가 비구법을 닦지 않으면 삼천대천세계에 침 뱉을
곳이 없느니라"고 하였다. 그러나 이 산승(山僧)은 비구니들을 위해 다시
말하리라. 비구니가 비구니법을 닦지 않으면 지금부터 5백년 뒤에는 이
땅에 부처님 그림자도 없어지리라.

(1948. 10. 15. 가야총림)

　이 산승이 공문(空門)에 몸을 던진 지 이제 25년이 되었다. 그동안 신심 있
는 시주에게서 받은 옷은 얼마나 되며 시주로부터 받은 음식은 얼마나 될
것인가. 신심 있는 시주의 힘으로 집을 지어 거기서 받은 편의는 얼마나
되며, 신심 있는 시주에게서 받은 약은 또 얼마나 될 것인가? 그런데 그
20여 년 동안에 내가 한 일은 무엇인고? 부처도 몰랐고, 조사도 몰랐으며
선(禪)도 모르고 교(敎)도 몰랐다. 그러나 이 산승은 모름(不識)이란 두
글자로 인해 위에서 말한 시주의 네 가지 은혜를 다 갚은 것이다. 왜냐하
면 모름이란 이 두 글자에는 두 가지 글귀가 있으니 첫째는 천하 사람들
의 혀끝을 끊은 글귀요, 둘째는 인천(人天)의 눈을 활짝 열게 한 글귀이기
때문이다. 그러므로 여기 모인 대중들이 만일 이 두 글자의 뜻을 바로 드
러낸다면 그는 나와 함께 밑 없는 배를 타고 물결 없는 바다를 건널 수 있
겠지만, 그렇지 못하면 우선 30년 뒤를 기다려야 할 것이다.

메아리 없는 골짜기에 어떤 사람이 있어
늙지도 병들지도 또한 죽지도 않네
내 이제 그에게 생년월일 물으니
손을 들어 멀리 한 조각 땅을 가리키네

(1949. 7. 15, 가야총림)

슬프다. 예사로 공부하는 말세 중생들이 구두선(口頭禪)만을 배우고 실제의 이해는 전혀 없어 몸을 움직이면 유(有)를 행하고 입을 열면 공(空)을 말한다. 스스로는 업력(業力)에 이끌림을 알지 못하고 다시 남에게는 인과(因果)가 없다고 가르치면서, 도둑질과 음행이 보리에 장애되지 않고 술을 마시고 고기 먹음이 반야(般若)에 방해되지 않는다 하니, 그런 무리들은 살아서는 부처님의 계율을 어기고 죽어서는 아비지옥에 빠질 것이다.

(1954, 진주 연화사)

예로부터 공부하다가 죽은 사람은 없다. 특히 내 문하에는 정혜(定慧) 쌍수(雙修)를 주장한다. 정(定)이란 모든 망상이 떨어진 것을 말한다. 정이 없는 혜는 건혜(乾慧)이다. 옛날 달마 스님이 2조 혜가에게 처음으로 가르치기를, 밖으로 모든 반연을 끊고 안으로 헐떡거림이 없어, 마음이 장벽과 같아야 도(道)에 들어갈 수 있다 하였으니, 이것이 입도(入道) 요문(要門)이다. 이렇게 해야 진정한 섣달 그믐날을 맞이할 수 있다.

(1958. 12. 1: 동화사 금당선원 설법)

요즘 선풍(禪風)이 침체되고 흐려져 영리한 사람들이 어떤 공안(公案)에 조금 소식을 얻으면 견성(見性)하였다고 자처하고 남들도 덩달아 그렇게 말한다. 여기에 만족하면 스스로 속는 것이고 더욱 더 공(功)을 닦아야 한다. 생사(生死)에 자유 없이 무슨 큰소리냐. 섣달그믐을 당해 견성을 못했으면 앞길이 망망해지라. 혼침과 산란이 없어야 한 정(定)이다. 성성(猩猩)하고 적적(寂寂)해야 정(定)이 된다. 누차 말한 바이지만 정력(定力)이 없는 혜(慧)는 건혜(乾慧)다, 건혜로는 생사(生死)를 건널 수 없다, 정혜(定慧)를 쌍수하고 안팎이 명철(明徹)해야 생사에서 벗어날 수 있다.

(1959. 11. 15, 동화사 금당선원)

법정 스님이 본 효봉

계(戒)·정(定)·혜(慧) 삼학(三學)은 불도(佛道) 수행의 근본이념이다. 스님은 자신이 이를 갖추어 닦았고 후학들에게도 이 삼학에 대해서 많이 말씀하였다. 삼학으로 공부하는 것을 곧잘 집 짓는 일에 비유하였다. 계(戒)는 집 지을 터와 같고, 정(定)은 그 재료이고, 혜(慧)는 그 기술과 같다고. 재료가 아무리 좋아도 터가 시원찮으면 집을 세울 수 없고, 또 기술이 없으면 터와 재료도 쓸모가 없게 된다고 하였다. 세 가지를 두루 갖추어야 집을 지을 수 있듯이, 삼학을 함께 닦아야만 생사(生死)를 면하고 불조의 혜명을 잇는다고 하였다. 털끝만 한 것도 부처님 계율에 어긋난 일은 하지 않으려고 했다. 시간관념은 너무도 엄격했다. 지리산 쌍계사 탑전에서 안거할 때 동구(洞口)에 찬거리를 구하러 내려갔다가 공양 지을 시간 단 십 분이 늦어 돌아오니, "오늘은 공양을 짓지 말라, 단식이다. 수행자가 그렇게 시간관념이 없어 되겠나." 하며 용납하지 않았다. 그날 준엄하게 시간에 대한 교훈을 받은 이래 시봉으로서의 필자는 시간을 어기는 일이 거의 없게 되었다. 스님은 또 시물(施物)에 대해서도 인색할 만큼 시은(施恩)을 무섭게 생각했다. 우물가에 어쩌다 밥알 하나만 흘려도 평소에 그토록 자비하신 분이 화를 내곤 하였다. 초 심지가 다 타서 내려앉기 전에 새 초를 갈아 끼지 못하게 하였다. 그러므로 생활은 지극히 검박할 수

밖에 없었다. 수도인은 가난하게 사는 게 곧 부자 살림살이라고 말씀하셨다. 참선은 스님이 닦아야 할 업(業)인 양했다. 젊었을 때나 늙었을 때나 하는 일이라고는 한결같이 참선뿐이었다. 따라서 결제(結制, 공부 기간)에 대한 관념은 철저했다. 다른 절에 있다가 정초(正初) 같은 때 스님을 찾아뵈러 가면, 뭣 하러 살림 중(결제 중)에 왔느냐고 달갑지 않게 여기었다. "어디 가 있든지 정진 잘하면 내 곁에 있는 거나 마찬가지이다. 나는 뜻을 같이하는 사람과 늘 함께 있다" 몇 해 전 스님은 영양실조에다 신장이 약해져 대학병원에 3주일 가까이 입원한 적이 있었다. 겨울 결제일을 하루 앞두고, 공부하는 중이 어찌 병원에서 결제할 것이냐고 며칠만 더 머물라는 의사의 만류를 뿌리치고 굳이 퇴원하고 말았다.

(법정 〈효봉선사 일대기〉 중에서)

효봉 스님의 문도

효봉의 상좌는 구산, 법정, 법흥, 일각, 일초, 일관 등이다. 사제로는 향봉, 유엽, 석정 등이 있다.

이 중에서 구산은 효봉의 법을 이어받고, 간화선 수행을 치열한 선사로 이름이 높다. 그는 미국 등지에서의 선 포교에도 주력하였다. 그래서 송광사에서 출가한 외국인이 많았다. 그는 불교정화 운동 당시 단지를 끊어 정화의 의지를 다진 혈서(血書)를 쓴 일로 유명하다.

법정은 문화포교에 진력한 선승이다. 그는 《무소유》를 비롯한 수십여 권의 수필집을 펴내 한국인의 정신세계를 일깨운 대표적인 문인으로 이름을 떨쳤다. 말년에는 길상사를 근간으로 '맑고 향기롭게'라는 신행 포교단체를 이끌며 불교 정신을 우리 사회 곳곳에 널리 펼치기 위하여 진력했다.

법흥과 일각은 조계종 원로의원을 역임했다. 일초는 시인 고은의 스님 시절의 법명이다. 불교적 색채가 깃든 수십 여 권의 시집을 펴냈다. 일관은 전국신도회 사무총장을 역임한 박완일이다. 효봉 사상의 계승 및 송광사 재건은 손상좌인 보성, 원명, 현호 등이 주도적 역할을 했다.

한편, 송광사에서는 1987년 보조사상연구원을 발족시켰다. 보조국사의 사상, 가풍을 학술적으로 조명하는 사업을 추진하며, 학술지《보조사상》을 발간하고 있다. 그리고 효봉, 구산의 사상 계승을 지원하고 송광사 불사를 외호하는 재가신도들의 단체인 불일회가 있다. 전국적인 조직망을 갖춘 불일회는《불일회보》도 내고, 인재불사를 지원하는 장학사업도 하고 있다.

❖ 참고문헌

효봉문도회《효봉어록》불일출판사, 1975.
김용덕《효봉선사》동아일보사, 1992.
_____《누가 오늘 일을 묻는가: 효봉 선사 일대기》불일출판사, 1998.
_____〈曉峰 禪師의 문학세계〉《보조사상》33, 2010.
김경집〈曉峰의 定慧結社와 시대적 의의〉《보조사상》33, 2010.
구 산《머물며 흘러가며》밀알, 1991.
법 정《달이 일천강에 비치리, 효봉선사의 자취》불일출판사, 1992. (효봉 스
       님을 지근거리에서 지켜본 법정 스님이 생애, 사상, 수행가풍 등을 정리한 일대기
       이다.)
선원빈〈'절구통 수좌'의 위력〉《큰스님》법보신문사, 1992.
문일석〈달이 일천강에 비치니〉《현대고승 인물평전》불교영상, 1994.
윤청광《그대 어디서 왔다가 어디로 가는고: 求道小說 효봉 큰스님》언어문
       화, 1993.

김방룡〈曉峰의 生涯와 思想〉《보조사상》11, 1998.
_____〈九山 秀蓮의 생애와 사상〉《보조사상》21, 2004.
_____〈曉峰, 修禪社 가풍의 계승 및 근대 看話禪의 확립자〉《불교학연구》
　　12, 2005.
_____〈曉峰의 선사상〉《보조사상》33, 2010.
문경순《조계산의 돌사자, 구산 큰스님의 선사상 연구》불일출판사, 2012.

석우
石友

석우는 어떤 스님인가

석우(石友, 1875~1958)는 동화사에 주석하는 스님들의 문중 근원을 이룬 큰스님이다. 현재 조계종 종정인 진제의 은사 스님이다. 조계종 총무원장을 역임한 서의현은 석우의 사제인 상월의 상좌이다. 그래서 현재 동화사 문중을 설명할 경우 석우를 제외할 수 없다.

석우는 정화운동을 추진하고 1955년 8월 정화불사가 일단락되었을 때 종정으로 추대된 스님이다. 당시에는 문중세도 거의 없었고, 불교계에 잘 알려지지도 않았던 그가 종정에 추대된 자체가 특별한 일이었다.

그렇다면 왜 어떤 연고로 그가 종정에 추대되었는가? 이를 설명하려면 일제하 불교에서 금강산 불교의 수행전통을 거론하지 않을 수가 없다. 금강산 불교는 유점사, 장안사, 표훈사, 신계사 등 명찰이 위치하고 있을 뿐만 아니라 마하연 선방이 있어 명성이 높았다. 당시 수좌치고 마하연 선방에서 한 철 수행하지 않은 스님이 없을 정도였다.

석우는 금강산 불교 출신의 대표적인 스님이었다. 그는 금강산에서 입산 출가하고, 그곳에서 수행하였기에 당시 내로라하는 수좌들과 돈독한 인연을 맺었다. 금강산 불교 출신의 수행자들은 남북분단, 6·25전쟁으로 인하여 대부분은 남하하여, 일제하의 선학원, 선리참구원, 조선불교 선종, 유교법회 등에 참여하여 당시 불교계의 주류를 형성하고 있었다.

동화사 문중의 석우는 정화불사 당시 금강산 불교를 대표한 스님이었기에 초대 종정으로 추대된 것이다.

행적과 수행

석우는 1875년 5월 11일, 경남 의령에서 태어났다. 순창 설씨(薛氏)의 장남이었는데 속명은 태영(泰榮)이었다. 유년 시절에는 향리에서 사서삼경 등 다양한 한문을 수학했다. 뛰어난 글 실력으로 신동으로 불렸다고 한다. 나아가 노자, 장자, 천문, 지리, 의학서 등 다양한 책자를 섭렵했다. 특히 그는 의서에 취미가 많아 재가 시절에는 스스로 《동의보감》《향약집성방》 등의 책을 자득자해 하였다. 이런 연유로 10대 후반에는 의원(醫員) 소리를 듣기도 했다.

그러나 부친이 동학군에 연루되어 21세 때 불가피하게 고향을 떠나 창녕으로 이사를 하게 되었다. 집안 경제를 떠맡았던 그는 창녕에서 약국의 보조로 일하였는데, 얼마 가지 않아 명의(名醫)라는 명성을 얻었다. 1905년 그의 나이 31세 때는 결혼도 하였다.

그런데 당시 나라가 일본에 강제로 외교권을 박탈당하고 우국지사들이 자결했다는 소식이 이어지자 그는 분기탱천하는 기분으로 각처를 떠도는 생활을 시작했다. 방랑 생활을 7년 동안이나 계속하던 그는 대흥사에서 불교를 만났다. 한학 실력이 뛰어난 그는 그곳에서 불경을 읽게 되었다.

방랑을 마친 그가 집으로 돌아오자, 집안은 풍비박산이 되어 있었다. 가솔들을 인솔해서 김해군 좌부면 북내리로 이사했다. 1913년 11월이었

05

다. 김해에서 약국을 열었으니, 설약국(薛藥局)이었다. 부친의 장례를 치르고 동생들도 분가시킨 후에는 집을 나간 모친을 찾아서 통도사를 거쳐 범어사에 갔다. 범어사에서 우연히《수심결》을 접한 그는 정신이 번쩍 들어 발심했다. 그 길로 세속을 떠나기로 작정하고 금강산으로 향했다.

마침내 금강사 장안사에서 그는 연담(蓮潭)을 은사로 출가했다. 당시 나이 40세였다. 법명은 보화(普化)였다. 그는 장안사에서《초발심자경문》《육조단경》등 기본적인 경전 수학을 했다. 그리고 유점사에 가서 율사인 동선에게 비구계를 수지하고, 석우라는 당호도 받았다. 그의 사제인 상월(霜月), 석하(石下), 석두(石斗)와 함께 금강산 마하연, 영원암 등지에서 치열한 참선수행을 했다. 상월은 율사로 유명했고 석두와 석하는 선사로 이름을 떨쳤다. 마하연 시절, 석우는 원주 소임을 정성껏 본 것으로 유명했다. 그때 한암의 수제자로 불리던 보문을 만나기도 했다.

1930년대 전반기에 선학원이 재건을 시작할 때 석우도 일정한 참여를 했다. 사제인 석하는 1930년대 초반 선학원의 입승을 보았고, 상좌인 가희는 간병 소임을 보기도 했다. 석우는 금강산 영원암에 있으면서 수행하다가, 1935년 선종의 출범을 기해서는 선종 종무원 부원장으로 추대되었다. 영원암은 내금강 지장봉 밑 언덕에 있는 오지의 암자였는데, 그는 이곳에서 20여 년간 수행하였다. 금강산을 떠나지는 않았으나 선학원에 머물 적에는 설법도 했다.《선원》2호에 〈자락(自樂)〉이라는 시를 금강산인이라는 필명으로 기고하기도 했다. 이 무렵 그는 절 집안의 재상(宰相)이라는 말을 들었다. 금강산 영원암에서는 한용운, 백성욱과 교분을 맺기도 했다.

그러다가 1937년 대처승들이 금강산 불교권도 장악하는 것에 분개하여 남방으로 떠나 지리산 칠불암에 주석했다. 1945년 다솔사에서 해방을 맞았고, 이후 이상태 거사의 후의로 남해군 이동면의 해관암(海觀庵)에 주석했다. 이곳에서 진제를 상좌로 맞았다. 1954년 정화불사가 시작되자,

일단의 수좌들이 석우를 해인사 조실로 초빙하여 해인사 선열당에 머물렀다. 그러나 대처승과 수좌 사이에 갈등이 생기자 옥천사(고성) 백련암으로 떠났다.

1954년 8월 정화종단의 종정으로 추대되었다. 이후 응석사를 거쳐 대구 보현사로 갔는데, 보현사 주지인 보문과 함께 대구불교를 살려보겠다고 한 약속 때문이었다. 그러나 보문은 1956년 봄 요절했다. 종단은 동화사에 비구니 총림을 만들겠다는 원력으로 입주한 비구니들을 운문사로 보내고, 종정인 석우를 동화사 조실로 추대하였다. 그래서 당시 동화사에는 많은 수좌들이 모여서 수행하였다. 지월은 금당선원의 입승이었다. 상좌인 응연은 동화사 주지였고 진제, 의현, 지성 등도 석우를 시봉했다.

1958년 2월 27일 입적했다. 문도들은 1969년 9월 23일 동화사에 부도와 비를 세웠다.

일화와 어록

금강산 마하연 선방에서의 외호

그때는 엄격한 선방 규칙에 따라 사분정진을 했어요. 하루 네 번씩 정진을 했는데, 너 나 할 것 없이 모두 나서서 일일이 땔나무도 해오고 없는 양식 나눠 먹어가며 열심히 용맹정진했어요. 그때 설석우 스님이 주지였던가 원주였는데, 모두들 배는 굶었어도 스님들은 누구나 자신의 본분사는 잊지 않았지요. 그때 참, 설석우 스님이 여러 대중 먹여 살리느라고 고생 많이 하셨지.

(석주 스님의 회고)

참선이란

참선이라는 것은 심산(深山)에서 스님네들만 하는 것이 아니라, 남녀노소, 직위 고하를 막론하고 사람이면 누구나 다 해야 하는 것으로, 생활하는 가운데 화두를 잘 챙겨 의심해 나가다 보면 화두일념이 될 때가 있나니, 이 정도만 되어도 마음속 번민 갈등은 없어지고 편안한 삶을 살아갈 수가 있게 되는 것이다. 그러니 기왕 하는 바에 금생에 이 일을 해 마치겠다는 돈독한 신념으로 열심히 해 나가면 마음 광명의 지혜가 밝아져서 만인에 앞선 선견(先見)의 안목을 갖추어서 나고 날 적마다 멋지게 살 수 있을 것이다.

불교정화에 대한 소신

불교조계종 종정 설석우(薛石友, 81) 씨가 지난 8월 31일 아침 돌연 수도 중에 있는 해인사로부터 자취를 감추어 버렸다고 한다. 5일 문교부에 나타난 해인대학 학장이며 재단이사장인 이용조(대처승) 씨의 말에 의하면 근일 간 해인사를 접수 차 비구승단이 밀려 들어온다는 소식에 접하여 전기 설씨가 행방을 감춘 것이라고 말하고 있는데 타인에게는 잠깐 출타하여 돌아올 것이라는 말만 남기었다고 말하고 있어 자취를 감춘 원인이 극히 주목된다. 동 설씨는 지난 8월 11일 조계사에서 개최된 비구승 전국 스님대회에서 종정으로 추대된 것이다. 한편 동 설씨는 81세의 노쇠한 몸이라 하여 지금까지 종정으로 근무할 것을 거부한 바 있으며 이번 비구승단의 사찰 접수를 진심으로 환영치 않는다고 표명한 바 있다.

("佛教宗正 薛氏 行方不明: 사찰 접수 문제와 유관?"
〈경향신문〉 1955.9.7)

진제 스님의 회상

　스님께서는 계정혜 삼학을 늘 강조하였습니다. 그리고 수좌가 경을 쓸데없이 많이 보면 못 쓴다고 하셨지요. 중노릇 제대로 하는 데는 《자경문》《금강경》 그리고 《육조단경》 이 세 가지만 보면 충분하다고 경 보는 것을 경책하셨어요. 그리고 머트러운 짓을 하면 추상같은 불호령을 내렸어요. 한번은 내가 다른 스님들과 함께 팔공산 상봉에 산행을 갔다가 보문 선사가 지어 놓으신 토굴에서 일주일 용맹정진을 하고 내려온 적이 있었어요. 그때 스님께서는 어른의 허락도 안 받지 않고 멋대로 하느냐고 크게 호통을 치시고, 부모미생전본래면목(父母未生前本來面目)을 화두로 내려주셨어요. 그리고는 늘 당부하셨지요. "강원만 나와 가지고는 중노릇 제대로 하기 힘들다, 부지런히 닦아라."

(조계종 종정, 진제 스님의 증언)

석우 스님의 문도

　석우의 상좌는 가희(可喜), 우봉(愚鳳), 혜종(慧宗), 혜원(慧源), 응연(應衍), 법성(法晟), 무공 등 17명인데 주로 대구 지역 불교권에서 활동했다. 이들은 1969년 동화사에 비석을 세웠는데 혜종이 찬술하고, 서예가 오제봉이 썼다.

　우봉은 성철, 청담과 함께 봉암사 결사를 이끈 초창기 멤버였다. 그러나 그는 1953년 가을에 입적했는데, 그의 가족 대부분을 출가시킨 것으로 유명하다. 수혜(서울 운가사)는 우봉의 상좌인데 사회복지활동에 관심이 많다. 수혜의 상좌는 실천불교승가회 회장을 맡고 있는 퇴휴이다. 법성은 현 조계종 종정인 진제인데, 그는 자신의 법맥은 경허 – 혜월 – 운봉 - 향곡에게서 나왔다고 피력한다. 그는 선학원 이사장, 봉암사 조실, 해운정사 조실, 동화사의 조실 및 방장을 역임하였다.

금강산에서 석우, 상월, 석하의 지도를 받으면서 수행한 스님으로 혜진(1908~1984)이 있다. 혜진은 연화사(진주) 주지와 불영사 주지, 그리고 종단 재무부장을 맡기도 했다. 그의 상좌는 지성, 지혜, 수성, 오형근 동국대 교수 등이다. 혜진과 친근한 도반은 금담, 경산, 경덕, 비룡 등이다. 이들은 '오총사'로 불릴 만큼 각별한 사이였다. 선방에서 같이 화두를 들고 용맹정진하며 서로 격려하고 경책했던 도반이며, 정화불사의 일선에서 결의(結義)를 맺은 동지(同志)였다. 한편 지성은 동화사 주지를 역임했고, 현재는 원로의원이다. 지혜는 '지허 스님'이라는 필명으로《선방일기》(불광출판사)와《사벽의 대화》(도피안사)를 쓴 문필가이다.

❖ 참고문헌

윤청광《한 종소리에 뜬구름 흩어지네 – 초대종정 설석우 대종사 행장》석우 대종사 문집 간행위원회, 2001.
강석주《남은 글월 모음》효림, 1997.
임혜봉〈정화운동 때의 종정 석우 보화〉《종정열전 1, 그 누가 큰 꿈을 깨었나》가람기획, 1999.
선원빈〈작은 미소 속에는, 설석우〉《큰스님》법보신문사, 1992.
혜　종〈석우대종사비〉《해동불조원류》불서보급사, 1978.
김광식〈해제: 지허 스님의 신앙수기《사벽의 대화》를 읽고〉《사벽의 대화》(3판), 도피안사, 2012.
_____《보문선사》민족사, 2012.

서암
西庵

서암은 어떤 스님인가

서암(西庵, 1914~2003)은 참다운 선승이라고 일컬어지며, 한국 현대 선풍 진작에 기여한 선지식이다. 1950~70년대 칠불암, 원적사, 봉암사 등지에서 소리 없이 철저하게 수행하여, 조계종단 및 수좌계에서 높은 명성을 얻었다. 그의 선풍과 수행 이력이 알려져 1975년 총무원장에 추대되었으나 단 2개월 만에 사임했다. 그 후 조계종단이 누란의 위기에 처한 1991년에 원로회의 의장으로 추대되었다. 종정 선출 문제를 놓고 문중 간에 치열한 대립이 노정되던 종단을 추스르기 위함이었다. 서암은 이런 자신의 역할을 충분히 알고, 율장 및 수행 중심으로 종단 문제를 해소할 방안을 준비했다. 1993년 12월 24일에는 성철의 후임으로 조계종 종정에 추대되었다.

얼마 지나지 않아 이른바 1994년 '종단개혁'이라는 거센 불교개혁의 흐름이 등장했다. 그 사태는 결과적으로 서암의 종정 퇴임으로 이어졌다. 그래서 서암에게는 반개혁적 스님이라는 이미지가 고착되었다. 이후 서암은 종단 제도권을 벗어나서 수행에 전념하고 포교를 위해서만 대중 앞에 나섰다. '탈종'이라는 말도 떠돌았으나, 그는 불교를 결코 떠난 것이 아니고 종단 일에 일체 왈가왈부 하지 않겠다는 의미라고 했다.

서암 스님은 율장 중심의 종단구성을 시도하였던 선승, 원로회의 의장과 종정을 역임하였으나 자진사퇴한 고승, 종단개혁을 추진한 진보세력과는 이질적인 노선을 걸었던 큰스님으로 정리된다. 다툼과 분란이 일상화된 종단에 등을 돌린 채, 입적 이전까지 대중 포교에만 전념했다. 이제 그가 입적한 지도 어언 10년이 넘었다. 그에 대한 객관적이고 온당한 평가가 요청되는 시점이다.

행적과 수행

서암은 경북 풍기읍 금계동에서 1914년에 태어났다. 부친 송동식의 5남 1녀 중 3남이었는데, 속명은 송홍근(宋鴻根)이었다. 부친이 독립운동에 관여하여 집안이 몰락하는 바람에 서암도 유년 시절에는 떠돌이 생활을 하였다. 그러면서도 '많이 배워라, 기상을 죽이지 말라'는 부친의 말에 따라 충북 단양군 대강면의 대강보통학교를 졸업하고, 예천의 대창학원에서 공부했다. 틈만 나면 책을 탐독했고, 러시아 문학서적을 즐겨 읽었다고 한다.

1932년 16세에 예천 서악사로 입산했다. 이는 정식 출가라기보다는 3년 기한으로 사찰의 허드렛일을 해주기로 약속하고 간 것이다. 3년 후인 1935년(19세), 서악사 주지인 화산(華山)에 의해 김룡사(金龍寺)로 가서 스님이 되었다. 김룡사에서 화산을 은사로 하여 서암이라는 법명을 받았다. 수계 이후 김룡사 강원에서 수학했다. 강원에서 금오선사를 만나 영향을 받았고 1937년 비구계와 보살계를 받았다.

1938년 뜻한 바 있어 종비유학생 자격으로 일본대학 종교학과에 입학했다. 일본에 건너가서는 학비가 없어 신문배달, 막노동, 폐품 수집을 하면서 공부했다. 과로와 영양실조로 인해 폐결핵에 걸려 학업을 중단하고 1940년에 귀국했다.

1941년 모교인 대창학원에서 학인들을 가르치다 1942년, 김룡사 선원에서 참선 정진하였다. 1943년 북쪽으로 만행을 떠났는데, 도중에 철원 심원사에 들렀다. 심원사 강원에서는 1년간 《화엄경》을 강의했다. 1944년 심원사를 떠나 금강산 마하연에서 정진했고, 묘향산, 백두산을 거쳐 대승사의 천연 토굴에서 참선수행을 했다. 대승사에서 성철, 자운, 청담 등을 만났다.

1945년(31세) 해방이 되자 대승사 포교당에서 불교청년운동을 시작, 징용과 징병에서 돌아온 동포들을 도와주었다. 1946년에는 계룡산 나한굴에 가서 '깨달음을 얻기 전에는 살아서 이 동굴을 나가지 않겠다.'는 단호한 결심을 하고 수행에 들어갔다. 마침내 단식 용맹정진 중 본무생사(本無生死)의 도리를 깨닫게 되었다. 오도(悟道)였다. 1947년 여름 해인사 가야총림으로 가서 수행하고, 겨울에는 망월사 금오 회상에서 정진했다. 1948년 지리산 칠불암에서 결사 정진했다. 1949년 이후에는 만공의 회상인 정혜사, 오대산 상원사의 한암 회상, 봉암사, 계룡산 토굴 등지에서 수행을 지속했다. 6·25전쟁 도중에는 복천암, 칠불암, 상백운암, 남은암 등지에서 수행했다. 1952년에는 문경군 농암면 원적사에 머물며 사찰을 재건하고 선풍 진작에 전념했다. 불교정화 운동 당시에는 중도적 입장으로 참여하여 잠시 경북종무원장을 맡았다. 이후 범어사, 동화사, 갑장사, 천축사, 다보사, 극락암, 천왕사 등지에서 수행했다.

1970년 서암의 수행력이 제방에 알려지게 되어 봉암사 조실로 추대되었다. 그러나 사양하고 봉암사 선덕을 자처했다. 1979년 다시 봉암사 조실로 추대되자 받아들였고 이로부터 그는 봉암사를 조계종 종립선원으로 승격시키는 일에 나섰다. 1975년 총무원장으로 추대되어, 종단 일선에 나

05

섰다. 그러나 자신의 소신과 맞지 않는 종단 풍토에 싫증을 느끼고 2개월
만에 사임했다. 이후에는 제방 선원, 토굴 등지에서 수행에만 전력했다.

1991년 조계종 원로의장에 추대되었다. 당시 종단은 성철 종정의 후임
을 놓고 치열한 갈등이 노정되었다. 1980년대 초반부터 본격화된 민중불
교운동, 불교의 민주화를 강력하게 주장한 재가 불교청년운동 등 종단의
개혁 바람이 거세게 불던 시점이었다. 승단 내부에서도 실천불교승가회
와 선우도량이 등장해 변혁을 꾀했다. 이럴 때 그는 종단의 안정을 기하
면서 율장 중심의 개혁, 교육 및 수행을 중심으로 하는 종단을 만들고자
했다. 뜻을 같이하는 대중들과 함께 개혁방안을 만들었다. 이럴 즈음 성
철이 입적했고 1993년 12월에 후임 종정으로 추대되었다.

그러나 1994년 4월 조계종단은 종단개혁이라는 거센 혁명적 사태에 직
면했다. 서암 종정은 자신의 소신(율장, 승단 질서 등에 유의)에 의한 종
단안정 및 개혁을 시도했으나 혁신세력의 강한 반발로 종정직을 사퇴했
다. 제도권 종단을 떠난 그는 이후 수행자로서 토굴(거제도, 태백산 등)에
은거하였지만 재가 신도들을 위한 포교는 마다하지 않았다. 2001년에는
봉암사 대중들의 요청으로 봉암사로 돌아왔다.

그는 2003년 3월 29일 입적했다. 4월 3일 전국수좌회의장으로 봉암사
에서 영결식이 거행되었다. 서암의 비석은 2004년 3월 지관의 글과 기현
의 글씨로 봉암사에 세워졌다.

일화와 어록

서암이 구상한 종단 개혁

나는 종정으로 추대되기 3년 전인 1991년 6월 3일 조계종 원로회의 의

장으로 선출되어, 환골탈태의 새 출발을 해야 할 조계종의 길잡이 역할을 담당할 사람이 되었다. 그로부터 한 달 뒤인 7월 8일 해인사에서 3천여 명이 참석한 가운데 열린 전국승려대표자대회는 나를 불교 개혁위원회 의장으로 추대하였다. 나는 우리 불교를 부처님 법에 맞는 모습으로 다시 만들어 나갈 책임을 지게 된 것이다. 불교의 원리는 간단하다. '부처님 법에 맞는' 도리를 모르는 사람은 없다. 문제는 실천을 하고자 하는 의지에 있을 뿐이다.

《서암스님 회고록》등지, 1995, p. 160)

개혁이란 번천동지(飜天動地)에 변혁을 말하는 것이 아니라 일보(一步)도 옮기지 아니하고 일모(一毛)도 뽑아버리지 아니하고 개혁을 이루는 것입니다. 피상적으로 인사를 교체하고 세력을 개혁하자는 것이 아니라 비속적으로 타락된 승가상을 개혁하자는 것입니다. 허물이 있는 사람을 떠밀어내고 허물이 없는 사람을 갈아 앉히자는 것이 아니라 허물을 고치고 생각을 고쳐서 세속심(世俗心)에서 출가심(出家心)으로 개혁하자는 것입니다. 옥(玉)에도 가비(假疵)가 있는 법이요. 사람도 과오가 있을 수 있는 법입니다. 남의 단점만을 꼬집기보다 장점을 칭찬해 줄 수 있는 아량을 베풀 줄 알아야 할 것입니다. 어쩌다 진흙구덩이에 한 발 짝 빠지면 곧 빠져나와야 하고 곧 끌어올려 주어야 하고 그 광경을 보고 질타만 하고 그 사람의 사기만 떨어뜨려 결국 흙구덩이에 주저앉아 버리게 해서야 되겠습니까. 붙들어 주고 또, 붙들어 주고 경책해 주고 또, 경책해 주어 한 도반도 버릴 수 없는 것이 우리 불자들의 본심이 아니겠습니까. 우리는 이러한 승가 본연의 자세를 저버릴 비속적 방법으로 서로 밀어붙이고 끌어당기고 해서 제도를 개혁하고 인물을 교체하고 억만(億萬)번 개혁을 단행한들 무슨 소용이 있겠습니까. 우리들은 인내심으로써 자세를 가다듬고 출가본연의 정신세계로 돌아가서 지나간 잘못을 뼈저리게 뉘우치고 상호 참회하여 화합의 승가 본뜰(庭)로 돌아와서 과거의 잘못된 어둠을 쓸어내고 불타의 유훈의 등불을 밝혀야 하겠습니다. 그리고 우리 역사적인 조계종풍을 이 시대에 살려서 이 민족의 아픔을 덜어 주어야 할 것입니다. 이러하거늘 오늘의 우리 승가를 어느 외계(外界) 인사를 불러서 맡길 수 있겠습니까. 인지이도자(因地而倒者)는 인지이기(因地而起)라, 오늘 이 지경으로 몰고 온 우리 승가가 다 같이 책임을 느끼고 새로 떨쳐 일어나야 한다는 말입니다. 독선적으로 오불관언(吾不關焉)으로 아무 허물없이 외면하고 있는 인물보다는 일선에서 만신창이가 된 인물이 오히려 필요로 하는 지도 모를 일입니다. 그 허물을 반성하고 한 생각을 돌이키면 새로 건설의 역군으로 힘찬 개혁을 이룰 수 있기 때문입니다. 우리 언제까지 아집에서 벗어나지 못하고 대결하려 할 것입니다. 생각을 비우고 화합의 장으로 돌아와 불타의 유훈을 저버리지 말기를 간곡히 부탁하는 바입니다.

임신년(壬申年) 새아침 조계종 원로회의 의장 서암 합장

("신년법어" 〈불교신문〉 1992. 1. 1)

서암의 종단개혁 방안: 〈석존의 교법에 의한 종단재건〉(1993. 11. 30)*

1. 종단

　1) 여법화합의 승가상 구현(승가 기본 질서회복과 정화이념 계승)

　2) 승가 갈마법의 시행

　3) 율장에 의한 사제지관계 재정립

　4) 출가 이부중의 출세간성 강화

---

* 당시 〈해동불교〉에 광고 형태로 게재되었다. 서암 개혁안은 당시 총무원 측 주류와의 불편함으로 인해 〈불교신문〉에 기고되지 못했다. 1994년 종단개혁과 서암의 종단 구상을 재인식하자는 취지에서 전재한다.

5) 종도의식 고취와 종단 조직 강화

6) 종책 자문회의 설치

7) 종학연구소 설치

2. 교육

1) 종도 기본교육 의무강화

2) 승계 단위설정과 각급 승가고사 실시

3) 종도 상설 교육원 개설

4) 자자와 포살 등 제 승가 갈마법 실시

5) 범계, 범법자의 계율에 의한 계도(不意, 依持, 驅出 등)

6) 각급 교육과정 개편과 교재 편찬(전문, 기능 등)

7) 통일계단 복원과 환계법 再整 실시

8) 교육위원회 등 각급 교육관계 기구 예산 책정

3. 재정

1) 종단 재산의 통일관리 운영

2) 재정의 공개, 공영화

3) 私有財産의 공인, 공영화

4) 利和同均의 제도적 장치

5) 현행 제도상의 주지 사찰재산 소유권 행사를 관리권에의 복원

6) 토지 등 가용 재산 활용과 불교문화산업 개발

7) 종단 소유 부동산 관리운영책 수립

8) 각 사찰 등급의 재조정

9) 종헌상 재무규정 개정 보완

4. 불교의례와 의제

1) 교의에 따른 의례 제정

2) 탄생고불식 등 통과의례 제정과 실시(성인식, 결혼식, 장례식, 제례식 등)

3) 계율과 청규의 생활화

4) 종단장의 조례 개정 보완

5) 법의 제도 정비

6) 의제 연구위원회 발족

5. 포교

1) 수도와 전법의 일원화

2) 포교와 종세 연계 강화

3) 관광객 대상 포교종책 수립

4) 불교언론 및 방송에 관한 법 제정

6. 총무원

1) 기획실 부활

2) 기획위원 등 임명

3) 인사규정 再整과 인사 공선제 실시

4) 종단 공직자 자격 규정 개정

5) 고문 변호사 위촉

7. 종회

1) 종회의원의 면책특권 삭제

2) 무자격 종단의원 해임권고

3) 직능의원 27명 중 비구니 5인을 제외한 22인은 각계각층 직능대표로 선출하되, 현행 간선의원 선정 제도는 대폭 개정, 보완한다.

4) 본말 종무원이 참석하는 현행 직선의원 선출제도는 해당 산중 대중과 재적승 및 본말 종무원 등의 각 대표 등으로 구성한 선거인단에 의해 선출토록 개선한다.

5) 호계위원과 법규위원 등은 율의 行學 겸비자, 불교학 선학 전공자, 행정, 재정, 사회문화, 각 전문 스님 등 21인 이상으로 구성하고 사미니, 비구니, 징계 시는 비구니 측의 변호인 참석 등 배려가 있어야 한다.

8. 원로회의

1) 원로는 원로회의에서 선임하며, 종신으로 한다.

2) 종정은 원로의원과 각 명예 원로의원 중에서 추대한다.

3) 원로회의는 종단 최고, 최종 의결기구로서 종정과 불가분의 관계에 있어야 한다.

9. 세간법에 호소하지 않는다는 선서와 그 공증에 의해 종단 자체내에서 분쟁과 의견대립을 해결한다. 수계자는 수계 시, 보직자는 보직 임명 시, 종회의원은 선서 시 전제조건으로 사전 이행토록 한다.(계약법에 의하여 가능함)

10. 종도 대표자 회의 구성(출가중: 350, 재가중: 150)

가) 이양을 탐착한 무리와 그 추종 연관 세력 등이 파벌에 의해서 개최되어온 종권 탈취용의 스님대회 등을 방지하는 등 비상시 호법, 애종의 조치로 이를 두어 공론에 의한 여법한 종단 화합을 도모하는데 그 의의가 있다.

나) 비상시

① 원로회, 종회 등 종단대표 의결기구에서 重戒와 종헌에 위배된 결의를 하거나 그 기능을 수행할 수 없을 때

② 총무원이 불법 전도되거나 그 기능을 수행할 수 없을 때

③ 불교와 종단의 권익 보호와 홍법을 위한 대국가 사회 선언시

11. 모든 사찰은 禪·敎·律·祈등 그 전통에 따라 분류하여 그 사격의 최상위급 사찰에 한해서는 본사 주지급 이상의 적격 스님으로 주지를 임명하되 그 사찰들은 그 전통과 사격에 따른 전법과 수고에 전념토록 한다.

종단개혁회의에서는 종단 재건안의 확정에 앞서, 종도들의 의견을 수렴코자, 종단 재건의 기본방향을 발표하는 바입니다. 따라서 종도 여러분께서는 護敎·愛宗하는 마음으로 본 종단 재건안을 살피시고 보완, 수정 등의 하교를 주시기 바랍니다.

1994 종단개혁에 대하여

불교개혁을 내세우면서 힘으로 밀어붙여 쫓아내서는 안 된다고 생각하거든요. 개혁을 하자고 하면서 나쁘다고 비난하는 사람들과 똑같은 방법인 힘과 폭력으로 대응한다면 개혁의 내용이 무엇이든지 신뢰를 얻기 어렵지요. 더구나 우리가 하자는 불교개혁이란 부처님 법으로 돌아가서 부처님 법의 정신으로 모든 문제를 해결하자는 것이 아니겠습니까? 그동안 종단 문제가 얼마나 비불교적으로 진행되었는지는 많은 사람들이 알고 있습니다. 그런데 지금 또 그렇게 한다면 의도하든 안 하든 그것은 개혁이 아니라 되풀이되는 종권다툼이요, 이권다툼이요, 문중 싸움에 불과한 것이 되기 싶습니다. (중략) 나는 단지 불교인은 불법에 따라 생각하고 행동해야 한다는 것을 말했을 뿐이지요. 그러니까 내가 문제 제기하고 반대한 것은 어떤 사람이나 단체가 아니라 비불교적인 것 일반에 대해서라고 할 수 있겠지요. (중략) 아무리 그렇다 해도 힘으로 밀어서 하는 것은 옳지 않습니다. 우리가 하자는 개혁이란 부처님 법 따라가자는 것이요. 부처님 법에 힘으로 밀어붙이라는 말씀이 없는데 어떻게 부처님 법 아닌 것으로 부처님 법을 개혁할 수 있습니까? 그런 방법은 분규만 더욱 조장하고 결국 문중 파벌의 이해관계로 전락하여, 세상 사람들로부터 빈축만 사고, 불교인들을 크게 실망시키는 결과를 낳기 쉽습니다. 개혁은 부처님 정신으로 해야 합니다. 평화적으로 불법에 맞게 대중의 중의를 모아서 하나하나 해야 하지요. 시간이 걸리더라도 비난을 받더라도 불법에 맞게 해야 합니다.

《《서암 큰스님 법어집》 1권, 정토출판, 2003, pp. 317~320》》

종정직 관련 어록

나는 본의 아니게 종정에 추대되었을 때, 내게 주어진 사명이 종단을 안정시켜 전체 스님들의 갈 길을 밝혀 줄 지도력을 회복하는 것이 최우선의 과제라고 생각하여 그것을 추진하기 위해 뜬 눈으로 밤을 새우며 계획들을 세웠다.

《서암스님 회고록》 p. 190)

나는 원로회의 의장의 중책을 맡으면서, 오늘날 조계종단의 모든 병폐의 근원은 종권을 잡은 측이나 그 반대편에 서 있는 측(장차 종권을 잡기 위해 투쟁하는 사람들)이나 모두 부처님의 가르침과 종헌, 종법을 무시하고 행동하는 데서 비롯된다고 생각했다. 따라서 내가 해야 할 첫 번째 일은 종단의 대소사를 여법하게 이루어 나가는 절차의 확립이었다. 이러한 절차의 정당성이 없으면 사회도 유지되기 어렵다. 하물며 종교집단은 어떻겠는가. 절차의 정당성이 없는 종교집단은 존립의 기반조차 세우지 못한다. 종정에 추대된 이후 내게 부여된 임무란 오직 종단의 개혁이요, 파벌을 넘어선 화합을 이루는 일이었다.

《서암스님 회고록》 p. 168)

원로스님들께 올립니다.

부덕한 사람을 종정으로 추대시켜 종단과 국민들께 큰 걱정을 끼쳐드려 무어라 사죄해야 할 길이 없습니다. 1,600여년 유구한 불조(佛祖)의 유덕이 일시에 침몰되는 듯 실로 그 죄업이 막중함은 한출첨배(汗出添背)로소이다. 오늘 그 중죄를 절감하고 모든 소임을 원로대덕 앞에 정식으로 되돌려 드리오며 조용히 종단 밖으로 물러나 혈루(血淚)의 참회로 잔일(殘日)을 보내겠습니다.

본인에게는 하등(何等) 전달이 없이 타처에서 불신임 결의를 하셨는지는 풀리지 않는 의혹으로 남아 있습니다. 바라옵건대 원로대덕 스님께서는 현명하신 중지를 모아 앞으로 조계종단이 바른 궤도에 진입하도록 더

욱 힘써 주시기를 복망(伏)望)하옵니다. 물러날 기회를 얻지 못하여 오늘
까지 늦어졌사오며 오늘 비로소 처음 원로회의 석상에서 정히 퇴임인사
를 올리나이다.

(서암의 종정 사임 성명서 1994.4.26)

열반송

서암의 시자가 물었다.

"스님께서 입적하시고 나면, 사람들이 열반송을 물으면 어떻게 할까
요?"

그러자 서암은 "나는 그런 거 없어"라고 말했다.

시자는 그래도 아쉬워서 말했다.

"그래도 한 평생을 사시고 남기실 말씀이 있을 것 아닙니까?"

"할 말 없어"

시자는 "그래도 누구 물으면 뭐라고 답할까요?" 했다.

그러자 서암은 다음과 같이 말했다.

"달리 할 말이 없어, 정 누가 물으면 그 노장 그렇게 살다가 그렇게 갔
다고 해. 그게 내 열반송이야."

서암 스님의 문도

서암의 상좌는 10여 명이 되는 것으로 전한다. 그러나 서암이 1994
년 종단개혁과는 이질적인 노선을 걸었으며, 개혁 주체들이 승려대회
(1994.4.10.)에서 서암 종정에 대한 '불신임' 결의를 하였다는 저간의 역
사가 있어서 그런지 상좌들의 구체적인 인적사항은 드러나지 않는다. 그
리고 서암에게 법을 받았다는 스님이 누구인지도 전하지 않는다. 서암을

따르는 스님들은 서암이 봉암사 조실을 역임하였을 때 따르던 수많은 수좌들이었을 것이다. 그리고 그를 신임하는 전국 각처의 신도들도 적지 않았다.

서암과 인연이 많은 단체는 정토회였다. 서암과 정토회 지도법사인 법륜과의 개인적인 인연에서 출발했다. 그리고 정토회의 정토수련원이 문경에 있었기에 정토회에서는 서암을 초청하여 법문을 들었다. 그래서 정토회에서 서암의 《법어집》도 발간했다.

서암의 복권에 불교교단사연구소가 개입한 것이 이채롭다. 교단사연구소는 인환, 원두 등 율장 및 교단 문제를 학술적으로 연구하는 학승, 교수들에 의해 운영되었다. 이 연구소는 교단의 문제점과 미래 등을 다양한 관점에서 접근하는 학술활동을 통해 서암을 조명했다. 그래서 종단개혁, 율장 복원, 징계 등을 소재로 한 세미나를 개최하고 그 결과를 책으로 묶었다.

한편 조계종 원로회의는 '서암 종정의 불신임' 결의는 무효라고 판정(2013. 5. 21)했다. 서암이 '불신임'이라는 불명예를 안고 종정에서 물러난 지 19년 만의 일이었다.

❖ 참고문헌

《서암큰스님 법어집: 자기 부처를 찾아》(전 2권), 정토출판, 2003.
이　청《서암 큰스님 평전》북마크, 2009.
_____《서암스님 회고록》둥지, 1995.
_____《서암큰스님 회고록 – 그대 보지 못했는가》정토출판, 2013. (서암 스님을 지근거리에서 지켜보고, 인터뷰를 통해 서암의 내면적인 고뇌, 그리고 1994년 종단개혁의 이면사를 복원했다.)
서암스님 시자 엮음《소리 없는 소리》시월, 2003.

현　봉〈전형적인 수행자로 일관〉《스님 이야기》여시아문, 2004.

심재식〈송서암의 불교개혁론〉《한국 현대선의 지성사 탐구》도피안사,
　　　2010. (서암이 91~93년에 마련한 개혁안을 분석한 고찰. 이 고찰을 보면 서암은
　　　결코 반개혁적인 스님이 아님이 입증된다.)

덕　산〈승쟁에 대한 석존의 교계와 4·10승려대회〉《승가화합과 불교의 미
　　　래》혜민기획, 2005.

＿＿＿〈승단의 칠불쇠퇴법을 통해서 본 조계종의 현실〉《승가화합과 조계
　　　종의 미래》혜민기획, 2005.

"서암 스님은 개혁승 – 94년 반개혁적 이미지 정면 부정"〈법보신문〉2008.
　　　4. 2.

"종정 서암스님의 교시"〈법보신문〉2014. 6. 30.

"칠보사 원로회의와 종정불신임의 논란"〈법보신문〉2014. 7. 7.

"조계종 종정 서암스님 사퇴"〈법보신문〉2014. 9. 22.

우리 시대의 큰스님

초판 1쇄 발행 2015년 09월 15일
초판 3쇄 발행 2016년 07월 01일

지은이 | 김광식
펴낸이 | 김향숙
펴낸곳 | 인북스
등록 | 1999년 4월 21일(제2011-000162호)
주소 | 경기 고양시 일산서구 성저로 121, 1102동 102호
전화 | 031) 924 7402
팩스 | 031) 924 7408
이메일 | editorman@hanmail.net

ISBN 978-89-89449-50-8 03220
ⓒ김광식, 2015

값 16,000원
잘못된 책은 바꾸어 드립니다.

이 도서의 국립중앙도서관 출판예정도서목록(CIP)은 서지정보유통지원시스템 홈페이지
(http://seoji.nl.go.kr)와 국가자료공동목록시스템(http://www.nl.go.kr/kolisnet)에서 이용하
실 수 있습니다. (CIP제어번호: CIP2015024152)